研究阐释党的十九届五中全会精神
国家社会科学基金重大项目

国家社科基金丛书
GUOJIA SHEKE JIJIN CONGSHU

共同富裕的推进制度与政策措施

Institutions and Policies to
Promote Common Prosperity

万海远　等著

人民出版社

策划编辑：郑海燕
封面设计：石笑梦
版式设计：胡欣欣
责任校对：周晓东

图书在版编目(CIP)数据

共同富裕的推进制度与政策措施/万海远 等 著. —北京:人民出版社，2023.9
ISBN 978-7-01-025854-6

Ⅰ.①共… Ⅱ.①万… Ⅲ.①共同富裕-研究-中国 Ⅳ.①F124.7

中国国家版本馆 CIP 数据核字(2023)第164216号

共同富裕的推进制度与政策措施
GONGTONG FUYU DE TUIJIN ZHIDU YU ZHENGCE CUOSHI

万海远 等 著

人民出版社 出版发行
(100706 北京市东城区隆福寺街99号)

中煤(北京)印务有限公司印刷 新华书店经销

2023年9月第1版 2023年9月北京第1次印刷
开本:710毫米×1000毫米 1/16 印张:19.75
字数:300千字

ISBN 978-7-01-025854-6 定价:100.00元

邮购地址 100706 北京市东城区隆福寺街99号
人民东方图书销售中心 电话 (010)65250042 65289539

目　录

导　论

共同富裕是中国特色社会主义的本质要求，是中国式现代化的重要特征。党的二十大对扎实推进共同富裕作出重大战略部署。在我国全面建成小康社会之后，我们乘势而上开启全面建设社会主义现代化国家新征程，现在到了扎实推进共同富裕的历史阶段。党的二十大在新发展理念下强调共同富裕目标，并明确为中国式现代化的本质要求，说明它对于经济社会发展全局的重要性，说明党中央把共享发展摆在一个前所未有的高度，代表新时期国家改革发展转型的重要标志。2023 年是实施“十四五”规划的关键之年，是党的二十大后全面建设社会主义现代化国家的关键时刻。站在重要的历史当口，本书在深入学习党中央关于共同富裕重要论述精神的基础上，围绕共同富裕制度改革和政策推进开展专题研究，从现实挑战与实践问题相结合视角，侧重讨论共同富裕制度与推进措施的情况、问题和建议，提出促进我国共同富裕的总体思路和战略手段，讨论推进我国共同富裕的重大政策与具体举措。

在开启第二个百年奋斗目标的宏大背景下，需要回顾过去的改革实践之路，提炼推动我国共同富裕的基本制度经验。在百年未有之大变局下，共同富裕也出现了许多新变化和新特点，在实质性推进共同富裕的背景下，需要扎实制定政策、明确路径、细化实施方案来推进共同富裕。在高质量发展理念下，需要坚持不断改革发展，不断完善制度安排和政策措施，才能在促进全体人民共同富裕的道路上行稳致远。党中央明确指出，共同富裕具有鲜明的时代特征和中国特色，是全体人民通过辛勤劳动和相互帮助，普遍达到生活富裕富足、精神自信自强、环境宜居宜业、社会和谐和睦、公共服务普及普惠，实现人的全面发展和社会全面进步，共享改革发展成果和幸福美好生活。在促进共同富裕的政策框架下，本书针对城乡、区域、群体间的不平衡不充分问题，侧重研究财政税收、社会保障和基本公共服务等公共政策问题，以通过优化制度安排、完善政策体系和细化措施手段，来夯实共同富裕的政策基础。

第一章归纳中国特色共同富裕的改革路径与推进政策。政策上要推进共同富裕工作，需要明确路径规划和手段措施。本章从问题导向型、横向领域型和纵向结合型角度，分析我国共同富裕的改革模式，从优化财政转移支付、完善税收调节框架、改革社会保障体系和拓展基本公共服务角度，总结几十年来推进共同富裕的政策经验，判断在共同富裕道路上的总体所处阶段，提炼当前共享发展政策体系中还存在的明显问题，指出继续推进共同富裕的主要政策思路，并提出推进共同富裕目标的政策建议。

第二章从纵向视角聚焦扩大中等收入群体比重目标，努力构建以中等收入群体为主的橄榄型社会，由此助力全体人民共同富裕。扩大中等收入群体是推进产业升级的重要抓手，是进一步扩大内需的重要来源，是构建新发展格局的重要途径，也是实现共同富裕的根本支撑。本章研究中等收入群体的城乡区域分布特征，讨论中等收入群体的收支结构，分析其主客观认同背离及流动性特征，研究潜在中等收入群体的分布情况，讨论扩大中等收入群体的问题挑战、方向路径和政策建议。

第三章从横向领域视角分析如何缩小城乡与地区差距，以缓解不平衡不充分问题，并助推共同富裕。本章先描述城乡与区域发展差距的演变与现状，讨论缩小城乡差距的阶段目标与政策导向，划定省级单元发展阶段与强化区域发展短板识别。本章侧重关注深度欠发达县和集中连片欠发达地区的高质量发展，分析以农村为重点来缩小城乡差距的重点任务，讨论优化区域发展战略以缩小区域差距的重点工作，并提出缩小城乡和区域发展差距的政策建议。

第四章是迈向共同富裕的现代财税体制改革研究。财税是国家治理体系和治理能力现代化的核心支柱，在促进和保障共同富裕工作中具有重要作用。本章从历史维度评价财税体制在促进共同富裕中的功能作用，讨论新时期迈向共同富裕的财税体制现状与问题导向，提出迈向共同富裕的现代财税体制总体考量。基于迈向共同富裕的现代财税体制改革方向，本章立足于构建全面覆盖初次分配、再分配、三次分配的财税体制，明晰不同财税政策种类的功能定位，并提出以共同富裕为导向来完善现代财税体制的改革建议。

第五章讨论如何优化社会保障体系来促进共同富裕。社会保障是保障和改善民生、维护社会公平、增进人民福祉的基本措施手段，是实现全体人民共享改革发展成果的有效政策安排，是扎实推进共同富裕的重要制度支撑。本章先讨论我国社会保障体系及其演进过程，分析社会保险、社会救助和社会福利的制度框架，讨论共同富裕视角下社会保障制度存在的主要问题，提炼面向共同富裕的社会保障体系的发展方向，研究如何进一步优化社会保障制度设计，并提出改革社会保障制度重点问题的政策建议。

第六章讨论如何以基本公共服务均等化助推全体人民共同富裕。基本公共服务均等化是促进共同富裕的前提条件，是实现共同富裕的坚实基础和关键环节。本章讨论基本公共服务均等化的政策实践，聚焦我国“十三五”时期基本公共服务均等化的政策进展，基于《“十三五”推进基本公共服务均等化规划》监测指标，定量评估基本公共服务均等化的进程，总结“十四五”时期继续提升基本公共服务均等化的关键短板，讨论以基本公共服务助推共同富裕的主要问题与成因，并提出加快推进基本公共服务均等化的对策建议。

共同富裕事关广大人民群众的切身利益，涉及一个时期内群众对社会公平正义的价值判断，也会对长期经济发展模式产生深远影响。在加快推进共同富裕的道路上，长期制度和短期政策一个都不能少，要双管齐下、相互补充，特别是要以建立健全制度为主，同时也要以优化政策精准调节为辅。本书围绕实现共同富裕这一问题，讨论如何完善财税、社会保障和基本公共服务等制度安排和政策措施，以更好地助推全体人民共同富裕。本书定位是现实的政策研究，属于典型的对策性分析，侧重研究推进共同富裕过程中所面临的现实问题、政策挑战及如何应对等方面，侧重研究推进共同富裕的制度框架，并提出扎实推进共同富裕的具体举措和对策建议。

从写作框架和分析逻辑看，本书首先秉持从共同富裕的改革路径与推进思路出发，总结推进我国共同富裕的改革方向与制度体系，在此基础上设计中国特色共同富裕的推进模式。其次，侧重找到实现共同富裕的关键问题和主要挑战，并从问题导向出发提出对策措施。在全国一盘棋战略的统筹下，进一步分析纵向收入差距与横向城乡差距问题，找到促进共同富裕所面临的关键挑战和迫切任务。再次，根据推进共同富裕中的现实问题导向，针对我国主要的城乡、区域和群体差距问题，寻找解决不平衡不充分问题的相关措施。最后，聚焦当前的财政税收、社会保障和基本公共服务等政策工具，有针对性地提出改革优化的手段措施，并基于现实政策问题视角，提出推进我国共同富裕的具体举措和政策建议。

第一章　共同富裕的改革路径与推进政策

在实质性推进共同富裕的背景下，不能满足于把共同富裕作为一种理念来看待，而是要真正扎实制定政策、明确路径、细化实施方案来推进共同富裕。2021 年 5 月，发布了《中共中央、国务院关于支持浙江高质量发展建设共同富裕示范区的意见》，提出了共同富裕的总体要求，下一步在全国层面要做实具体的实施方案。政策上要推进共同富裕工作，离不开起码的路径目标和手段措施，故在新时期扎实推进共同富裕的起步阶段，准确把握共同富裕的逻辑导向与推进路径具有重要意义。本章回顾中国特色共同富裕的改革路径，从问题导向型、横向领域型和纵向结合型角度，分析我国共同富裕的改革模式，总结在推进共同富裕道路上的政策经验，提炼当前我国在共享发展政策体系中还存在的明显问题，并指出下一步继续推进共同富裕的政策思路，设计推进共同富裕目标的政策建议。

第一节　问题导向型改革路径

正视问题事实、客观审视当时所处的发展阶段，是中国在不同时期找到发展、改革之路的根本原因，之后直面矛盾并出台针对性政策，由此不断促进全体人民共同富裕。改革开放后我国收入差距不断扩大,进入新时代后我们认识到城乡、区域差距较大、民生领域发展还有短板等,这都体现了我们正视和解决问题的勇气。我国共同富裕之所以能取得举世瞩目的成就,靠的就是理性认识共同富裕领域中存在的矛盾和问题,靠的就是始终对解决人民群众急难愁盼问题的不懈追求,从而不断推进全体人民共同富裕。我们坚持问题导向型推进路线,把迈向共同富裕过程中出现的问题作为发展中的挑战,并通过持续改革来正面解决。在共同富裕的长期目标下,制定中长期规划并明确短期政策目标,由此务实解决发展过程中的各种问题,摸着石头过河,从农村到城市,从提倡市场收入到提供政策保障,从先富带动后富再到共同富裕。按照时间顺序,下面大致把改革开放后的历程分为五个阶段,虽然这种分段不是绝对的,不同时期存在反复,但大致观察这五个阶段的主要政策历程仍然是可能的。

一、恢复按劳分配

在实行"无产阶级专政"和"以阶级斗争为纲"的思想指导下,经济处于停滞状态,"文化大革命"十年工资长期冻结,人民温饱问题难以解决;人民公社后期的工分制流于形式,平均主义普遍存在,按劳分配原则无法有效体现。"左"倾思潮下近两千万城市知识青年下乡,导致农村人均口粮大幅下滑,"文化大革命"结束后的知青大返城又导致城市管理和再就业难题。之后城市里逐渐出现了自谋职业和个体就业,从此,私人资本的活力难以再被压制。1977—1978 年邓小平同志多次提出要贯彻执行按劳分配原则,四次"按劳分配"的理论研讨会批判了"左"的思想和路线,这对于逐渐恢复按劳分配制度和接受私营资本起到重要作用。1978 年 5 月,《贯彻执行按劳分配的社会主义原则》和《实践是检验真理的唯一标准》等文章,把关于按劳分配的大讨论推向高潮,使个体经济和私营资本合法性得以逐渐恢复。1978 年 5 月 7 日,发出《国务院关于实行奖励和计件工资制度的通知》,以打破分配上的平均主义，这是“文化大革命”后第一个体现“按劳分配”原则的中央文件，“个人消费品只能按劳动而不按政治、按资格来分配”的原则被确立。此后，人们被禁锢的思想得到解放，从按劳动数量分配逐渐发展到按劳动质量及技术熟练程度来分配，包括报酬上应当有必要的差别、把劳动报酬同劳动成果直接联系起来等，也逐渐写进党中央的正式文件中。

此后，中央提出坚决贯彻执行不劳动者不得食，各尽所能、按劳分配的原则，确定职工劳动报酬只能是按劳分配，同时还强调“否定劳动报酬差别、否定按劳分配，就是否定社会主义”。此后，职工劳动工资快速增长，这也刺激了个体通过劳动来积累私人财富的积极性。之后，按技术熟练程度分配等也逐渐成为现实，由劳动数量和质量差别而导致的收入差距被接受，因劳动收入积累而出现的私有财产也逐渐被承认，出现私有制、接受私营资本、鼓励私人财富积累等，由此开启了中国特色的共同富裕之路。20 世纪 80 年代新一轮的改革实践从放开农业经营开始，家庭联产承包责任制允许劳有余力的农民“交够国家的、留足集体的、剩余自己的”，允许农民把剩余农产品通过自产自销的方式流通到城镇，并通过交易获得额外的私人收益，由此农民经营性收入快速增长，私营资本与财产水平也日渐提高。特别是在劳动力迁移制度放松后，允许农民带粮入城、允许城镇居民收入提留并从事商业活动，不再简单地把商品交易活动归类为投机倒把行为，刺激了私营资本积累和经济飞速增长。应该说，从允许私营个体就业到出现劳动力雇佣，后到经营利润随之出现，再到后来私人资本也就自然被接受。

二、提倡市场收入

20 世纪 90 年代初期按劳分配更多的是面向职工，在商品经济日益发展和私营经济活力不断迸发的背景下，私营企业和集体经济却仍然受到明显束缚。从 90 年代开始，党中央提出各类企业效益要实现市场化决定，企业效益与工资水平直接挂钩，同时工资价格也由劳动力市场决定。党的十四届三中全会提出，个人收入分配要坚持按劳分配为主体、多种分配方式并存的制度，体现效率优先、兼顾公平的原则。此后，在吸收1956年和1985年两次工资制度改革经验的基础上，进一步对机关事业单位进行市场化改革，鼓励事业单位实行企业工资制度，自主经营、自负盈亏。为适应市场化转型，1994年颁布第一部市场经济条件下的《中华人民共和国劳动法》，规定企业是工资分配主体，实行自主分配，“用人单位根据本单位的生产经营特点和经济效益，依法自主确定本单位的工资分配方式和工资水平”，此后劳动激励明显增强，个体间工资水平差异也迅速被拉大。90年代共同富裕改革的根本方向，就是要建立社会主义市场经济体制，激活各级企业主体活力，提倡市场化收入决定机制。

2001年中国加入世界贸易组织以后，各种以先进技术、前沿管理、丰裕资本著称的外国生产要素也参与到市场经济分配中，同时城镇职工以辛勤劳动、农村居民以剩余农业经营产品参与市场交换和分配，由此进一步刺激了人们积累财富的积极性。在以经济建设为中心的战略方针下，通过辛勤劳动而获得的居民收入加速提升。党的十六大报告明确提出，“确立劳动、资本、技术和管理等生产要素按贡献参与分配的原则，完善按劳分配为主体、多种分配方式并存的分配制度”①。这是我国收入分配方式的一次重大突破，它解决了生产要素不能参与分配的问题，激发了各类生产要素助力共同富裕的历史性进程。党的十七大进一步提出企业是市场的主体，要完善市场分配机制，坚持发展非公有制经济与保护私有财产同步推进，鼓励居民从市场中获得财产性收入。总的来看，该时期推进共同富裕的总体方针就是市场化改革，坚定放权分权，企业和用人单位拥有充分的自主权，提倡无论是个体还是企业都要尊重市场经济规律，融入市场并提倡市场化收入，发挥市场在配置资源中的基础性作用。应该说，中国特色的市场化改革创造了经济增长的奇迹，全体人民共同富裕之路也进入快车道。

---

① 中共中央文献研究室编：《十六大以来重要文献选编》（上），中央文献出版社2005年版，第21页。

三、增加政府保障

在提倡市场收入、提高国民收入的同时,21 世纪后我国收入分配差距也快速扩大,并积累了一些社会矛盾和不公平问题。应该说,强调市场在资源配置中起基础性作用,并非刻意忽视市场失灵的可能性,市场化改革也不能忽略政府的关键作用。党的十五大提出"坚持效率优先、兼顾公平",此后党的十六大转向"初次分配注重效率、再分配注重公平"。中国特色社会主义市场经济,既要发挥市场作用,也要发挥政府作用,市场和政府的职能不同,应该各有侧重。其中,政府的职责和作用主要是保持宏观经济稳定,加强和优化基本公共服务,保障公平竞争,弥补市场失灵;尤其是要完善政府的再次收入分配制度,处理好政府、企业、居民三者分配关系,伴随政府所得比重不断提升,政府也显著增强了社会保障和再分配力度。

近年来,我们越来越重视政府的调节作用,尤其是倾向性地补充了政府调控手段和加强了再分配力度。2008 年修订劳动合同法,明显加强了对劳动者的保护力度。近几年个人所得税经历了两次大的调整,2011 年显著提高起征点,2019 年进一步完善了综合计征、附加扣除和税率调整,成为促进共同富裕的重要工具。政府财政职能显著转向民生保障领域,大幅提高社会民生服务投资和全生命周期的基本公共服务支出力度,划转更多国有资产到社会保障基金。社会保障体系则提供了市场运行的最后安全网,2014 年国务院发布《社会救助暂行办法》,以最低生活保障为代表的城乡社会救助体系基本建立,针对老人、儿童、残疾人等特殊群体的福利制度也不断完善。2015 年印发《中共中央 国务院关于打赢脱贫攻坚战的决定》,要求举全国之力消除现行标准下的绝对贫困,到 2020 年年底我国成功打赢了脱贫攻坚战,2013 年至 2020 年,中央、省、市县财政专项扶贫资金累计投入近 1.6 万亿元①,

① 习近平:《在全国脱贫攻坚总结表彰大会上的讲话》,人民出版社 2021 年版,第 13 页。

体现了政府在促进和保障低收入群体迈向共同富裕过程中所扮演的关键作用。

四、规范分配秩序

在党的十六大和十七大时期,虽然居民收入和财富水平快速增长,但是不同城乡、区域和人群间的不平衡不充分发展问题凸显。市场化领域的分配秩序混乱,再分配规模偏小,以致无法扭转初次分配结果,个别再分配政策甚至没有缩小收入差距等。这些与收入信息不清、分配秩序混乱都有较大关系,部分居民存在不合法、不合理收入来源,垄断收益、腐败收入、灰色财产等问题明显存在。特别是市场秩序不规范,以不正当手段谋取经济利益的现象较多;市场规则不统一,市场分割明显,地方保护主义推高地区差距;市场竞争不充分,阻碍优胜劣汰和引致少数人畸高不合理收入的因素较多,“市场失灵”和“部分政策失效”问题凸显,亟须在源头上规范收入分配秩序。

2012 年后,党中央逐渐把政策调控核心转移到分配秩序上来,并把优化分配秩序提高到与收入增长、收入分配同等重要的位置。2013 年国务院出台了《关于深化收入分配制度改革的若干意见》,侧重从规范分配秩序出发,把资源定价中的价格准则、初次分配中的市场规则和再分配政策中的调控法则单独列出,并从根本上规范市场分配秩序,如完善工资集体协商制度、明晰市场资源产权、禁止侵占公共资源进行私人交换,以及反腐败等一系列的分配秩序规范政策。2016 年,发布《国务院关于激发重点群体活力带动城乡居民增收的实施意见》,再次强调要规范市场经济环境下的分配秩序,以纠正底数不清、政策方向不明和分配秩序混乱问题。在腐败案件存量还未清底、增量仍有发生的情况下,2022 年党的二十大再次强调“坚定不移全面从严治党”“取缔非法收入”“规范收入分配秩序”,并首次提出“规范财富积累机制”,并提升再分配过程中的政策公平性,以增强人民获得感、幸福感和安全感。

五、促进共同富裕

在从站起来、富起来到强起来的历史征程中，我们始终将实现共同富裕目标贯穿于党和国家发展的各项事业，作为自身的价值追求，因此具有稳定的改革主体与持续的改革动力。应该说，尽管共同富裕目标在短时间内难以完全实现，但是我们不忘初心、牢记使命，并一以贯之，始终坚持。应该说，以问题导向型的改革路径和政策措施，离不开实现共同富裕的根本目标。实现高质量共同富裕是一个动态过程，是一个客观的物质积累过程，需要按计划分步骤地进行，因此在不同时期体现不同的特点，并且随着生产力发展侧重解决不同时期的特定矛盾和主要问题，中国特色社会主义共同富裕的标准和内涵也不断丰富，体现了从低层次到高层次的过程富裕。

在共同富裕的具体实现路径上，最早在党的一大通过的《中国共产党纲领》中明确提出消灭社会阶级区分，实现人人平等。新民主主义革命时期党的根本政策是“消灭资本家私有制，没收机器、土地、厂房和半成品等生产资料”，带领广大农民“打土豪、分田地”，实行“耕者有其田”。改革开放以来，党团结带领人民实施了大规模、有计划、有组织的扶贫开发。党的十八大以来推进了史无前例的脱贫攻坚行动，并在 2020 年年底使现行标准下的贫困人口全部脱贫，并建成全面小康社会。在主要问题和基本矛盾发生改变后，党的十九届五中全会进一步细化推进共同富裕的“两步走”战略，要求到 2035 年共同富裕取得更为明显的实质性进展，到 2050 年基本实现共同富裕；党的二十大又把共同富裕作为中国式现代化的本质要求。应该说，在促进全体人民共同富裕的目标导向下，党始终把促进收入合理分配、推动经济社会平等和实现全体人民共同富裕作为立党之本，不断解决在通往共同富裕道路上的各种问题，因此具有最稳定的改革主体和持续的变革动力。

第二节 横向领域型政策改革

过去我国共同富裕政策不断健全，逐步建立起以税收、社会保障、转移支付和基本公共服务为主要手段的政策体系，包括个人所得税、五险一金、企业年金、职业年金、补充医疗保险、城乡居民最低生活保障等社会制度均已建立。总体看，发端于新中国成立初期的劳动激励措施和国有企业政策调整，启动了我国共同富裕不断前进的改革道路。从统筹工资计划到激励个体工作积极性，从建立早期商品生产分配体系到完善劳动力市场，从适应社会主义商品经济到建立现代市场经济体系，从直接干预生产要素市场到不断完善财政、税收、社会保障和基本公共服务政策工具，由此建立了比较完整的现代化制度体系，并在促进共同富裕方面发挥了积极作用。

一、优化财政转移支付

在所有政策体系中，一般认为政府财政转移支付的再分配效果最好。① 一是转移支付的对象主要是贫困、失能、高龄独居人群，这部分群体收入普遍较低。二是转移支付还为某些特定人群提供补助，也有助于缓解收入分配失衡。三是财政横向转移、区域对口帮扶等，能显著缩小地区间不平衡不充分发展问题。在计划经济时期，我们通过重工业化战略实行经济赶超，财政上也实行“高积累、低消费”的发展模式，因此直接面向居民的财政转移支付相对较低。尤其是，计划经济时期的收入差距非常小，几乎不存在通过转移支付来缩小收入分配差距的问题。后来随着以经济建设为中心战略的推进，企业和个体成为市场分配主体，私营经济放开后私人财富出现明显分化。所以逐渐重视对低收入群体、特殊人群的保障需求，最早从社会优抚支出开始，建立病故

① 李实、万海远：《中国收入分配演变 40 年》，格致出版社 2018 年版，第 192 页。

或牺牲抚恤金，伤残抚恤金，烈军属、复员军人退伍生活补助费以及义务兵优抚金的转移制度。同时进一步增加社会福利支出，完善针对失能、高龄独居、孤儿等老弱病残群体的社会救助体系，如特困人口生活补助、临时救济、流浪乞讨人员救助、农村医疗救助和城市医疗救助，当然也包括一些专项救助，如医疗救助、自然灾害救助、住房救助、教育救助等。

虽然形成了针对特殊人群的系列救助政策，但在系统性解决低收入群体的生活保障方面还有较大不足。之后财政转移支付的重点，就逐渐转移到对城乡居民最低生活保障的制度性建设方面。1996 年构建城镇居民最低生活保障，2007 年基本建立农村最低生活保障，同时还建立了其他农村和城镇生活救济体系。目前，我国已经建成世界上最大的低收入群体转移支付系统，到 2020 年年底我国城镇居民低保人数超过 805 万人，农村居民的最低生活保障支出覆盖人群超过 3620 万人。近年来，我国财政转移力度不断加大，社会福利、社会救助和抚恤等转移支付支出总规模不断提升，享受转移支付的群体不断增加。在支出结构上，财力更多瞄准基础教育、医疗卫生、社会救助等公共服务与社会保护，倾斜性增加了与民生紧密相关的各种支出，尽可能安排对低收入群体的转移性支出，加大社会保障和就业等民生领域支出，增加对农村和落后地区的教育和医疗投入，使“提低”具有坚实的财力保障。

二、完善税收调节框架

新中国成立 70 多年来，不论是计划经济时期，还是市场经济时期，税收始终在财政收入中占据重要地位。20 世纪 70 年代，税收政策的重点是合并税种、简化税制，党的十一届三中全会后，改革从“企业基金制”和“利润留成制”开始探索，再到企业承包经营责任制改革及股份制试点，市场主体“从无到有”，由此推动单一税制逐步转变。随着市场经济体制确立，流转税内涵逐渐发生变化，从“产品税”演变为“商品或要素流转税”。与产权制度改革进程相适应，所得税和财产税制也逐渐建立。1994年开启大规模分税制改革，所得税比重逐渐上升，税制结构发生根本性变化，城市和农村统一市场融合，使税制二元性特征逐渐消失。随着以个体为单位的市场主体规模不断扩大，以企业或个体为对象的直接税制改革也开始加速推进，2008年新的企业所得税法开始实施，实现内外资“两法合并”。此后，国家、企业和个人的分配关系逐渐走向税收分配关系，税制体系从以流转税为主的单一税制，开始走向以流转税、所得税和财产税相互配合的复合税制体系。

近年来，个人所得税加快推进、房地产税配套措施不断完善、增值税顺利转型、消费税稳中求进，税收体系在促进共同富裕方面的作用更加明显。在2016年全面实施“营改增”之后，营业税退出历史舞台，环境保护税于2018年1月正式开征，2021年10月全国人大授权在部分地区开展居民房地产税改革试点。从仅有工商税、工商所得税等为数不多的税种开始，到目前我国建立了涵盖18个税种的现代税收体系。总体看，随着税收结构的调整，我国累退性特征明显的间接税比重持续下降，同时累进性的直接税占比则不断上升，税收结构朝向有利于缩小分配差距的方向调整。以“营改增”为代表的一系列税制改革稳步推进，减税降费措施有效降低企业税负，综合与分类相结合的个人所得税制度加快推进。站在新的历史发展阶段，未来进一步改革的方向主要是要降低间接税比重，增加直接税的份额占比及累进力度，并增强税收制度助推共同富裕的调节作用。

三、建立社会保障和公共服务体系

我国在20世纪50年代就建立了《中华人民共和国劳动保险条例》，规定企业职工在疾病、伤残、死亡、生育以及养老等方面享有的保险待遇，之后适用于机关事业单位的公费医疗等社会保险也逐步建立，但存在覆盖范围狭窄、保障层次单一、保障项目不全、缺乏社会共济等问题。1978年后，我们陆续建立以企业为单位的养老保险体系，改革传统的劳动医疗制度和公费医疗制度[1]，探索建立失业保险制度，以适应国有企业改革后职工生活保障的需要。党的十四届三中全会后，又建立统账结合的企业职工养老保险制度和职工基本医疗保险制度，改革工伤和生育保险制度。[2] 之后社会保障制度进入以政府基本职能为主线的全面覆盖阶段，从局限于国有企业改革的配套措施，提升为覆盖城乡全民的社会保障网络。到 2006 年左右，初步形成了以社会保险、社会救助、社会福利为基础，以基本养老、基本医疗、最低生活保障制度为重点，以慈善事业、商业保险为补充的社会保障体系框架；实现了由单位和家庭保障向社会保障的转变，实现了由覆盖城镇职工向覆盖城乡居民、由单一保障向多层次保障的明显转变。

2012 年后，我国社会保障进入全面深化改革阶段，如推进城乡社会保障制度整合、推进医疗保险关系转移和异地结算、保障流动人口和异地安置退休人员的医疗保险服务、全面实施城乡居民大病保险制度等，特别是不断健全覆盖全民的养老保险制度和医疗保障体系，这对保障低收入群体的生活起到重要作用。党的十九大之后，又统一机关事业单位和企业职工养老保险制度、建立企业职工基本养老保险中央调剂制度、合并实施医疗保险与生育保险、建立大病保险制度等。目前我国已建成了世界上最大规模的社会保障体系，社会保障对各类群体基本实现了全覆盖，从托底保障、基本保障到补充保障的社会保障体系也比较健全。总体看，应保尽保的目标基本达到，普惠性目标也基本实现，人民群众更多分享到了经济社会发展成果。下一步要继续推进养老和医疗保险城乡统筹，要扩大职工保险覆盖范围，要以省为单位实施统一的医疗保险政策。进一步完善养老保险全国统筹，在全国逐步统一单位缴费费率，缩小低保标准的地区间差异，发挥低保制度对共同富裕的兜底保障作用。

---

① 如医疗费用定额包干或仅对超支部分按一定比例报销，以及实行医疗费用支付与个人利益挂钩的办法等。

② 宋晓梧、邢伟：《新中国社会保障和民生发展 70 年》，人民出版社 2019 年版，第 137 页。

四、拓展基本公共服务

在计划经济体制下，我国建立起模式简单、平均主义突出和国家包办一切的公共服务体系，这与当时高度集中的政府管制相一致。党的十二大时期，公共服务具有很强的单位属性，个人绝大多数行为均依附于所在单位，生、老、病、死基本上均由单位负责，一定规模的单位都开办自己的医院、学校、幼儿园等公共服务设施，为职工提供福利性住房等一揽子社会福利。在20世纪90年代改革开放的影响下，部分公共服务领域对私人部门和社会组织予以开放。20世纪末以来，政府开始致力于建设覆盖城乡居民的基本公共服务体系，力求更公平地分配公共资源。党的十六届五中全会上首次提出“公共服务均等化原则”，并系统性规划提出要使全体人民学有所教、劳有所得、病有所医、老有所养、住有所居。2012年，国务院印发的《国家基本公共服务体系“十二五”规划》，设计了9大领域44类80项基本公共服务项目及其标准，并规定了政府作为公共服务供给责任主体的义务。① 在2016年3月发布的“十三五”规划中，进一步区分了基本和非基本公共服务，扩大了政府基本公共服务的内容范围，要求提出各区域的最低基本公共服务标准，促进基本公共服务均等化，以助推全体人民共同富裕。

当前，我国各项基本公共服务的制度设计日趋完善，基本公共服务法律法规体系逐步建立，覆盖面大大扩展，包括教育、就业、医疗卫生、计划生育、住房保障、文化体育等全民生领域。同时政府基本公共服务支出快速增长，居民享有的基本公共服务水平也在不断提高。过去在以经济建设为中心的发展战略下，全社会对公共服务的重视程度不够，公共服务处于经济发展的从属地位，不过随着人民对共享发展诉求的日益提升，我国加速提高基本公共服务与保障水平。近年来，我国在促进共同富裕的道路上，正在进一步发挥政府区域

① 宋晓梧、邢伟：《新中国社会保障和民生发展70年》，人民出版社2019年版，第169页。

间的横向协同作用，使财政资金更多地向欠发达地区、薄弱环节和关键领域的基本公共服务倾斜，逐步建立起统一的基本公共服务体系，并不断拓宽基本公共服务内涵，持续提升基本公共服务标准，从而显著促进全体人民共同富裕。

第三节　纵向结合型推进过程

除了横向领域型改革路径外，我国也经历了纵向结合型发展历程，从新中国成立初的人民生活困苦、城乡居民收入匮乏，到改革开放以来城乡居民生活水平的飞速增长，再伴随群体间发展差距的持续扩大。在新发展阶段下，我们侧重从提升低收入群体收入出发，到扩大中等收入群体比重，并合理调节过高收入，从而在做大财富蛋糕的同时，又进一步推进全体人民共享富裕。尤其是构建初次分配、再分配、第三次分配协调配套的制度体系，统筹推进初次、再次和三次分配作用，灵活运用政府、市场和社会手段，同步作用于低收入、中等收入和高收入群体，由此全方位、多角度促进全体人民共同富裕。

一、促进城乡居民增收

新中国成立初期我国城乡居民收入很低，1949 年城乡居民人均收入分别仅为 95 元和 44 元(以下都以 1949 年为基期调整的实际收入)，大部分居民入不敷出；到 1977 年，城乡居民人均收入分别提高到 259 元和 88 元；在 1949—1977 年的约 30 年间，城乡居民实际收入年均增长率为 3. 6% 和 2. 5%，同期人均 GDP 增长 3. 3%。党的十一届三中全会确立以经济建设为中心后，随着社会主义市场经济不断完善，全体人民通过辛勤劳动取得了收入增长的历史性成就。改革开放后我国城乡居民收入强劲增长，到 2019 年，城乡居民人均收入分别达到 4157 元和 1572 元，1978—2019 年，城乡居民收入年均增速达到 7. 4% 和 7. 3%，年人均 GDP 增速为 8. 5%，都远超过

1949—1977 年。① 在新中国成立后的几十年内，城乡居民实际收入极大增长，1949—2019 年的年均增长率分别达到 5. 6%和 5. 2%，人均 GDP 增长率为 6. 4%，是人类历史上最为持久强劲的增长时期之一，提升了全体人民共同富裕水平。

居民收入增长为改革持续推进提供了宽松环境，而收入增长背后实际也反映了社会共享的结构性变化。在 2008 年国际金融危机之前，农村居民收入增速大部分时期低于城镇居民收入增速，由此反映城乡发展差距的总体扩大趋势。我国收入分配差距问题，不仅反映在低收入群体和高收入群体的纵向分组上，更体现在以城镇与农村身份群体的横向分割上。但 2009 年之后，农村居民收入的相对增速提升，使城乡发展差距持续缩小，尤其是 2013 年“提低、扩中、限高”战略实施以来，我国城市和农村的组间差距明显下降，使得以城乡身份为特征的群体性分割明显减弱。使调控政策可以从城乡等碎片化的横向领域，走向仅瞄准收入水平本身的纵向指标上来，这是推进我国共同富裕政策转型的重要契机。

二、提升低收入群体收入

从“八五攻坚”计划开始，我国就开始了大规模有计划的脱贫攻坚行动。改革开放以来，在体制改革、经济增长和劳动力流动的带动下，我国实现了从普遍贫困、区域贫困到基本解决贫困的转变，扶贫思路实现了由“救济式”到“开发式”的转变。过去的减贫实践及经验表明，简单“输血式”扶贫模式有一定局限性，因而“造血式”的扶贫模式应运而生，通过产业扶贫、就业帮扶等手段，实现低收入群体可持续增收。同时政府稳定增加了兜底保障力度，扶贫开发战略也由以前的区域瞄准转向更小范围的整村推进，对不同群体也提出了针对性的扶贫政策。经过多年扶贫攻坚后，贫困线附近人口基本脱离贫困，剩

① 根据国家统计局数据计算整理。

下的许多贫困人口属于深度贫困和长期贫困，且分布更为分散，故2013年中央进一步提出了精准扶贫战略，推进对贫困个体的精准识别、精准帮扶和精准脱贫，从而实现2020年年底现行标准下的贫困人口全部脱贫。

当前，我国还是以中低收入为主的分配结构，推进全体人民共同富裕的最本质内容，还是要促进低收入群体收入增长，重点还是农村低收入群体[①]，因此统筹城乡发展、提升农村低收入群体收入，是推进共同富裕的最主要措施。建设农村富民产业是农民增收的重要渠道，是支持农民增收的重要手段，目前政策上要积极吸纳各类社会资金参与农村开发，建立农业灾害补偿机制和市场风险补偿机制。近年来，政策在大力完善就业创业支持，推动农村产业发展和农民增收相互促进，进一步激发农村内部发展新动能，促进农村居民收入增长。在消除现行标准的绝对贫困后，未来要尽快推出农民收入倍增计划，在乡村振兴战略下畅通城乡要素双向流动，培育乡村特色产业，引导农民在本地灵活就业创业。同时要继续加大农村在民生领域的财政支出，增加对农村落后地区的教育和医疗投入，进一步增强对特殊困难群体的倾斜，完善最低生活保障和社会救助标准的动态调整机制，研究建立农村老龄人口生活补助制度，使更多低收入群体共享改革发展红利。

三、扩大中等收入群体比重

中等收入群体是产业结构转型升级的主要支柱，也是居民消费增长潜力的重要来源。改革开放初期，我国居民收入总体偏低，中等收入群体比重也不高，其中大部分是私营企业主或自由经营者，其中一部分人通过企业经营和倒买倒卖成为中等收入群体，由此可见，简政放权、支持小商小贩的就业条件和改善营商环境非常重要。2008年国际金融危机前后，教育、医疗和养老等高昂的生活成本也制约了工薪阶层的财富积累，因此有关教育、医疗和养老等方

① 李实：《共同富裕的目标和实现路径选择》，《经济研究》2021年第11期。

面的政策需要进一步改革。新时期为扩大中等收入群体比重,2016 年发布了《国务院关于激发重点群体活力带动城乡居民增收的实施意见》,提出了技能人才、新型职业农民、科研人员、小微创业者、企业经营管理人员、基层干部队伍等重点群体激励计划,并要求部分省份开展政策试点。

2020 年,中央在梳理试点地区推动重点群体增收的做法后,把试点经验进一步推广到全国。为提高中等收入群体比重,政策在创造条件努力提高居民财产性收入、鼓励居民积累财产、扩大社会财富,以逐渐形成橄榄型社会分配结构。尤其是,政策上也在拓宽居民直接投资渠道,加快金融产品和金融工具创新,提高居民理财水平;同时改善金融服务,构建居民收入来源多元化、风险结构异质化、资产存量组合化的理财平台。下一步要继续赋予农民物权性质的土地产权,实现农地产权的商品化和货币化,促进土地流转并增加农民财产性收入。农民工是中等收入群体的重要潜在来源,这需要进一步促进农民向非农产业有序流动,解决在城市安家落户和获得基本公共服务的市民待遇,把新市民生产生活纳入城市发展规划,并提供必要的基本公共服务,促进新市民更好地融入城市,防范农民工失业返乡带来的收入增长中断。

四、合理调节高收入群体

近年来,我国出现了部分高收入群体,但总的来说其比例并不太大。我们调节高收入群体的政策目标主要有两个:一是规范分配秩序,防范不合理、不合法地成为高收入群体;二是以政策引导方式鼓励高收入群体自愿地增加慈善捐赠,并反哺全社会。在规范垄断行业高收入时,先是完善国有企业高管“限薪”制度,健全与企业领导人分类管理相适应的差异化薪酬制度,有效控制过高的高管薪酬水平。同时也在加快垄断行业内部分配制度改革,逐步放宽市场准入条件,减少行政垄断领域,构建垄断行业的有效竞争格局,使垄断行业职工工资逐步与劳动力市场价位接轨。政策上也明确将垄断收益的大部分收归财政,对留归企业的垄断收益,政府也在严格监督管理。此外,政策上还在完善收入和财产监测机制，加大反腐败力度，并限制权力对经济的干预，消除灰色收入来源。

在调节高收入方面，税收政策上也有所调整。如 2021 年开征房地产税试点，对财产差距进行调节，继续研究开征遗产赠予税，对财富代际传递进行调控，防止下一代不劳而获就能轻松获得财富。政策上也高度关注技术进步所带来的创造性破坏，重视产业结构背后的包容性增长。第三次分配作为宏观调控的必要组成部分，近期也在补充完善这支不可忽视的力量，因此成为共同富裕的焦点政策之一。不过共同富裕是共建共享的过程，是通过辛勤劳动、合法经营、充分高质量就业来实现，而不是通过劫富济贫、简单财富再转移来实现，因此政策上也强调三次分配不是推进共同富裕的最主体来源。未来推进共同富裕主要还要依靠各类市场主体的创造力，通过撬动资本活力支持经济增长，促使国民经济走上共同富裕之路。我们强调的是在依法治国背景下合理调节过高收入，是在保护私有资本和民营企业合法财富的基础上，鼓励企业或个体的主动分配，由此体现政策激励和引导下的自愿性原则。

五、收入增长与综合赋权

过去社会政策集中在收入领域内部，但影响居民生活水平和质量的还有居民福利、公共服务和各种必要的生活支出。虽然收入水平较高，但生活成本高、居民负担重，会在很大程度上损害人们的幸福感和满足感，这也是中等收入群体存在主观认同背离的重要原因。所以近年来的政策重点不是简单地就工资而论工资，也不是仅瞄准收入这个小分配指标，而是侧重民生服务等与居民收支、财产财富等紧密相关的大领域。现实中制约全体人民共同富裕的重要原因，在于教育、医疗、养老等公共服务数量和质量的供给差异，在于生活成本高涨、资产价格泡沫等家庭支出负担加重带来的生活质量下降，在于个体正当权益或权利被损害，在于权力参与分配、公共资源被侵占等带来的分配秩序混乱。因此，在促进全体人民共同富裕过程中，近年来政策上特别重视放宽公平正义的调控范围，把视角从个体收入指标扩大到更为全面的综合性指标。

2021 年 6 月，中央发布的支持浙江作为共同富裕示范区的文件就涉及很宽，不仅有物质层面的还有精神层面的共同富裕，要求全体人民普遍达到生活富裕富足、精神自信自强、环境宜居宜业、社会和谐和睦、公共服务普及普惠，实现人的全面发展和社会全面进步。物质层面不仅关注市场化的工资差距，也关注政策调节后的收入差距；除了关注工资和收入流量上的分配，也很关注财产和财富存量上的分配；不仅关注收入领域自身的差距，也特别关注居民公共服务、成本支出和社会福利的差距。精神文明维度更是跳出了物质层面的框架，包括生态环境、社会安全、精神文化和司法政治等方面，这几个维度分别代表共同富裕的独立方面，又能相互支持补充，从而一起支撑中国特色共同富裕的主要内涵。总体看，在纵向结合型的改革路径下，政策上不断放宽收入调节范围，把视角逐渐放宽到教育、医疗、养老等与居民收支紧密相关的大领域，从单维收入不断扩大到公共服务、社会福利和精神文明，从而推进全体人民包含物质和精神在内的全面共同富裕。

第四节　共同富裕的重大问题和总体判断

一、社会政策基本都是近二十年才建立

我国现代意义上的社会政策或民生政策，几乎在近二十多年才建立起来。在 2000 年之后制定了一系列收入分配调节政策，在初次分配领域的有工资集体协商制度（2000 年）、最低工资制度（2004 年）和劳动合同法（2008 年）；再分配领域有最低生活保障制度（城镇 1996 年、农村 2006 年）、社会救助制度（2007 年）、新修订个人所得税制度（1994 年）及扩大中央再分配力度的财政分税制（1994 年）、全面取消农业税（2006 年）等。除了直接干预劳动力市场的初次分配政策外，近些年不断完善税收、财政转移支付、社会保障和基本公

共服务体系等，并逐渐成为我国再分配制度的主要支柱。

总体看，近二十年来我国收入再分配制度框架基本建立，并在调节收入差距方面发挥了积极作用。如财政转移支付力度不断加大，社会福利、社会救助和社会优抚等转移支付总规模和覆盖对象不断升高，托底性的社会救助和社会福利制度不断建立。目前各项救助制度已基本实现应保尽保，覆盖老人、儿童、残疾人等特殊群体的福利制度也逐步建立。近二十年来税收制度改革稳步推进，税收再分配功能不断增强，总体上起到了缩小收入差距的作用，有力推动了共同富裕水平不断前进。同时，社会保障制度从无到有、从少到多，逐步实现了制度的全覆盖，最低生活保障也基本实现应保尽保。总体看基本公共服务体系初步构建，各类基本公共服务设施不断完善，国家基本公共服务项目和标准得到全面落实。可以说，仅用二十多年时间，我国现代意义上的民生政策体系逐渐建立，并在保障和改善民生、调节收入分配和促进共同富裕中发挥着关键作用。

二、共享发展政策体系尚未完善

正因为我国主要社会政策基本都是近二十多年才建立，政策设计不合理、政策执行不通畅、政策协调不匹配等问题开始逐渐显现，部分收入分配乱象制约了群众获得感、满足感。一是政策本身考虑不周、设计不合理现象突出，如个人所得税征收成本高、对高收入群体征管效率偏低、对资本收入的征收存在一定空白等。二是政策执行不到位，如拖欠农民工工资、相当一部分企业没给农民工缴纳五险、许多工人工资仍然等于或低于最低工资标准等。三是政策之间相互重叠现象仍然存在，如近几年扶贫政策在很大意义上解决了绝对贫困问题，但以财政海量投入和全社会资源来扶贫的方式本身难以持续，且贫困与低保需要更好地融合与衔接。

特别是，政策体系的完整性方面还存在漏洞。过去我们在“学有所教、劳有所得、病有所医、老有所养、住有所居”上出台了大量政策，但是在“幼有所育”方面则相对缺乏。我国0—6岁儿童的学前教育发展长期滞后，3—6岁儿童的学前教育和0—3岁婴幼儿的托育服务是教育发展的短板①。我国0—3岁婴幼儿的托育服务仍处于起步阶段，目前城市3岁以下婴幼儿在各类托育机构的入托率仅为4.1%②，而在经济合作与发展组织成员2014年平均为34%。之前0—3岁婴幼儿的托育服务没有明确主管部门，缺少政策指导和监管，责任尚不清楚。在缩小收入流量差距的政策之外，对于资本或财产的调控工具比较缺乏，针对个体财产存量的针对性再分配政策偏少，在财产差距不断扩大的背景下，亟须堵住这方面的政策漏洞。综合来看，过去20年我国基本建立起了现代意义上的收入分配政策体系，有力地推进了共同富裕取得明显的实质性进展，但在共享发展的政策体系方面还有一定的完善空间。

三、当前部分再分配政策问题突出

我国虽然构建了初次分配、再分配、第三次分配协调配套的制度体系，但各自内部仍然存在一定问题。我国再分配政策体系包括财政转移支付、税收政策、社会保障政策和基本公共服务③。一般认为，对低收入群体进行直接干预的财政转移支付最为有效，税收政策其次，社会保障的再分配效果相对最小。由于这几大类政策本身仍存在各种问题，限制了其收入再分配效果。

首先是财政政策的瞄准效率问题，如财政资金效用效率有待提高，仍存在较大的区域和城乡差异。由于社会补助和社会福利资金的瞄准精度不太高，政府转移支付支出结构有所偏差，使低保金、社会救济以及政策性补助对收入

① 2017年我国学前教育毛入园率已达79.6%，2014年经济合作与发展组织成员4岁儿童的平均入园率已达85%。与人民群众的期待相比，我国学前教育资源总体上仍处于短缺状态，特别是高质量普惠性幼儿园数量还需要明显增长。

② 国家卫计委家庭司2016年委托中国人口与发展研究中心开展了城市家庭3岁以下婴幼儿托育服务需求调查，发现与欧洲、亚洲许多发达国家相比我国的差距比较明显。

③ 虽然货币政策、产业政策及各种社会政策也会间接影响分配，但并不构成我国收入分配政策的主体。

分配的效果还有改善空间。在二元分割体系下，城市和农村居民拥有较大差别的城乡养老制度体系，城镇居民的养老金覆盖率和人均财政支出都远高于农村，城乡离退休金的逆向再分配效应明显。

其次是我国直接税收入份额始终偏低，税收制度中个人所得税对收入分配的调整作用有限，居民财产税存在一定空白。间接税的目标主要是组织财政收入，总体上有可能扩大收入差距水平，而主要缩小收入差距的直接税则总体较少，不利于调节收入分配差距。无论采取哪一种假定，我国整体有效税率都随收入分组水平的上升而下降，表明收入越高群体承受的税率水平反倒越低，即税制在整体上是累退的①。

再次是社会保障政策设计的公平性不够，再分配效应受到抑制，甚至个别社会保障项目存在逆向再分配。无论是从社会保障支出占总财政支出比率，还是从社会保障支出占 GDP 的比率看，我国社会保障支出水平都较低②。具体看社会保险，最主要的养老保险对收入差距的抑制作用不大，仅缩小基尼系数约 0.03%；而第二大支出的医疗保险则会扩大收入差距，在加入医疗保险缴费之后，市场化收入差距反倒在扩大，说明医疗保险缴费具有累退性③。综合来看，社会保障政策的再分配效应不够，个别再分配政策甚至还扩大收入

① 直接税包括企业所得税、个人所得税、房产税、车船税等，间接税包括增值税、消费税和营业税（2016 年 5 月之前）等。在 2017 年，不同税种的占比分别是，增值税占比 30%左右、消费税占比 7%左右、营业税占比大概为 14%、企业所得税占比达到 20%左右、个人所得税的占比维持在 5%左右。到 2017 年间接税比重为 60%左右，直接税比重为 40%左右。

② 匈牙利的社会保障支出占 GDP 的比率最高，达到 24.0%，墨西哥的社会保障支出占 GDP 的比率为 7.6%，甚至连伊朗的社会保障支出占 GDP 的比率也达到了 7.4%，而我国社会保障支出占 GDP 的比率为 4.9%，仅比印度多一个百分点。从社会保障支出占财政支出比来看，我国为 23.1%，也远低于其他经济合作与发展组织成员，仅为德国 46.2%的一半。

③ 由于我国医疗保险的报销起付线在一个属地范围是固定数额，因而高收入群体的起付线相对较低，而低收入者的起付线反而相对较高，这就容易造成医疗服务利用的横向不平等。而封顶线和报销比例在同一属地范围内采用的也是统一标准。对于低收入群体来说，一旦身患大病，即便享受报销，自己承担的医疗支出和比例仍然较高，需要自付的医疗费用仍然承担不起。因此，很可能无力享受医疗服务，选择放弃就医。而高收入群体由于可以更多地利用医疗资源，因而更可能从这种补偿模式中受益，报销补偿就主要惠及看得起病、医疗服务利用率高的高收入群体，因此产生低收入群体补贴较高收入群体的逆向转移现象。

差距。

最后是基本公共服务的不平衡不充分问题比较突出。由于制度设计原因,基本公共服务因地区财力不同而存在较大差异;不同群体间享受的公共服务有很大差异,农民工被排斥在城市基本公共服务范围之外。总体看,解决农民工进入城市后面临的权益缺失问题,根本路径是推进农民工市民化,促进基本公共服务均等化。一是完善基本公共服务供给,实现义务教育制度、社会保障制度、公共卫生制度、劳动就业制度的城乡一体化,保障农民工的劳动报酬、休息休假、劳动安全卫生保护、社会保险等各项基本权益。改变不同群体所享有的基本公共服务差异,增强基本公共服务内部均等性,缩小群体间和城乡区域间差距,加大农村落后地区基本公共服务投入。

四、针对性地共享发展政策不够

用辅助性和针对性标准去梳理目前已有的政策,可以把当前社会政策概况为三种类型:生产发展型、社会托底型和再分配调节型。在第一种类型中,如基础设施建设、农业生产器械补贴或土地整合政策等,其政策设计初衷都是瞄准国家农业生产、粮食安全或企业生产所必要的交通基础设施等,属于经济建设或发展生产政策,虽然它们可能会产生正向或逆向的收入分配效应,但要注意的是,收入分配效应本身并不是它们考虑的初衷。在第二种类型中,如最低工资标准、最低生活保障等,属于人的发展的生存保障政策,是瞄准少数群体的社会托底型政策,虽然它会缩小收入差距,但仅依赖标准很低的生存型政策来长期显著缩小全社会收入差距是很难的。在第三种类型中,对全民适用的较高标准的个人所得税、财产税等,属于典型的针对性收入再分配政策,在面向所有国民、征缴标准较高、调控力度较大的基础上,其主要政策目的就是要调节全社会收入差距。

按照上面三个标准,我国能称之为针对性的共享发展政策是个人所得税,但其目前在我国税收收入中的占比也就 8%左右,在整个 GDP 中的比重就更低，指望小体量的个人所得税来撬动改变整个初次分配是难以做到的，更不要说个人所得税自身政策设计与执行中的各种问题，这进一步限制了它的再分配调节功能。从这个角度来说，我国目前相对缺乏对全社会有效的针对性收入分配政策，由此制约了政策工具的调控效果。当前，所有社会政策或公共政策都可能影响收入分配效果，但大部分政策难以在根本上左右收入分配效果，这也是我国要实现共同富裕目标的重要挑战所在。

五、不平衡不充分矛盾相对突出

在过去以经济建设为中心的指导下，宏观政策把发展生产和促进经济增长摆在第一位。然而过去几十年收入差距不断扩大，代际流动性出现下降倾向，一些非法收入或灰色收入冲击社会容忍度。近十年来社会大众的不满，首先表现为对分配制度的不满，收入分配领域的矛盾和问题积累较多。邓小平同志在其晚年十分担心收入分配问题。1993 年 9 月，他在一次谈话中说："少部分人获得那么多财富，大多数人没有，这样发展下去总有一天会出问题""十二亿人口怎样实现富裕，富裕起来以后财富怎样分配，这都是大问题。题目已经出来了，解决这个问题比解决发展起来的问题还困难，分配的问题大得很"。[①] 应充分估计分配问题的严重性，要下决心进行系统的制度设计和政策改革。

当前由不平衡不充分带来的社会风险在提高，收入分配改革的急迫性在增强。在经济增速下降的背景下，收入分配不公和收入分配秩序混乱所带来的贫富分化问题，有可能触发新的社会问题。一旦经济放缓并进入下行通道，则低收入群体就可能面临收入水平出现停滞甚至下滑的情况，这就可能激发对收入分配的不满，由此影响社会和谐稳定。若在此基础上还出现了大规模失业现象，则会直接让低收入群体进入贫困陷阱，刺激低收入居民的不满情

---

① 中共中央文献研究室编：《邓小平年谱（一九七五—一九九七）》下卷，中央文献出版社 2004 年版，第 1364 页。

绪。如果突然要减少权利、降低收入、弱化地位，人们会拒绝回到不合理、不公平的状态，因而由收入逆向下滑带来的社会稳定风险就会增加。

近年来，我国收入不平等水平持续徘徊在高位，少数群众未能公平地分享经济改革和社会发展成果，如 2021 年全国居民收入的基尼系数仍达到 0.466。居民财产差距显著高于收入差距，而且财产存量带来财产性收入，也会增加收入分配的调控难度。可以说，持续多年的高收入差距，再加上收入流动性的降低，已经给社会积累了一定的负面情绪，一旦再加上对居民绝对收入带来的冲击，这种社会矛盾就有可能被触发。尤其是我国除了较高收入差距外，还存在收入分配秩序不规范问题，如侵吞国有资产、国有自然资源转为个人收入等不规范不合理问题，隐性收入、非法收入问题也比较突出，这会进一步降低居民对高收入差距的容忍度。

第五节　重构共同富裕目标下的政策体系

一、转换再分配政策设计原则，实现横向政策纵向化

总结收入分配政策的历史，发现中国式收入分配改革几乎是完全摸着石头过河走过来的。在新中国成立初期甚至在改革开放初期，没有系统完整的改革方案设计、没有成熟的收入分配理论，也没有前期系统论证收入分配工程的路线图和时间表，由此我国轰轰烈烈的收入分配改革就在实践中拉开了。边干边学，遇到问题且不断解决问题，由此一步一步地走过了收入分配改革的七十多年。这种问题导向式、渐进性、试点型改革，减少了改革中的阻力、回避了很多不必要的麻烦，但是时至今日也带来了一些问题。

政策碎片化的问题在近年不断显现，过去以部门或领域为原则的政策分工，使影响收入最终结果的相关部门各自分割；以横向加总为基础的工作方式，使职能融合出现一些困难；以碎片化调节为基础的调节过程，使工作效益

的结果评估难以推进。针对收入差距持续扩大的情况，各个部门都出台了相关调控政策，但这些政策是否真的能在体系完整性、政策有效性和影响持续性方面发挥作用，系统性评估并不够，基本都是对应部门在自我评估，同时在这个过程中收入差距水平还在扩大，收入分配秩序混乱的问题也持续存在。

要从根本上改变当前收入分配的各种问题，我们主张要转换再分配政策的设计原则，从体系化、专业化和持续性角度，把收入分配政策从横向分工转到纵向布局。把部门分工从横向转到纵向管理，并把收入分配调节的工作过程转到以结果为中心的反馈机制上来。以直接收入结果为核心，把过去分领域的干预政策，转换到以收入等级来设计政策体系。特别是过去头痛医头、脚痛医脚的政策，越来越难以适应现代化、信息化的要求，难以跟上快速多变形势下的收入再分配政策。

一个思路性变化，就是不需要跟踪所有相关公共政策的分配效应，而仅关注最终的收入分配结果。从多领域的实时追踪，转换到单指标的定量评价。只有把政策设计从横向领域转到纵向收入，把调节收入差距和管控分配秩序作为中心目标来设计政策体系，就可能从根本上找到解决收入分配问题并促进共同富裕的政策抓手。在缩小收入差距、管控收入分配秩序的大目标下，可以细化相关政策的核心职能梳理，精简政策职能分工，把生产发展型政策从收入分配政策的“底线清单”中剔除；主抓“针对性”的收入分配政策工具，划定“针对性分配政策”要显著缩小收入差距的政策红线；侧重事后政策评估与反馈，组织对主要政策进行评估，并把再分配结果作为政策工作的重要指导。

二、明确各类政策归类属性，增加再分配政策底线思维

我们不能把收入再分配职能赋予到每个公共政策中去，有针对性地逐一审视并确定政策的主要功能。与收入分配相关的政策包括财政政策、货币政策、产业政策和相关的社会政策；而在社会政策内部，又主要包括财政转移支付、税收调节和社会保障政策等。不同领域的政策，需要明确政策归类属性，

把生产发展型政策、社会托底型政策、分配调节型政策的职能区分开来，把规范收入来源秩序、调节收入分配差距、管控存量财产差距的职能区分清楚（见表1-1）。在此基础上，就可以明确各类政策的功能定位、职能属性，并设计各类政策的工作目标和考核办法。

表1-1　各类政策的归类属性和指标设计要求

政策类型	收入来源秩序方面	收入分配差距方面	存量财产差距方面
生产发展型政策	必要性	预期性	预期性
社会托底型政策	约束性	必要性	方向性
分配调节型政策	约束性	约束性	约束性

资料来源：笔者整理。

具体看，可以对这几类政策明确方向性、预期性、必要性和约束性等指标。生产发展型政策的主功能是发展生产，只要市场主体的收入来源是合规合法的，纵然这类政策可能会扩大收入差距，但是仍然在政策定性要求的范围之内。而社会托底型政策的主功能是保障低收入群体的基本收入，但并没有说要显著调控全社会收入差距，相反必须要求该类政策的高瞄准效率，确保低保资金不能被高收入群体所获取，因此对收入来源秩序的要求就较高。对于针对性的分配调节型政策，它在收入来源秩序、收入差距、财产差距方面的要求也最高，必须具有较高的约束性指标。

在调控收入差距的定性结果层面上，对生产发展型政策可以不作要求，只要不出现过度明显扩大收入差距就在可接受范围之内（如生产基建类政策，明确是为提高生产效率或增强市场运行效率，虽然可能会扩大收入差距，但在总体上是可以接受的）。对于社会托底型政策，它要求在总体上是略微缩小收入差距，或收入差距在不扩大的基础上能显著改善收入来源秩序，那么这个政策结果也是可以接受的。对于分配调节型政策，它必须是显著减少收入差距，显著规范收入来源秩序，或在缩小财产差距方面有较大作为。

对于所有相关社会政策，必须要明确其功能属性，牢牢抓住最主要政策目标，针对收入差距不扩大、总体缩小和显著缩小的不同情形，设计不同的政策考核指标。对于新出台的公共政策，可以根据政策的分类要求，设置绿线、红线和底线原则。对于生产发展型政策，可以采取较为宽松的绿线原则，毕竟大部分政策的出台基本上仅能考虑解决本领域问题本身，而难以考虑由此带来的收入再分配问题。而对于社会托底型政策，要贯彻收入差距不扩大这个底线，并将分配中性原则体现到实际政策中去。但对于明确属于收入分配的针对性政策，则必须明确要求能显著缩小收入差距，对于无法实现这一目标的政策要一票否决。

三、简化收入分配政策工具，达到分配政策一体化

在实际收入分配调节中，国家发展改革委设置了针对性的司局，而在相关领域则把收入分配职能广泛分布在相关部委局，不过这些部门政策的核心目标可能并不是收入分配，只是会间接产生收入分配效果。在这种情况下，不同部门事实上都会制定与收入分配有关的政策，而同时大多数部门又难以出台有针对性的再分配政策。政策之间多、乱、杂的现象突出，收入分配职能的协调成本较高，有时还没有强制约束力。在前面转换再分配政策设计的基础上，建议进一步直接作用于收入结果这个变量，而不是着手各个与收入相关的所有政策领域。要进一步简化收入分配政策体系，精简收入分配的协调工作。

按照简化后的收入分配政策体系，首先，要做实综合性的收入分配调节部门，把所有相关政策打包，以“一个部门管所有，一条政策就管用”为目标，力争让收入分配工作有抓手、收入分配指标能量化、调节收入分配的责任能落实。进一步把收入分配工作划分为三个部分：规范收入来源秩序、调节收入分配差距、管控存量财产差距。按照交叉对应原则与“针对性收入分配政策”建立对应关系，以此来设计相关部门或职能。其次，要把碎片化政策合并的工作提到显著位置上来，着力整合职能上有交叉、功能上有重复的政策。最后，要

大幅精简相关收入分配政策部门，把核心功能不是调节收入分配的相关政策调出重点关注清单，突出以纵向为基础的简明型收入分配政策工具。

四、强化收入分配联席小组职能，实现社会政策再重构

要调节收入分配和推进共同富裕目标，需要分步规划路线图和时间表。首先要明确收入分配的专职部门并提升其强制力。应该说，社会领域的很多政策都具有收入分配功能，或者说收入分配政策的工具被分散到许多不同领域，这导致没有强制执行力的主管部门。目前收入分配联席小组是一个议事机构，强制力不够，难以强力统筹各类政策协同推进，难以实现各种政策有机融合。未来要做实收入分配联席小组职能，提升政策监督和管理职能，进一步提升其关于“针对性收入分配政策”的强制执行力。

近期要在改造个人所得税的基础上，进一步对税收格局进行适当调整①，压缩间接税比重，增加直接税占比，尤其是要新增收入分配政策体系中漏缺的财产税，把定位在“针对性调节收入分配政策”的主功能，从组织财政收入转换到调节收入差距上来。在前面明晰职能部门负责的基础上，再加上这里的政策抓手，就可以实现对收入差距的有效干预。当收入差距扩大的时候，可以在结构性减税背景下调增房产税税率，或提高个人所得税的税率水平。

探索建立收入分配的政策前置审查环节。如有关社会政策出台前，关于“收入分配差距效应”的审批应前置于政策的最终发布，并使“收入分配工作前置”形成长效机制，为推进共同富裕创造良好环境，防止政策产生新的收入分配差距扩大效应。收入分配联席小组对相关政策负有审议、监督和管理责任，其中介入监管的关键是在前期政策设计阶段。如果生产发展型政策明显

① 1992年邓小平同志南方谈话完整提出了共同富裕的实现构想：“先富起来的地区多交点利税，支持贫困地区的发展……可以设想，在本世纪末达到小康水平的时候，就要突出地提出和解决这个问题。到那个时候，发达地区要继续发展，并通过多交利税和技术转让等方式大力支持不发达地区。”

扩大了收入差距、社会托底型政策恶化了收入分配秩序、分配调节型政策没有显著缩小收入差距等，则收入分配联席小组可以出具否定性意见，并终止该类政策出台。

五、建立以家庭为基础的政策体系，提高分配政策精准性

作为基础性的民生制度安排，收入分配政策应为家庭提供基本的安全保障网，通过加强家庭发展能力，支持家庭发挥对个体和社会的基本功能。尤其是在经济形势快速变化时，家庭面临多种发展困境，也会引发一系列社会政策需求。如家庭规模小型化和结构老化的直接后果是家庭抗风险能力弱化，这就要求政策手段替代家庭缺损的经济收入，使家庭能正常履行基本社会职能，抵御经济社会风险冲击。现行收入分配政策除了低保是家庭利益导向外，基本都以个体为政策对象，这导致现行收入分配政策在公平性、合理性和效率性上存在缺陷。以家庭为基础的收入分配政策不是简单地对家庭介入，也不是只面向家庭的某个成员，而是以家庭为整体进行评估，充分考虑家庭整体利益，建立个体与家庭并重、个体与家庭关联的收入再分配政策。

对孕期和哺乳期的家庭提供经济津贴及福利保障，确保家庭能顺利进入和完成生育阶段。保护从事家庭照料劳动的女性的经济权益，给予家庭女性非市场劳动和在职女性市场劳动同等的价值认同，政策设计上尊重家庭女性享有平等的社会保障权利，减少女性因家庭生育行为而带来的损失。进一步推动个人所得税的家庭减免，更大程度地推进以家庭为单位来计征个人所得税。以家庭为单位实施公共服务供给，立足家庭开展就业保障、养老照护等全生命周期的公共服务支持体系。

在家庭流动性增强的背景下，由于家庭成员生活分离，主要成员长期外出，导致流动人口家庭更容易发生家庭功能失衡，子女抚育、养老等功能行为不能顺利实现。这就要求收入分配政策在设计上应充分考虑人口流动所产生的影响，建立更加灵活的福利保障机制，为流动家庭、异地分离家庭提供可靠

的安全网。加大家庭养老和老年福利政策的衔接力度,为家庭提供更加全面、更加充分和更高质量的服务。适应家庭少子化趋势,对承担家庭养老责任的家庭成员给予社会保障资格认同,鼓励家庭成员与老年人共同生活或者就近生活,照顾老年人的生活起居等。

六、局部试点全民基本收入政策,由补缺型向普遍型福利转变

从发展阶段看,我国正从生存型跨入发展型阶段,这对我国社会保障体系提出了新的更高要求。从目前来看,“全民基本收入”政策已被初步证明是增加社会保障和促进社会公平的有效工具。尤其是随着新技术革命带来更多的不确定性,社会公众对稳定生计保障的需求也与日俱增,因此无条件保障全民基本收入的理念在近年来受到很大重视,越来越多的国家或地区在探索建立全民无条件基本收入政策(可以简称为全民基本收入政策)。① 一般认为,全民基本收入政策指“不加任何前置条件给每个国民发放的基本收入”②。在中国的政策讨论中,首先碰到的就是成本收益比较问题。从综合动态视角看,引入经典全民基本收入政策势必会带来社会福利体制的全面变革,大量既有福利政策将可能被整合缩减或取消,由此相关政策所节省的管理成本总和是显著的,尤其是在行政效益偏低、政策运转成本高昂的发展中国家更不可忽略。

---

① 对大多数发展中国家来说,由于经济社会等各个方面尚处于起步初期,超越自身发展阶段而给予国民不切实际的高福利期待,不仅容易侵蚀国家发展基础,而且还可能造成新的社会动荡。特别是,发展中国家还存在很多先验条件的不足,如信息不透明、制度不完善及隐形政策更强大等,因此在借鉴经验时也应足够谨慎,切忌不顾背景而生搬硬套。

② 典型全民基本收入政策要同时满足三个条件:(1)它提供了人们足以满足基本生活需求的现金支付;(2)随着自身收入水平的提高,现金支付不会淡出或逐渐下降;(3)受众对象必须是绝大多数而不仅是瞄准的局部或少数人群。满足全部条件的全民基本收入政策称为经典全民基本收入政策,然后根据与经典全民基本收入政策的偏离方式,将现实中形式多样的全民基本收入政策大致归纳为两大类:第一类是“不充分”全民基本收入政策,即基本覆盖国家或地区内的全体人群,但其提供的无条件转移支付不足以满足人们的基本生活需求。第二类则放弃覆盖全体人群,转而面向数量有限的目标人群,并发放足以保障其基本生活需求的转移收入,因此叫“局部全民基本收入政策”。

不过，这个改革具有很大难度，当前在我国探索也会存在各种问题。如全民基本收入政策的直接成本会造成巨大的财政压力且缺乏可持续性，若再考虑以税收方式为其融资则会带来明显的负向激励。应该说，短期内实行全民基本收入政策的可行性有限，但在长期仍然值得探索①。社会主义历史上的生计收入，在一定程度上接近于经典全民基本收入政策，在长期看仍要允许局部小范围的全民基本收入政策试点。当前既要警惕民粹主义的“福利赶超”，又要坚持“以人为本”的发展理念，使人民群众从增长中得到实惠；既要使社会福利水平逐渐提高，又要防止造成社会福利的路径依赖。相对于补缺型的福利政策，成本较低且普惠型的社会福利模式，显然更适合我国发展实际。面向2050年的长期目标，我国社会福利必定会由过去的补缺型向适度普惠型转变，因此局部小范围内试点全民基本收入政策有一定的必要性。

第六节　共同富裕目标的短期政策设计

在经济多年强劲增长后，我国人均GDP已接近1.3万美元，并稳居世界第二大经济体。但是，过去几年居民收入增长相对较慢、劳动报酬占国民收入比重偏低、居民从经济增长中的获得感不足等，日益成为新形势下经济社会发展的重大问题。尤其是部分居民收入水平较低、城乡和区域之间差距偏大、居民收入部分落后于经济发展步伐等。面对实现共同富裕的更高要求，居民收入增长和合理分享经济发展的成果还存在挑战。要实现共同富裕的目标，其根本着眼点在于要促进居民收入增长，要通过再分配政策来降低收入差距水平。这就需要进一步深化收入分配制度改革，调整收入分配部门职能，在促进

① 局部全民基本收入政策与我国现行低保政策相对重合，不充分全民基本收入政策缺乏对低收入群体的保障能力，而经典全民基本收入政策又存在巨大的财政压力，通过税收为其融资则会进一步造成激励扭曲和效率损失，所以，如何设计经济上更有效率且可持续的方案就尤为必要。而要实施经典全民基本收入政策，必须解决资金来源问题，寻找充足可持续且不会造成明显扭曲的融资方式是亟须解决的重点。

居民收入增收方面继续加力,在“调高、扩中、提低”方面持续发力,以实现“居民收入有保障、差距水平会缩小、居民收入与经济增长能同步”的短期目标,并为2050年共同富裕的远景目标打好基础。

一、总体方向

在部分居民还没有合理分享经济发展成果的背景下,总的方向还是要实现包容性增长,既促进经济持续稳定增长,同时又要保证收入的合理分配(见表1-2)。在公平和共享的理念下,使更多人群和地区同步增长,让经济增长的成果惠及更多人,更多地为广大人民所享受,使他们的生活得到实质性的提高和改善。“包容性增长”至少包含三层含义:一是要增长,即要保证持续稳定的经济增长;二是增长要有包容性,即采取居民有较强获得感的增长方式,让居民收入与经济增长保持同步;三是注重共享性增长,即在发展过程中注重低收入群体,让低收入群体能享有经济增长的更多成果。从这个角度看,要实现共同富裕也要在这一总体方向的指引下,采用包容性增长方式、注重居民获得感、侧重穷人偏向性。

表1-2　实现共同富裕的短期政策框架

政策类型	居民收入增长与初次分配	居民收入调节与再分配
总体方向	促进经济增长:由此实现总体富裕	保障再分配:增加向低收入群体的倾斜力度
政策目标	经济稳定、持续、有效率、包容性增长	居民收入与经济增长同步,收入差距缩小
政策顺序	先稳定经济增长,再采用居民获得感强的增长方式	在经济持续发展的前提下再分配,推进富裕共享
政策思路	选择适度的经济发展模式:偏向于穷人的增长方式和共享型发展模式	在收入增长前提下,增加对穷人的保护,扩大中等收入群体占比
政策模式	直接干预居民收入增长的原因	间接干预居民收入差距的结果
政策原则	效率、公正	公平、合理
政策方式	市场机制	政府调控
政策手段	保证机会公平	调节结果差距

续表

政策类型	居民收入增长与初次分配	居民收入调节与再分配
政策重点	侧重“扩中”:扩大中等收入群体比重	着眼“提低”:提高低收入群体的收入水平
政策体系	创新政策:促进创业、中小企业发展	财政政策:财政转移支付政策
	教育政策:人力资本投资政策	税收政策:差异化税率调节差距
	劳动政策:促进劳动力市场灵活性	社会保障政策:构建社会兜底保障网
	资本政策:放松投资管制与行业准入	公共服务:促进基本公共服务均等化
	土地政策:增加供应和盘活土地市场	区域协调:平衡区域发展政策

资料来源:笔者整理。

二、政策模式

要推进共同富裕,政策干预的重点在于促进居民收入增收和缩小收入差距,根本还在于居民收入的平衡性增长。影响居民收入分配的因素大体可归结为两种类型:一是由于特定的社会经济发展模式所内生的收入增长差异;二是通过政府调控等手段对经济运行实施外在干预,从而引导利益分配格局的直接改变。前者试图改变居民收入差距的原因,而后者则试图干预收入差距的结果。对分配结果的直接干预,有可能造成要素价格的扭曲,因此通过发展模式调整和市场机制完善以促进居民增收,就成为推动增长与分配兼容的根本着力点。

从收入分配体制改革角度看,政府调控行为从三个方面进行完善:一是为特定经济发展模式和完善市场机制运行塑造良好的外部环境;二是增强教育医疗等人力资本投资相关公共服务的可及性、公平性,为社会成员的机会均等提供保障;三是使用税收和转移支付手段调节居民收入差距。值得注意的是,人们对收入分配体制改革中的政府调控行为,更多的是强调第三个方面,而对于第一个方面这一更为根本性的影响则关注不够。在推进共同富裕的远景目标下,必须兼顾稳定经济增长、改变经济发展模式、完善市场机制和增加政府倾斜力度,由此促进效率与公平、发展与共享、增长与分配的同步发展。

三、政策顺序

推进共同富裕目标,首先是要保证经济稳定增长,刺激投资、提升进出口和扩大需求,进一步提振市场主体预期。同时也要深化供给侧结构性改革,从供需两侧同时发力,把创新驱动放在核心位置,加快培育新动能、改造提升传统动能,以大众创业、万众创新带动产业转型升级,带动更多劳动就业。

在实现经济增长总量目标的基础上,要更加注重居民获得感的增长方式,改革过去通过压低工资、压低消费的方式来保持经济竞争力,在保障人民收入和福利不断提高的前提下实现经济稳定发展。这里尤其要选择适度的经济增长模式,通过市场化的定价模式、采用市场化的调控方式,改变经济发展过程中的技术结构,使之与我国劳动力禀赋丰富的基本背景相一致,从而提高劳动力要素在生产过程中的回报率,增加就业机会以提高劳动报酬在初次分配中的比重,并更加接近共同富裕目标。

在经济增长自动带动居民收入增加的条件下,还须注重政府调控方式来增加特定群体、特定居民的收入份额。市场机制与政府调控是影响经济主体利益分配的两种基本力量,对于我国过去收入差距不断扩大的状况,与政府调控中的再分配效果较弱有关,因此收入分配体制改革,必须要倾向性地增加政府再分配力量,让更多低收入群体共享改革发展成果。

四、政策体系

(一)产业、收入政策对接

经济增长不仅能带动居民收入水平提高,从长远包容性角度看,还可能有助于抑制收入差距扩大。经济发展仍然是今后一段时期内需要坚持的根本目标,这就需要加快产业结构升级,大力促进高新技术产业和第三产业发展,使产业结构升级成为新的发展引擎。同时下大力气推进自主创新能力,使我国向创新型国家转变,积极发展特色产业,进一步形成具有核心竞争力的产业集群。经济发展必然带来就业增加,有利于居民就业和收入水平的提高,从而为缩小收入差距奠定基础。

(二)长、中、短期宏观政策协调

促进居民收入增长和减小居民收入差距,需要区分长、短期政策效果。在长期看,要完善劳动力市场,保护劳动者合法权益;要继续推进要素市场化改革,平衡资本和劳动力之间的关系;同时也要提高劳动者人力资本,这是促进共同富裕的关键。在短期看,要重点出台各种再分配和收入保障政策。关注城镇低收入群体的相对贫困状况,合理调节垄断行业工资分配格局。逐步给予流动人口市民化待遇,在就业、居住和子女教育方面更加包容。优化一体化、多层次、广覆盖的社会保障体系,提高最低生活保障力度。

(三)初次、再次、三次分配制度协调

初次分配是市场配置资源的基本渠道,当前初次分配中的问题不是政府干预不足,而是市场体系和机制不完善,其中关键是要继续深化要素市场改革。政府再分配作用也很显著,收入差距能在多大程度上缩小,较大程度上取决于政府的再分配政策,财政支出更多地向低收入群体倾斜,就可能使收入差距出现下降。也要加强慈善捐赠在三次分配中的作用,补充初次分配和再次分配的调节作用。

(四)中、高、低群体同时作用

要促进居民增收和减小收入差距,就要控制不合理的高收入、努力扩大中等收入群体比例、减少低收入群体占比。“限高”政策不应理解为限制高收入,而应着眼于解决高收入中的不合理、不合法收入,如灰色收入和腐败收入,也包括垄断部门的高收入。“扩中”政策的重点在于要防范中等收入群体掉

入低收入群体、进一步增强中等收入群体的消费贡献。“提低”政策的重点在于规范分配秩序、消除政策性歧视、建立城乡统一的户籍制度和流动人口政策,完善社会保障和基本公共服务体系。

五、政策目标

(一)促进居民增收

从宏观收入分配格局上看,改革的目标包括提高居民收入在国民收入分配中的比重、提高劳动报酬在初次分配中的比重,以及提升社会保障和就业等民生支出占财政支出的比重。宏观收入分配格局的改变仍然需要以微观经济政策为基础,从微观经济主体层面实现收入分配格局的改善。收入增长是收入分配制度改革的前提和基础,收入差距缩小、收入分配结构调整、收入分配秩序规范和宏观收入分配格局的改变,都要在居民收入增长的基础上实现,收入分配改革不应当以收入增长停滞为代价。

(二)缩小收入差距

按照党的二十大精神,要实现共同富裕的奋斗目标,可以进一步从居民收入增长、居民间收入分配和宏观收入分配格局三个方面进行任务分解。从居民间收入分配角度看,共同富裕导向的改革主要有两个目标:一是居民收入增长;二是缩小收入差距。在居民收入增长的基础上,缩小收入差距意味着低收入群体的收入增长速度应该比高收入群体更快,由此逐步实现相对更加均衡的收入分配结构。

(三)促进分配公平

解决收入分配问题,不仅要关注收入差距过大问题,更要关注收入分配不公问题,这主要表现为垄断行业的高福利、灰色收入、贪污腐败以及社会保障的差别待遇问题，也包括国有企业、公务员与一般民企职工退休金过大的待遇差距问题等，更包括对广大农民工群体在工资、就业、社保和基本公共服务的歧视性措施方面。这些收入分配不公问题也是社会反响强烈的因素。在共同富裕导向的收入分配改革中，不仅要缩小收入差距，还要消除收入分配不公，促进全体人民机会公平。

六、指标设计

（一）增长指标

为实现共同富裕，在实施过程中不是降低某个群体的收入增长率，而是要努力提升其他收入较低群体的收入增长率。因此在政策工具的选择中，必须要同步提升两者的增长率，保证两者之间的增长率不至于有很大差距。近年来我国经济增长率已明显降低，为实现到2035年人均收入翻番的目标，未来经济增长还必须维持在中高速以上（见表1-3）。同时，考虑到我国劳动报酬长期偏低、消费拉动长期动力不足等问题，设定居民收入增长率要略高于经济增长率是必要的，由此才能保证较低收入群体的就业增长和共享发展。

表1-3　实现共同富裕的指标体系

指标分类	指标名称		指标属性
增长指标	1	经济增长率在中高速以上	方向性
	2	居民收入增长率超过经济增长率	方向性
同步指标	1	短期内可以允许不同步	预期性
	2	长期内两者同步更重要	必要性
差距指标	1	高低收入组的比例不扩大	必要性
	2	城乡居民收入差距显著改善	预期性
	3	地区和行业差距有缩小	预期性

续表

指标分类	指标名称		指标属性
分配指标	1	收入差距基尼系数明显缩小	方向性
	2	劳动报酬占比稳定提高	必要性
	3	再分配比初次分配要显著改善	必要性
流动指标	1	收入各群体的流动性要提高	必要性
	2	资本劳动比持续降低	必要性
	3	中等收入群体比重明显增加	预期性

资料来源:笔者整理。

(二)同步指标

衡量居民收入和经济增长同步,并不是说两者每年都要保证相同的增长速度,在短期内还必须允许某个指标的合理浮动。在当前经济增速有较大波动的背景下,再加上居民收入的刚性增长特征,经济增速会高于或低于居民收入增速,因此短期内出现两者不同步现象是正常的。真正需要关注的是,要在较长一段时间内,保证居民收入和经济增长的总体相对同步,尤其是要增强居民收入对经济增长成果的合理分享。过去我国劳动报酬占国民收入比重长期走低、居民收入在宏观分配中的占比也在下降,这就导致我国宏观收入分配结构的明显失衡,因此在长期内必须要保证两者的基本一致。

(三)差距指标

总体上,要保证实现共同富裕,我们要严防少数人收入快速增长而大多数人收入不增长的情况,少数人带来的"收入被增长"和"两者被同步",并不是真正意义上的共同发展。换句话说,必须要保证大多数人收入的同步增长,即不同群体的收入差距不至于进一步扩大。这就要求高低收入组的收入比率不扩大、城乡居民间的收入差距要改善,且地区和行业间的收入差距还需要进一步缩小等,由此才能达到在增长中缩小收入差距,在发展中推进共同富裕。

（四）分配指标

要保证接近实现共同富裕目标，除了市场化一次分配的差距不扩大外，还必须要求政府在进一步缩小收入差距方面有所作为，要求再分配政策后的收入差距显著小于初次分配的收入差距。尤其是，在某些再分配政策存在明显逆向效果的背景下，提高再分配政策的调节效果，改革某些无效政策的调节过程，提升部分政策的共享性效果。在实现共同富裕的政策体系中，必须对政府政策的再分配效果提出明显要求。

（五）流动指标

在共同富裕的远景目标下，保证居民收入增长和社会流动是所有收入分配政策的根本，要促进不同居民群体收入的同步增长，也必须要关注社会不同群体间的收入流动性，关注居民向社会更高层次流动的渠道问题。只有建立能上能下、居民收入增长顺畅、社会成员流动活跃的增长体制，个体劳动积极性和经济发展活力才能有效激发，共同富裕目标才会真正实现。

第二章　扩大中等收入群体推进共同富裕

党中央强调扎实推进共同富裕是建设社会主义现代化强国不可或缺的组成部分，为更好满足人民日益增长的美好生活需要，必须把促进全体人民共同富裕作为着力点。党的二十大突出强调了要扎实推进共同富裕，并将其作为中国式现代化的本质要求。显著扩大中等收入群体是实现共同富裕的根本所在，在“十三五”时期全面消除绝对贫困后，“十四五”时期要持续聚焦“扩大中等收入群体比重”，把构建中间大、两头小的橄榄型分配结构，作为推进共同富裕的实现路径和关键任务。

国家统计局将家庭年收入在10万—50万元的群体定义为中等收入群体，按照此标准，2018年我国中等收入群体比重为28.6%左右，2021年中等收入群体比重为30%左右。若使用绝对标准和相对标准相结合的方法，利用全世界230多个国家2018年收入中位数的66.6%—200%作为同年我国中等收入群体定义的下限和上限，2018年，我国中等收入群体比重为29.5%，绝对规模超过4亿人。[①] 目前我国已具有全世界规模最大的中等收入群体，预计到2035年中等收入群体比重有望接近50%。应该说，努力扩大中等收入群体，

① 杨修娜、万海远、李实：《我国中等收入群体比重及其特征》，《北京工商大学学报（社会科学版）》2018年第6期。

是共同富裕取得更大成果的重要路径，将低收入群体提升至中等收入群体，是未来推进共同富裕的根本方向。

第一节　扩大中等收入群体比重与共同富裕

新形势下关注中等收入群体问题，不仅是共享发展的应有之义，更是促进全体人民共同富裕的必由之路，也是现实宏观政策的起点。① 过去有关研究从政治阶级、社会群体和经济分组等角度进行了全方位探讨，近几年全球范围内再次兴起了关于中等收入群体问题的讨论热潮。2008 年国际金融危机之后，在百年未有之大变局下，全球收入分配领域出现了一些新特点和新问题，收入差距扩大、社会流动性固化、分配两极分化现象明显，这都与低收入群体向上流动性下降、中等收入群体占比出现空心化有本质关系。② 在中国特色社会主义背景下，中等收入群体问题与经济总体富裕、社会共享富裕都紧密相关，需要政策上加以特别关注。

一、扩大中等收入群体与实现国民总体富裕

（一）扩大中等收入群体是推进产业升级的重要抓手

当前制约我国经济高质量发展的核心因素，是供给侧的本土企业自主创新能力相对偏差、产品生产滞后于需求侧消费者对高质量产品的需要。中等收入群体比重扩大能够提升社会整体消费能力，释放居民中高端需求，进而倒逼产业升级。当前国际经贸环境不确定性增强，核心竞争力缺失容易导致产业在高端受到冲击，且我国经济发展进入新常态，由高速增长阶段转换为高质

---

① 蔡昉：《实现共同富裕必须努力扩大中等收入群体》，《经济日报》2020 年 12 月 7 日。

② 万海远等：《中等收入者的结构特征与扩大政策》，中国财政经济出版社 2022 年版，第 117 页。

量发展阶段,人力资本已成为核心的经济增长驱动要素,中等收入群体是全社会人力资本的中坚力量。因此,提升全社会整体劳动力素质,有利于扩大中等收入群体,有利于促进传统产业变革。此外,中等收入群体集聚能为低技能劳动力提供充足的就业机会,有利于形成不同群体之间的良性互动,能大幅提高行业内生产效率,并助推产业结构升级和经济总体富裕。

(二)扩大中等收入群体是进一步扩大内需的重要途径

扩大中等收入群体可以提升居民收入和消费水平,尤其是对原本低收入群体来说,在其进入中等收入群体之后,其收入水平和消费意愿都将得到大幅提升。相对来说,中等收入居民具有更强的消费意愿,促进低收入群体进入中等收入群体,就能使全社会整体消费意愿增强,从而形成更大规模和更加稳定的国内消费市场。根据 2018 年中国家庭收入调查数据,我国中等收入群体以约 30%的规模支撑了全国将近 47%的消费市场,且大多集中在住房、教育、医疗等民生领域。随着收入水平提高和消费群体的进一步扩容,中等收入群体将成为消费结构升级的主力军,是扩大内需的重要动力来源。

(三)扩大中等收入群体是构建双循环新发展格局的重要支撑

国际经验表明,一些国家由于经济内生发展动力不足,贫富差距较大导致不能跨过“中等收入陷阱”;相反,那些已经跨越“中等收入陷阱”的国家,基本形成了稳定合理的收入分配格局,中等收入群体占比已达到或超过一半。从区域协调发展角度来说,保持橄榄型社会分配结构,有助于确保国民经济协调发展,缩小城乡、地区之间的发展差距。此外,新发展格局要求打通生产、分配、流通、消费四个环节,这就对改善分配和促进消费提出更高要求,而扩大中等收入群体可同时满足这两者要求,所以进一步扩大中等收入群体比重,不仅是“跨越中等收入陷阱”的关键,更是构建新发展格局的重要支撑。

二、扩大中等收入群体与推进共享富裕

我国已成为一个超大经济体,但收入分配不均衡导致共享发展程度滞后,如何进一步推动共享富裕是未来政策的核心。在较优的橄榄型收入分配结构中,中等收入群体占据多数,所以显著扩大中等收入群体是实现共享发展的根本来源,它不仅是推进共同富裕的主要着力点,也是实现共同富裕的重要途径。

中等收入群体比重问题,不仅关系到消费动力和经济增长潜力,而且与优化收入分配和推进共同富裕有很大关系。中等收入群体比重不断提高,促进社会结构呈现橄榄型状态,是社会趋于成熟并实现可持续发展的基础。实现共同富裕不可能一蹴而就,而是一个缓慢渐进的过程。现阶段我国脱贫攻坚已取得决定性胜利,向着共同富裕迈进了一大步,下一步的重点任务是确保大多数社会成员能成为稳定的中等收入群体,只有中等收入群体规模不断扩大,我们离共同富裕的目标才会越来越近。

第二节 中等收入群体的基本特征

一、中等收入群体的标准界定

中等收入群体是在一定时期内,收入水平处于中等区间范围内的所有人员。目前关于我国中等收入群体规模的测算标准有以下几种:一是根据国家统计局户均年收入 10 万—50 万元人民币的标准,发现 2018 年有 4 亿人达到这一标准,约占总人口的 28.6%。二是根据世界银行经济学家布兰科·米兰诺维克(Branko Milanovic)和什洛莫·伊茨哈克(Shlomo Yitzhak)、经济合作与发展组织(OECD)经济学家霍米·卡哈罗斯(Homi Kharas)提出的以个人日均收入 10—100 美元为界定标准,则 2018 年我国中等收入群体约占总人口的

54.2%。三是基于中等收入群体的相对与绝对标准相结合视角，以各国 2018 年居民收入中位数的 66.6%—200%，作为定义我国当年中等收入群体的上下限，使用中国家庭收入调查数据测得我国当前中等收入群体比重为 29.5%。[①] 综合以上研究发现，不同标准下的中等收入群体比重有较大差异。合理设定中等收入群体标准，可以反映中等收入群体的规模、变动和分布，由此为"精准扩中"并推进共同富裕提供参考。对于我国中等收入标准，它需要在不同时期具有可比性，以反映中等收入群体比重的变化，并能反映出我国居民收入普遍提高而带来的优越性。

应该说，使用绝对和相对标准所计算的中等收入群体比重存在较大差异，甚至在同一年份都有很大不同。不过从演变趋势看，无论是哪种定义都发现我国中等收入群体比重在持续稳定增长。[②] 图 2-1 给出了几种不同定义下我国各年份的中等收入群体比重。可以看出，虽然不同定义下估算出的中等收入群体比重存在显著差异，但都显示近些年我国中等收入群体比重在快速提高。也就是说，随着经济发展和居民收入水平提高，我国中等收入群体比重逐年扩大是毋庸置疑的。

为方便分析，下面设定中等收入群体的绝对标准，即按照国际上广泛采用的以人均日收入标准进行分层。[③] 将人均日收入 10—100 美元按照 1∶6.5 的比率进行换算，对应中国家庭追踪调查数据库里的家庭年人均纯收入，将家庭年人均纯收入低于 28470 元的个体划分为低收入群体，将家庭年人均纯收入高于 117650 元的个体划分至高收入群体，将家庭年人均纯收入处于 28470—117650 元的个体划分为中等收入群体。

---

① 李实、杨修娜：《中等收入群体与共同富裕》，《经济学刊》2021 年第 3 期。

② 李培林：《怎样界定中等收入群体更准确》，《经济研究信息》2017 年第 7 期。

③ 刘志国、刘慧哲：《收入流动与扩大中等收入群体的路径：基于 CFPS 数据的分析》，《经济学家》2021 年第 11 期。

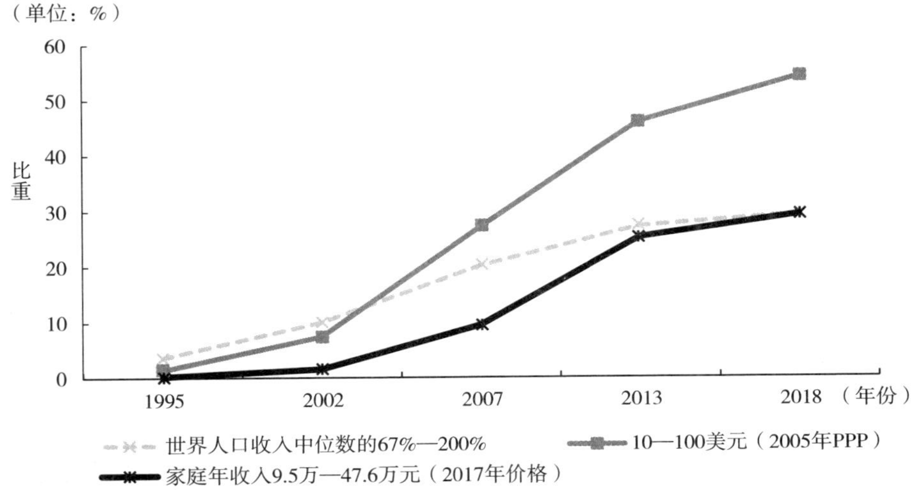

图 2-1　1995—2018 年不同标准下的中等收入群体比重比较

资料来源：杨修娜、万海远、李实：《我国中等收入群体比重及其特征》，《北京工商大学学报（社会科学版）》2018 年第 6 期。该文使用中国家庭收入调查数据。

二、中等收入群体的分布特征

下面使用中国家庭追踪调查数据库（CFPS）进行分析，它是以 2010 年为基期，每两年对家庭进行跟踪调查，详细记录个体和家庭情况，较为全面地反映了全国经济、人口、教育等变迁情况。考虑到数据时效性，主要选取 2018 年的数据，不过在测算不同时期中等收入群体规模占比变化时，又选用历年的数据。

（一）中等收入群体的整体特征

按照上面设定的标准来计算，我国中等收入群体比重进入快速提高阶段，2018 年中等收入群体比重在 22.64%左右，远高于 2010 年的 3.64%。这说明随着经济社会的不断发展，中等收入群体规模不断扩大，全体人民共同富裕取得明显的实质性进展。如果把所有年份的中等收入群体进行累积，发现仅

2018 年就占据全部年份中等收入群体的 45.3%左右，而最早的 2010 年则仅占到 7.3%，由此说明中等收入群体主要是近年来创造的，反映了经济发展和居民收入的快速提高过程。

值得注意的是，我国收入分配结构仍然是以中低收入群体为主的金字塔型结构，还未形成两边小、中间大的橄榄型分配结构。未来新增中等收入群体主要来自目前的低收入群体，故“扩中”的重要一环是“提低”，这也是实现共同富裕的主要来源。结合中央设定的未来远景目标，我们提出中等收入群体的阶段性目标，即争取到 2050 年实现橄榄型收入分配结构，使中等收入群体比重达到 60%以上。考虑到未来我国收入分配差距将逐步稳定，应争取到 2035 年初步实现橄榄型收入分配结构，即在同等标准下中等收入群体比重应扩充到 50%左右。

（二）中等收入群体的异质性分析

我国东部、中部、西部地区发展不均衡，城乡二元分割现象突出，体现在中等收入群体的分布上，就是大多数中等收入群体主要分布在东部地区，中西部地区的比例较低（见图 2-2）。2018 年东部地区中等收入群体约占该地区总人口的 46.78%，西部地区中等收入群体约占该地区总人口的 22.74%，中部地区中等收入群体约占该地区总人口的 20.98%。经济越发达的地区，中等收入群体规模比重就越大，对于各个年份来说，东部地区内部中等收入群体比重较大，而东北地区占所有地区的中等收入群体比例近年来有所下滑，从 2012 年的 17.31%下降到 2018 年的 9.50%（见表 2-1）。

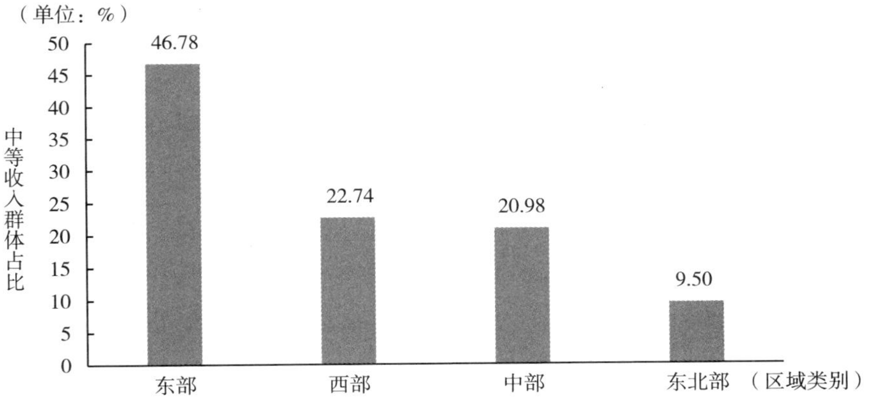

图 2-2　2018 年我国中等收入群体空间分布

资料来源:笔者根据中国家庭追踪调查数据库数据计算。

表 2-1　2010—2018 年各区域内部中等收入群体比重　（单位:%）

年份	2010	2012	2016	2018
东部	59. 89	52. 79	52. 50	46. 78
中部	13. 46	18. 31	18. 56	20. 98
西部	24. 73	11. 59	13. 94	22. 74
东北部	1. 92	17. 31	15. 00	9. 50
全国	100. 00	100. 00	100. 00	100. 00

资料来源:笔者根据中国家庭追踪调查数据库数据计算。

从城乡结构看,2018 年城镇所占的中等收入群体比重约为 75. 97%,而农村占据的中等收入群体比重为 24. 03%,二者之间相差超过 50 个百分点(见表 2-2)。在 2018 年农村人口占比约 40%的背景下,农村中等收入群体比重仅为 24. 03%,这反映了农村中等收入群体比重的明显劣势,反过来看,农村人口依然是扩大中等收入群体的主要潜在对象。值得注意的是,随着城镇化的加速推进,城镇地区依然是培育中等收入群体的主要地区。未来需要在统筹全国总体发展格局的基础上,通过以城带乡、城乡融合的方式来带动更多农村人口进入中等收入群体,而且要通过优化空间结构配置,探索更加有效的区域均衡政策,解决好发展的普惠性问题,争取让更多中西部地区居民迈入中等收入群体。

表 2-2 2010—2018 年我国中等收入群体比重估算 (单位:%)

年份	2010	2012	2016	2018
农村	18.13	27.61	24.78	24.03
城镇	81.87	72.39	75.22	75.97
全国	100.00	100.00	100.00	100.00

资料来源:笔者根据中国家庭追踪调查数据库数据计算。

三、中等收入群体的收支和消费特征

(一)收支结构

从表 2-3 可以看出,工资性收入是中等收入群体的主要来源。不同群体的工资性收入所占比重都在 40%以上,尤其是中等收入群体的工资性收入占比高达 60.65%,而经营性收入仅占到中等收入群体收入来源的 7.62%,这充分反映了中产群体的主要收入来源是工薪收入。即中等收入群体主要是工薪阶层,而不是自我经营、企业主等商业人员,所以从扩大中等收入群体比重的角度看,政策要优先保障劳动就业稳定,促进居民工资收入的稳步增长。

表 2-3 2018 年各收入群体的收入来源结构 (单位:%)

来源结构	低收入群体	中等收入群体	高收入群体	全部
工资性收入	57.86	60.65	40.01	58.22
经营性收入	11.79	7.62	12.63	10.85
财产性收入	1.60	2.55	4.24	1.84
转移性收入	13.27	19.55	27.18	14.92
其他收入	15.48	9.63	15.94	14.17
总体	100.00	100.00	100.00	100.00

资料来源:笔者根据 2018 年中国家庭追踪调查数据库数据计算。

（二）消费储蓄结构

表 2-4 计算了不同年份全国层面的居民消费率。对于中等收入群体来说，随着收入水平稳步增加，相应地也在提高消费水平以获得更优质的物质文化需求。不过总的来看，当前居民消费不振现象明显，教育、医疗和养老等生活成本高昂，降低了中等收入群体的生活水平，制约了工薪阶层的财富积累能力，使中等收入群体的消费作用没有充分发挥出来。另外，从横向比较看，发现消费率从低收入群体到高收入群体出现依次降低现象。收入较低者的储蓄困难，不利于财富积累；而中等收入群体虽然具有一定收入水平，但整体消费意愿不足，消费率也保持在较低水平，如 2018 年仅为 37.45%。

表 2-4　2010—2018 年全国居民消费率　　（单位：%）

年份	低收入群体	中等收入群体	高收入群体
2010	47.71	30.96	10.87
2012	53.65	31.11	15.22
2016	48.11	37.98	20.02
2018	48.92	37.45	22.34

资料来源：笔者根据 2018 年中国家庭追踪调查数据库数据计算。

预防性储蓄是中等收入群体低消费率的主要原因。我国收入分配差距相对较大，一部分中等收入群体处于社会平均收入附近，其收入水平仅略高于中等收入标准下限，中等收入群体的消费能力还需继续提高。同时，我国社会保障制度尚未健全，居民面临高房价、高物价和高意外支出等，居民意外支出占比相对偏高，中等收入群体的相当一部分收入被用来预防性储蓄，真正用于消费的比例并不高（见图 2-3）。

中等收入群体生存型支出大，导致消费意愿不足。就中等收入群体的消

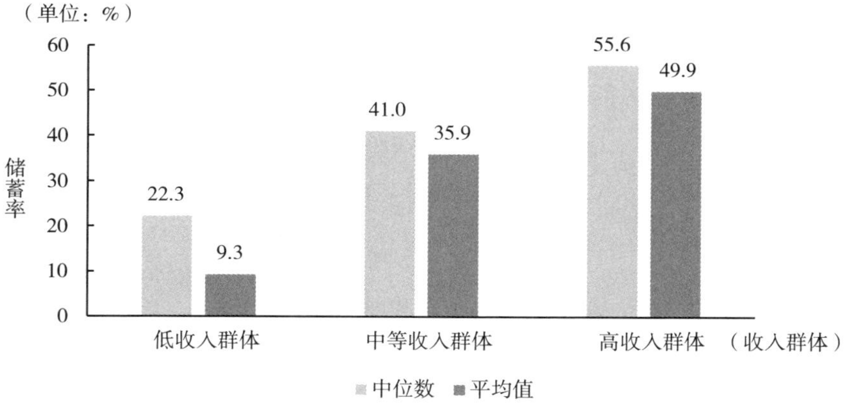

图 2-3　2018 年我国各收入群体的储蓄率中位数和平均值

资料来源：笔者根据 2018 年中国家庭追踪调查数据库数据计算。

费结构进行分析，根据表 2-5 发现，中等收入群体的食物消费支出占比与低收入组接近，同时中等收入群体的教育和医疗等发展型消费支出比重明显低于全国平均值，说明中等收入群体的消费结构主要集中在生存型消费，而发展型消费比重偏低。这从反向角度说明了中等收入群体生存型消费负担较重的事实，由此导致中等收入群体有消费能力而缺乏消费意愿。

表 2-5　2018 年我国各收入群体的消费结构　　（单位：%）

消费结构	低收入群体	中等收入群体	高收入群体	全部
食物	29.21	30.09	23.83	29.32
衣着	4.35	4.38	4.19	4.35
居住	14.81	12.63	16.25	14.35
生活	8.17	10.08	10.96	8.64
交通	8.32	6.98	7.25	8.01
教育	9.64	8.27	8.03	9.31
医疗	9.90	6.37	4.91	9.03
其他	15.60	21.20	24.58	16.99
总计	100.00	100.00	100.00	100.00

资料来源：笔者根据 2018 年中国家庭追踪调查数据库数据计算。

（三）主客观认同背离

主观认同感指个体对自身收入和社会地位的主观评价，中国家庭追踪调查数据库关于主观评价的问题有幸福感、生活满意度、未来信心程度、主观收入水平和主观社会地位。根据前面中等收入群体标准，把个体划分为低收入群体、中等收入群体和高收入群体。表 2-6 和表 2-7 反映了 2010 年、2018 年各收入群体对自身收入和社会地位的主观认同情况。结果显示，经济认同并没有与客观收入层次一致，客观收入分层与主观地位认同相关性甚至在不断减弱。2010 年、2018 年，客观收入为中上层的群体，其主观认同呈现向下偏移特征，各收入群体客观收入与主观收入明显偏离。

表 2-6　2010 年、2018 年我国各收入群体收入主观评价　（单位：%）

2010 年	给自己收入在本地位置评分的比例					
	很低	较低	一般	较高	很高	全部
低收入群体	33.2	26.2	35.0	4.4	1.2	100.0
中等收入群体	22.8	24.3	45.0	6.6	1.3	100.0
高收入群体	20.5	25.1	43.3	9.8	1.3	100.0
2018 年	**给自己收入在本地位置评分的比例**					
	很低	较低	一般	较高	很高	全部
低收入群体	13.4	19.2	43.2	12.7	11.5	100.0
中等收入群体	9.6	18.6	51.1	13.1	7.6	100.0
高收入群体	7.3	16.2	52.6	17.3	6.6	100.0

资料来源：笔者根据中国家庭追踪调查数据库数据计算。

表 2-7　2010 年、2018 年我国各收入群体社会地位主观评价　（单位：%）

2010 年	您在本地的社会地位					
	很低	较低	一般	较高	很高	全部
低收入群体	14.0	18.1	51.2	12.8	3.9	100.0
中等收入群体	12.0	17.3	54.7	12.8	3.2	100.0
高收入群体	9.0	18.7	54.3	15.1	2.9	100.0
2018 年	**您在本地的社会地位**					
	很低	较低	一般	较高	很高	全部
低收入群体	9.6	15.0	43.0	17.3	15.1	100.0
中等收入群体	7.9	15.9	49.2	17.3	9.7	100.0
高收入群体	7.0	14.3	52.6	18.9	7.2	100.0

资料来源：笔者根据中国家庭追踪调查数据库数据计算。

综上所述，我国主观收入分层中的经济认同和社会地位认同，并没有与客观收入层次一致；客观收入为中上层群体的主观认同明显向下偏移。由于中等收入群体的刚性支出和生活负担较大，使中等收入群体的实际认同感较低。以收入标准来定义的中等收入群体与主观认同的社会中层群体不吻合，出现明显背离。很多个体虽然在客观收入上被划分为中等收入群体，但是主观认同感却普遍偏低，甚至与定性判断存在较大差异，导致中等收入群体出现主客观认同的背离现象。①

四、中等收入群体的流动性特征

在收入分配结构中，每个家庭会在不同的收入群体之间变动，低收入家庭可能向上流动成为中等收入或高收入群体，也有些中高收入家庭由于各种原因向下流动成为低收入群体。收入流动性能反映不同家庭的收入动态变化状况，可以追踪同一家庭在不同时期的收入变动。下面根据 2012 年和 2018 年

① 万海远等：《中等收入者的结构特征与扩大政策》，中国财政经济出版社 2022 年版，第 69 页。

中国家庭追踪调查数据库数据，分析不同收入群体的流动性，并聚焦中等收入群体的向上流动或向下滑落情况。

表 2-8 显示，约有 62%的中等收入群体维持了原有收入位置，有 9%的中等收入群体跨越至高收入群体，而有高达 29%的中等收入群体向下流动至低收入群体，可见中等收入家庭依然存在较多不稳定因素。因此，防范中等收入群体滑落、稳住中等收入群体存量，依然是新阶段扩大中等收入群体的重点。关注滑落的中等收入群体，帮助其回到中等收入水平，需要从公共政策上进行调节，如增强基本公共服务领域的保障力度，减少教育、医疗和养老等领域支出，从收支两方面为中等收入群体托底，既要增收又要减负，从而稳定扩大中等收入群体占比。

表 2-8　2012 年、2018 年我国各收入群体的收入流动矩阵　（单位：%）

收入流动比率		2018 年		
		低收入群体	中等收入群体	高收入群体
2012 年	低收入群体	74	24	2
	中等收入群体	29	62	9
	高收入群体	21	57	22

资料来源：笔者根据中国家庭追踪调查数据库数据计算。

从 2018 年中国家庭追踪调查数据库数据来看，虽然存在中等收入群体因脆弱性而导致的向下滑落，但中等收入群体绝对规模还是有明显上升，这主要原因是低收入家庭有明显向上流动的趋势。在表 2-8 中，对于 2012 年的低收入群体来说，有 24%成功晋级到 2018 年的中等收入群体行列。由此可见，促进低收入家庭向上流动仍然是扩大中等收入群体的有效方式；特别是接近中等标准下限的潜在中等收入群体行列，最有可能通过政策措施跨入中等收入群体行列，这需要针对不同类型的低收入群体制定政策。总之，目前我国中等收入群体存在较强流动性，未来扩大中等收入群体的渠道，既要防范中等收入群体滑落，也要促进低收入群体的收入水平提升。

五、中等收入群体的受教育水平

对于中等收入群体的人口学特征，可以先观察其受教育情况。从表 2-9 看，从低收入群体到高收入群体，呈现平均受教育年限上升及学历水平明显提高的特征，表明收入与受教育程度的正相关关系。从绝对数量上来看，大多数成年人受教育程度处于初中及以下水平。应该说，我国仍然有较多受教育程度较低的低收入人口，未来要把他们提升为中等收入群体，需要在提升人力资本方面继续努力，特别是要加强教育与职业培训。

表 2-9　2018 年各收入群体的教育特征　（单位：%）

学历结构	低收入群体	中等收入群体	高收入群体	总计
初中及以下	84.36	70.67	59.83	80.88
高中或中专	8.42	10.76	10.25	8.98
大专及以上	7.22	18.57	29.92	10.14
总体	100.00	100.00	100.00	100.00
成年人平均受教育年限（年）	9.44	12.11	13.47	10.27

资料来源：笔者根据 2018 年中国家庭追踪调查数据库数据计算。

正规学校教育在居民收入水平及其增长中扮演着关键角色，学历水平仍是个体能否跻身成为中等收入群体的核心因素。无论是全球化还是技术进步，在劳动需求和就业岗位发生很大变化的情况下，针对性加大职业教育培训，让广大低收入群体有能力找到新的工作岗位，从而稳定扩大中等收入群体规模。同时要继续培育劳动者的人力资本水平，使劳动力市场更具活力和韧性，从而稳定提高中等收入群体比重。

第三节　潜在中等收入群体的基本特征

一、潜在中等收入群体的标准界定

潜在中等收入群体是精准扩大中等收入群体的目标主体。迈向共同富裕,不仅需要就目前中等收入群体进行研究,还需要识别潜在的中等收入群体,即收入低于中等收入群体下限但接近下限的人群。从扩大中等收入群体的战略考虑,有效识别出潜在的中等收入群体,并帮助其跨入中等收入群体,是最有效的手段之一。要提升潜在中等收入群体收入,就应当有明确的帮扶目标,故需要探讨潜在中等收入群体的定义标准和基本特征,以便明晰政策的针对性。下面使用简单标准来比较潜在中等收入群体的规模特征,综合中等收入群体的扩大目标和实际可行性,将收入介于中等收入下限的80%和下限之间的个体定义为潜在中等收入群体。

表 2-10 2018 年低收入群体内部的潜在中等收入群体比重 (单位:%)

潜在中等收入群体结构	潜在中产定义1 90%—100%中产下限标准	潜在中产定义2 80%—100%中产下限标准	潜在中产定义3 50%—100%中产下限标准
持续低收入群体	96.80	91.93	72.37
潜在中等收入群体	3.20	8.07	27.63

资料来源:笔者根据2018年中国家庭追踪调查数据库数据计算。

根据前面结论,我国有较高比例的低收入群体,其中有相当部分是潜在的中等收入群体,也是扩大中等收入群体比重的主要关注对象。表2-10显示,收入介于下限标准90%与下限标准之间的群体,他们在低收入群体内部所占的比重约为3.20%。如果把潜在中等收入群体界定为下限标准80%与下限标准之间,则在低收入群体内部的所占比重为8.07%。如果进一步放宽标准,把潜在中等收入群体定义于下限标准50%与下限标准之间的群体,则他们在低收入群体内部所占的比重就大幅上升为27.63%。这是一个相当庞大的潜在群体,从全国来看,潜在新增的中等收入群体比重为20.9%,如果再加上已有的中等收入群体,那么到2050年推进中等收入群体比重翻倍的目标是完全可能达到的。

二、潜在中等收入群体的分布特征

潜在中等收入群体处于动态变化过程中,有较大概率进入中等收入群体,当然也存在不稳定甚至滑落的可能。特别是,部分潜在中等收入群体离进入中等收入群体仍有一定距离,所以针对性地增加居民收入水平,仍然是促进潜在中等收入群体进入中等收入群体的最主要任务。面对城乡、地区发展不均衡的现状,潜在中等收入群体也呈现出不平衡分布特征。就不同地区来看,2018 年东部地区潜在中等收入群体,约占全部潜在中等收入群体的 51. 97%。

从城乡结构来看,2018 年潜在中等收入群体中,城镇居民占比约为 65. 9%,是扩大中等收入群体的重要瞄准对象(见图 2-4)。不过也要特别关注潜在中等收入群体内的其他群体,如新进城的农村劳动力,以及在农村的潜在中等收入群体。前者收入来源以劳动收入为主,基本集中在第二、第三产业,而留守农村的居民主要从事农业生产和个体经营活动,但因为农业结构单一、土地制度不完善和环境变化等,他们的收入增长并不稳定。

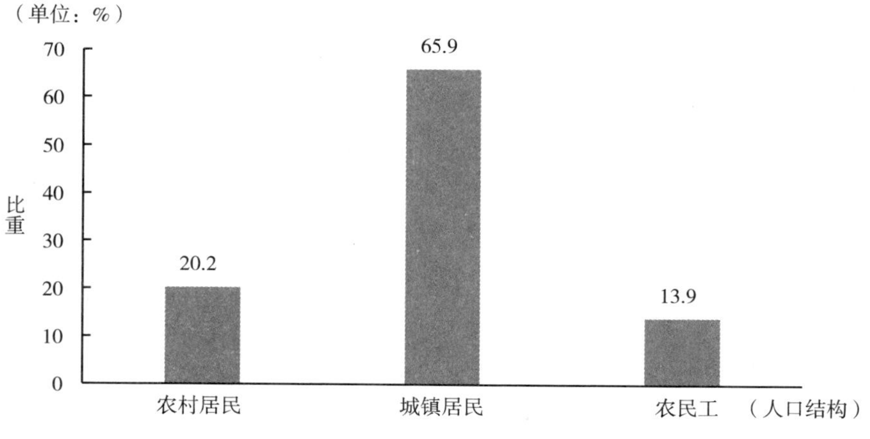

图 2-4 2018 年我国潜在中等收入群体的来源结构

资料来源:笔者根据 2018 年中国家庭追踪调查数据库数据计算。

三、潜在中等收入群体的职业、行业特征

根据 2018 年中国家庭追踪调查数据库数据，仅有 29%的潜在中等收入群体直接从事农业工作，从事非农工作的潜在群体占比达 71%，这表明相当部分潜在中等收入群体从事其他行业工作。进一步分析发现，其主要集中在住宿和餐饮业、制造业、批发和零售业等。从潜在中等收入群体的工作类型看，在从事农业工作的人口中，自家农业生产占 26%，农业打工占 3%，非农受雇人员占比 57%，非农私营企业、个体商户、其他自雇佣占比 14%（见图 2-5）。

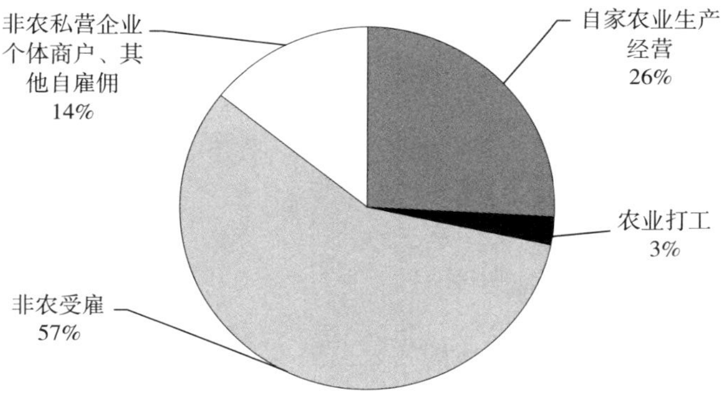

图 2-5　2018 年我国潜在中等收入群体的工作类型

资料来源：笔者根据 2018 年中国家庭追踪调查数据库数据计算。

四、潜在中等收入群体的受教育程度特征

作为最接近中等收入的群体，潜在中等收入群体的成人平均受教育年限是 10.93 年，明显高于全体低收入群体的平均受教育年限。同时，对该群体的最高学历统计发现，有约一半人口拥有高中及中专以上学历，满足非体力劳动工作的基本要求（见图 2-6）。值得注意的是，该群体掌握一定的技能技术，在职业上存在延续性和稳定性，更容易在现有基础上致富增收。对文盲和初中及以下受教育群体，则需要通过技能技术培训或重点帮扶，由此进一步拓宽收入来源。

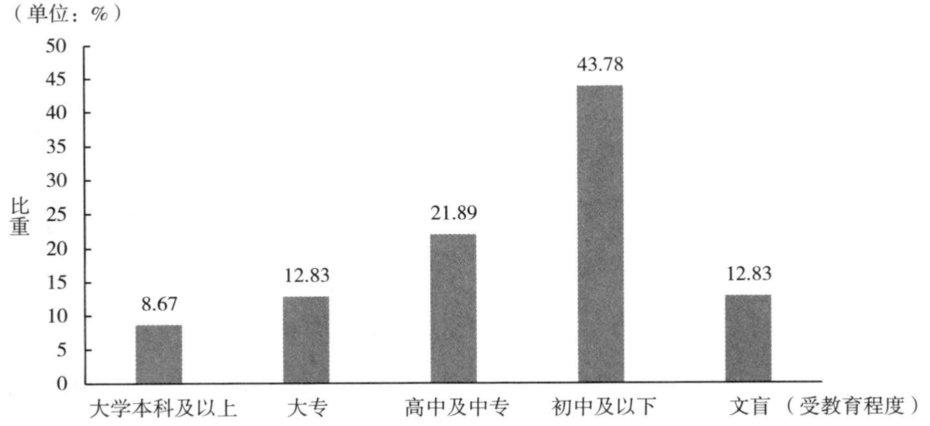

图 2-6　2018 年我国潜在中等收入群体的受教育情况占比

资料来源：笔者根据 2018 年中国家庭追踪调查数据库数据计算。

第四节　扩大中等收入群体面临的挑战

一、居民收入结构失衡明显

从收入结构看，中等收入群体的收入来源主要是工资性收入，目前我国税制结构仍然是主要对劳动要素征收，这制约了公共政策的收入分配调节力度。对中等收入群体来说，财产性收入通常是其收入的重要来源，不过 2018 年我国中等收入群体的财产性收入占比也就 10%左右。下一步要破除体制机制障碍，提升居民财产性收入来源。未来要扩大并稳定中等收入群体的重要着力点，就是要逐步放宽金融市场准入条件，深化以银行为主的金融体系改革，加快发展多层次资本市场，鼓励金融产品创新，开发适宜投资需求的金融产品，拓宽居民利息、股息、红利、租金、保险等财产性增收渠道。

二、公共服务资源配置不协调

养老、医疗和教育是公共服务的主要内容，这些方面的资源配置不协调不利于低收入群体流入中等收入群体,不利于稳定已经存在的中等收入群体。近年来我国老年人口比例持续上升,同时养老产业发展滞后,养老产业的市场高质量供给不足,增加了中等收入群体的养老成本,这可能使部分中等收入边缘的群体向下流入低收入群体。养老保险的非均衡配置,使城乡居民养老成本明显不同,农民相对付出得更多,进一步阻碍了其向中等收入群体的流动。医疗资源的非均衡配置,是民生领域的重点难题。目前,优质医疗资源集中于大中城市,小城镇及农村地区医疗资源相对匮乏,加之医疗保险的城乡差距,增加了低收入群体的医疗成本,不利于扩大中等收入群体规模。教育资源的不协调性比较明显,低收入群体获得平等教育机会也存在挑战,择校费、补课费等又明显增加了教育成本,阻碍了低收入群体流向中等收入群体。

三、需求结构存在结构性失衡

当前供给和需求两侧都存在制约经济发展的方面,需要大力培育新供给、新动力及不断扩大内需。出口是过去经济增长的重要引擎,但粗放型生产和高资本投入方式明显。近年来,国际市场萎靡,经济发展减缓,发达国家对发展中国家的挤出效应更加明显,以出口为主的外向型经济受到影响,扩大内需已成为对冲经济增速减缓的必然选择。由于收入不平等高位徘徊,居民平均消费倾向难以提升,居民消费需求很难得到充分释放。加之医疗、养老和失业等社会保障制度不完善,居民大量储蓄以应对不可预知风险,国内有效需求明显不足。这反过来会阻碍经济发展,影响潜在中等收入群体的收入增长,不利于中等收入群体规模扩大。

四、人力资本供给需求脱节

我国人力资源总量较为丰富,但是人力资本水平仍整体偏低。尽管我国高等教育人数众多,但是人力资本存量与实际效果存在一定偏差。高等教育所培养的知识型人力资本，与市场对技能型人力资本的需求脱节，“高智低就”“用非所学”等现象仍然存在，教育成本增加的同时也浪费了人力资本，中低收入家庭不仅没有因为教育层级提高而增加收入，反而有可能降低自身收入。另外，高等教育所生产的与市场需要的人力资本脱节，出现低端人力资本过度供给、高端人力资本明显不足，在部分人员失业的同时，企业又存在用工短缺。人力资本的供求脱节，会在很大程度上影响劳动者工资水平，进而制约中等收入群体规模的扩大。

五、“精准育中”的措施难题

扩大中等收入群体比重是结果，其过程是产业、教育和社会保障等各种相关政策的相互作用。因此，要扩大中等收入群体比重，必须要从经济社会的战略视角出发、从产业和就业结构的宏观视角去理解。过去中国长期生产廉价的工业产品并形成低端的产业结构，通过进出口帮助其他国家创造了大量中产者，而自身仍然停留在产业和收入水平的低端，因此要扩大中等收入群体，就必须要从源头上提高教育质量、增加中高端就业比重、升级产业结构等。只有这样，才能从根本上增强中等收入群体的就业和产业结构支撑，也才能有效提升中国经济的竞争力。

“精准育中”的要义是针对重点人群以推动中等收入群体增量提质，其中潜在中等收入群体就是关键的重点人群。潜在中等收入群体涉及不同产业、行业、职业主体，在年龄、学历、经济基础等方面存在较大差异，采用同样的帮扶措施并不现实。对于高校毕业生和技能劳动者，需要重点支持其就业即可实现增收，但这不完全适用于灵活就业者。农民工最关注的是在劳动就业、社会保障、子女入学上得到同等权利，而城市居民最关注的是房价保持相对稳定，因此帮扶措施不能一概而论，应体现出明显的针对性。

第五节　扩大中等收入群体的方向路径

扩大中等收入群体规模，是促进共同富裕的应有之义，而“稳中”“优中”和“精准扩中”是新发展阶段扩大中等收入群体的核心所在。在“十四五”时期，应以统筹经济增长与收入分配为基础，以居民可支配收入增长为主旨，立足空间优化和区域均衡发展，从差异化的精准施策、完善社会保障体系、优化人力资本等角度，形成多维度的“扩中”路径，助力全体人民共同富裕取得更为明显的实质性进展。

一、经济持续增长是扩大中等收入群体规模的根本

收入增长和收入分布变化是影响中等收入群体规模的两大因素。相关研究表明，居民中等收入群体比重的提高，主要源于收入水平的提高并非收入分配格局的变化①。所以说，保持一定的经济增长速度，对提高中等收入群体比重至关重要，只有在保持居民增收的基础上，才能更好地稳定或提升中等收入群体的比重。

保持经济高效增长是居民增收的前提条件，要切实提升经济发展质量和全要素生产率水平。同时，应更多从收入结构优化角度来促进政策工具创新，激发经济高质量发展。基于空间视角，应破除制度性壁垒，发挥市场在资源配置中的决定性作用，让资源在空间范围内以价格信号为主进行再配置，在集聚中走向收入稳定提高。

二、要防范中等收入群体掉入低收入群体

不管从何种角度看，当前我国中等收入群体占比已达到一定水平。未来

① 杨修娜、万海远、李实：《我国中等收入群体比重及其特征》，《北京工商大学学报（社会科学版）》2018 年第 6 期。

政策的核心，除了要进一步让低收入群体进入中等收入群体行列外，更重要的是要稳定已存在的中等收入群体。当前有部分中等收入群体掉入低收入群体队列，主要是由因病致贫、因学返贫所致，当然各种意外冲击也使一部分中等收入群体重新回到低收入行列。

从这个角度来看，完善医疗保险、养老保险和失业保障等各种社会保障制度，增强政策的托底保护，应该是未来政策的核心。同时，要逐步放宽市场准入条件、优化市场竞争环境，进一步拓展城乡居民增收渠道，不断优化收入分配结构，促进城乡居民收入稳定增长。

三、提低是扩大中等收入群体比重的主要出路

目前我国收入差距仍比较大，低收入群体规模仍然较大，部分低收入者并没有从经济增长中同步获益，未来要扩大中等收入群体比重，根本着力点在于提高低收入群体的收入水平，使其进入中等收入行列，而不是把高收入群体向下拉使其成为中等收入群体。在 2020 年消除现行标准下所有贫困人口后，部分家庭进入中等收入群体行列，如果未来能实行良好的社会保障制度和最低工资政策等，就有可能把相当部分低收入群体提升到中等收入群体。

要实现中等收入群体占主要比例的分配结构，就必须要求大量低收入群体跨入中等收入群体。最重要的是，过去几年的政策经验表明，“提低”是缩小我国收入分配差距最有效的手段，各种惠农资金、转移补贴和社会托底政策使收入差距水平持续走低。所以说，要扩大中等收入群体比重，政策的核心在于“提低”，这需要进一步落实针对中低收入群体的减负政策、创业支持与技能提升政策以及居民增收措施。

四、瞄准潜在收入群体，着力稳中扩中

推进“扩中”策略的关键目标应是潜在中等收入群体，他们距离中等收入

群体标准的下限最近，并且这部分群体的增收潜力较大。在政策方向上，一是要增加在职工人的技能培训。潜在中等收入群体中有相当数量是新进入城市的农村劳动力，这可以通过技能培训实现就业选择的多样性，并提升副业创收的可能性。二是进一步扩大第三产业规模，优化产业结构。目前，超过半数的潜在中等收入群体是非农受雇人员，且主要集中在住宿和餐饮业、批发和零售业等。第三产业发展可以提供大量就业机会，且新兴服务业发展也会优化其他产业结构，增加潜在中等收入群体的收入水平。

“稳中”也是重要的政策环节。由于中等收入群体的流动性较高，向下滑落的比例相对较大。政策上首先要增加劳动者就业稳定性。近年来，经济增速减缓压力投射到各个行业，要千方百计保持经济持续稳定发展，统筹经济增长与劳动就业的关系，不断优化产业结构，在事业单位、社区、公益组织中开发出一些适合于低技能劳动者的就业岗位，防止因外部环境变化导致中等收入群体滑落。当然也要积极为中等收入群体减负，特别是防止因教育、医疗和养老负担过重等导致收入下滑，通过有力的政策保障为这一群体减负，并使其稳定在中等收入群体。

五、提高农民收入是扩大中等收入群体比重的关键所在

农村地区还存在较大比例的低收入群体，他们人口规模庞大，且有相当部分在中等收入群体下限附近徘徊，有很大潜力步入中等收入群体行列，因此提高农民收入是“扩中”的关键所在。首先要加快新型城镇化步伐，持续提高农业劳动生产率，加快农业劳动力向非农就业转移。其次要提升创新因素在农业产品中的附加值，通过合作社、农业公司延长农业产业链，加快农业与其他产业的深层次融合，走农产品差异化、产业化和特色化道路，让农民也分享到第二、第三产业的利润。最后是深化农村土地制度改革，推进宅基地流转和置换方式创新，推动农村土地资源变资产，加速农村土地通过市场方式变现财产性收入，让农民能合理分享到土地升值收益。

六、进一步增强中等收入群体的作用贡献

中等收入群体是居民消费的主要来源,是经济增长的动力来源和社会稳定的重要基础。目前我国中等收入群体的消费作用没有得到充分发挥,中等收入群体的边际消费倾向并不太高,仅比平均水平略高而已,且中等收入群体的行为模式也没有显著优于低收入群体。这就使本来存量上就并不太高的中等收入群体,没有发挥出应起到的作用。未来政策上要把增强中等收入群体的获得感、存在感和安全感作为核心,通过制度设计和政策托底来降低他们面临的各种风险,从而增加其边际消费倾向和稳定其行为模式,并提升对经济增长和社会稳定的作用贡献。

第六节　扩大中等收入群体的政策建议

一、提高人力资本,增强长期发展能力

扩大中等收入群体,要落实以人为中心的发展理念。人力资本差异是居民收入差距的重要来源,也是很多个体没能迈入中等收入群体的重要原因。因此,要着重提升全社会人力资本,提高居民就业能力及致富本领,畅通向上流动通道。当前教育资源的区域不平衡问题依然明显,西部偏远农村地区与东部发达城市的教育资源差距较大,不同群体在早期阶段积累的人力资本差异较大,并影响成年后的收入水平和财富积累。因此要着重改善低收入群体的受教育环境,大力发展公共教育,优化人力资本结构,培育中等收入群体的后备力量。未来很长一段时间,要促进城乡区域教育资源均等化,保证农村和中西部地区儿童享有平等的受教育权。

稳定和扩大就业是扩大中等收入群体的有效策略,反过来失业率上升可能冲击中等收入群体的发展稳定。从国际经验看,就业率偏低会使经济体落

入“中等收入陷阱”，导致内部经济发展停滞、贫富差距扩大，无法培育坚实的中等收入群体。由于稳定和扩大就业是形成橄榄型分配结构的重要路径，未来应继续坚持就业导向，促进中等收入群体成长扩大，尤其在经济增长放缓时期，更需要强化就业优先政策，扩大就业容量，提升就业质量，促进充分创业就业。①

应大力发展职业教育，尽快形成专业化、创新型的教育体制，根据产业发展的需要培养更多专业型、复合型人才。面对“机器换人”愈演愈烈的情况，通过职业教育培训提高劳动者技能，增强劳动者的不可替代性，避免与机器在简单重复劳动上的竞争。这不仅能有效应对“机器换人”现象，也能更好地满足企业对普通劳动者和专业技术人员的需求，缓解社会人力资本失衡现象；此外要积极开拓新型就业渠道，扩大就业范围和就业规模。

二、平衡地区发展，把握信息化发展机遇

当前我国城乡区域发展不平衡问题，反映到个体收入层面，就体现为不同区域居民收入的持续分化②。部分原因在于资源配置效率不高，其潜能没有得到充分释放，使局部地区居民增收没有稳定来源。“十四五”时期，应充分释放各类资源要素潜能，发挥规模经济作用，促进各地区产业集聚发展，这是地区平衡发展的重要保证。各地应充分发挥比较优势，精准定位在市场中的优势与不足，发挥特色产业集聚发展的作用，由此在提升经济效率的同时，也能提高整体收入水平，从而扩大中等收入群体比重。

面对互联网迅猛发展的趋势，应牢牢抓住信息化发展的机遇，促进就业水平提升，这同样是稳定中等收入群体的重要路径。互联网促进大量跨界行为产生，创造出大量新产业、新业态、新模式，也提供了大量新型就业岗位。未来

---

① 李春玲：《迈向共同富裕阶段：我国中等收入群体成长和政策设计》，《北京工业大学学报（社会科学版）》2021 年第 9 期。

② 李逸飞：《面向共同富裕的我国中等收入群体提质扩容探究》，《改革》2021 年第 12 期。

应着重结合乡村振兴发展战略和大数据、互联网、人工智能等数字技术，持续推进“互联网+”和“数字中国”建设，提高劳动生产率和收入水平，使之快速进入中等收入群体。当前中西部和农村地区互联网基础设施建设，远落后东部地区和城镇地区，这限制了互联网对西部地区农村居民收入提升的作用，未来要大力推进新型基础设施建设，进一步巩固信息技术为高质量发展带来的红利优势，让数字经济成为缩减地区发展不平衡的重要支撑，多举措发挥互联网对扩大中等收入群体的作用。

三、坚持以城带乡，促进城乡融合发展

保持农民收入中高速增长，是扩大中等收入群体与推进共同富裕的必要条件。为促进农村地区发展和促进农民增收，关键还是要以城带乡、城乡一体，促进城乡功能互促和优势互补，从而在全国更大市场范围内配置资源，优化要素配置结构，并带动农民收入更快增长。要激活农村要素资源，支持新市镇和特色小镇发展，通过产业联动等方式，使农业生产与农产品加工、休闲旅游、餐饮等结合，扩展农业产业链、价值链，促进农业增效、农民增收和农村繁荣。要完善集体经济以促进农民增收，通过利益联动发挥企业带动作用，让农民合理分享增值收益。

城镇化是社会发展的必然规律，也与乡村振兴战略高度衔接，所以要顺应经济发展规律，推动高质量城镇化。① 转移农村剩余劳动力到城市，既让农业劳动力融入国内大循环并促进农民增收，也为城市化、工业化提供更多的劳动力资源。走城乡协调平衡的发展道路，既能促进总体经济增长，也能为农民共享富裕奠定基础。通过鼓励农民就近创业就业，激励农民融入产业升级，实现农民可持续增收，使更多农民进入中等收入群体行列。②

---

① 倪鹏飞:《中国城市群崛起将重塑全球经济地理》,《经济参考报》2021 年 3 月 23 日。

② 万海远等:《中等收入者的结构特征与扩大政策》,中国财政经济出版社 2022 年版,第 173 页。

四、完善社会保障，稳定中等收入群体

当前低收入群体仍然占据我国人口的大多数，只有这部分低收入群体尽快富裕起来，才能有效扩大中等收入群体，并推进共同富裕目标。对于这个群体，要完善社会保障体系，增加财政转移支付，着重巩固脱贫攻坚成果，提升教育、医疗、卫生等公共服务领域水平，加快打破制度的城乡分割、群体分割、地区分割、管理分割的碎片化状态。

完善社会保障制度可以支撑中等收入群体扩容，进一步健全社会保障体系对提升中等收入群体的抗风险能力有重要意义，可以避免中等收入群体的向下流动。在社会保障体系中，涉及养老、义务教育、医疗、住房、救济、抚恤、灾害应急等多个方面，这些措施可以防止中等收入群体向下流动，减少中等收入群体的不确定性，提高中等收入群体的消费倾向，并增强中等收入群体的作用贡献。

五、加快城镇化建设，推动城乡一体化改革①

我国城乡两个市场发育程度不同，城市内部要素都已市场化，但农村内部要素尚未完全市场化，城乡市场之间产生虹吸效应，农村劳动力、土地、资本要素不断流进城市，而城市资源不能进入农村，使城乡差距持续保持高位，因此要形成中等收入群体占多数的收入分配结构，关键在于消除城乡分割。当前农村存在较大比例的低收入群体，他们有很大潜力步入中等收入群体行列，也是预期"扩中"效果最明显的政策方向；其中的重要增长点就是城乡接合部，需要把更多城郊地区变成城镇，走城乡共建的可持续发展道路。

城镇化对居民收入增长和中等收入群体规模扩大都具有明显促进作用，提高城镇化率是建设现代化经济体系的重要手段，是缓解城乡差距、促进城乡

① 万海远等：《中等收入者的结构特征与扩大政策》，中国财政经济出版社 2022 年版，第 182 页。

均等化发展的必由之路，也是扩大中等收入群体规模的重要动力。未来要继续推动户籍制度改革，有序推进农民工市民化。取缔对农民工的各种歧视政策，保障农民工依法享有各种权利，尤其是基本公共服务均等化权利。推动基础教育公平发展，加快城市学区改革步伐，通过廉租房或租赁补贴等渠道，改善进城务工人员的生活居住条件，促进农民工有更大可能迈入中等收入群体行列。

六、改善营商环境，促进中小企业和民营经济发展①

大部分小微经营者、小商小贩等是中等收入群体，因此支持小型经营者的税收政策和改善营商环境就非常必要。要逐步放宽市场准入条件、优化市场竞争环境，拓展城乡居民增收渠道。落实税收优惠、资金补贴等财税政策，促进中小企业和个体私营等健康发展，扶持劳动者创业就业。在税费减免方面，对于失业、退役、残疾人员从事个体经营，要进一步免除各类前置审批费用、免收各类行政事业收费等。

营造创新创业环境，推动优胜劣汰、产业升级，推动“互联网+”等新技术与实体经济融合，进一步开放要素市场，促进创新要素的流动与聚集。重点是国企、土地、财税、金融、政府体制等领域改革的实质性推进，尤其是基础产业和生产性服务业。注重保护企业家创新专利，保护企业家自主经营合法权利，为企业家创造公平竞争的市场环境，尤其是各种合法产权应平等重要、平等待遇、平等保护。坚持“两个毫不动摇”，支持民营企业创新创造，支持中小微企业和个体工商户发展，依法保护民营企业产权和企业家利益，促进民营经济发展壮大。

① 万海远等：《中等收入者的结构特征与扩大政策》，中国财政经济出版社 2022 年版，第 193 页。

七、优化分配结构，构建配套的基础性制度

提升中等收入群体比重，要继续优化收入分配结构，构建初次分配、再分配、三次分配协调配套的基础性制度安排。在初次分配领域，要着重提升劳动报酬在初次分配中的比重，特别是要稳定一线劳动者报酬，建立更加合理的工资增长机制。在再分配领域，应大力调整税收结构，明显提高直接税比重，逐步改变当前税收结构中直接税占比偏低的现状。此外，应着重改革个人所得税制度，加强对高收入群体的征收，尽量降低对中低收入群体的累进征收。

应更好地发挥第三次分配作用，积极完善发展慈善事业。这既有利于帮助低收入群体进入中等收入群体，也有助于缩小贫富差距，实现更合理的收入分配结构。科学制定激励体系，出台有较强刺激功能的税收政策，改善三次分配的税制环境。① 对于捐赠的个人或企业，给予金融、土地等税收优惠，激发社会对公益慈善事业的积极性。简化税收减免审批程序，使慈善捐赠和公益事业的税收优惠更加便捷。加强社会信用体系建设，加强诚信对慈善的监督和约束作用。

① 梁季：《税收促进第三次分配与共同富裕的路径选择》，《人民论坛》2021 年第 28 期。

第三章 缩小城乡区域差距促进共同富裕

城乡区域差距是我国当前发展不平衡不充分问题的集中体现，缩小城乡区域差距是推进共同富裕的主攻任务之一。加强城乡区域差距演变历程分析及对全局影响的研究、识别城乡区域协调发展的重点难点、明确分阶段缩小城乡区域差距的阶段性目标及重点任务，对统筹推进城乡区域高质量发展、扎实推进共同富裕具有重大的现实意义。

第一节 城乡发展差距的演变与现状

一、全国层面

（一）收入差距

自改革开放以来，全国居民人均可支配收入从 1978 年的 171 元增长至 2020 年的 32189 元，按可比价格计算，42 年间累计增长 27.4 倍，年均增长 8.2%。其中，城镇居民人均可支配收入从 343 元增长至 43834 元，按可比价格计算，年均增长 7.0%；农村居民人均可支配收入由 134 元增长至 17131 元，按可比价格计算，年均增长 7.9%（见表 3-1）①。

表 3-1　1978—2020 年我国城乡居民收入和增速

年份	城镇居民人均可支配收入		农村居民人均可支配收入	
	绝对数（元）	年均增长率（%）	绝对数（元）	年均增长率（%）
1978	343	—	134	—
1980	478	9.77	191	16.61
1985	739	1.07	398	7.78
1990	1510	8.55	686	1.8
1995	4283	4.88	1578	5.3
2000	6256	6.02	2282	3.4
2005	10382	9.45	3370	6.68
2010	18779	7.66	6272	11.43
2011	21427	8.39	7394	11.39
2012	24127	9.6	8389	10.71
2013	26467	6.98	9430	9.33
2014	28844	6.78	10489	9.23
2015	31195	6.56	11422	7.5
2016	33616	5.58	12363	6.23
2017	36396	6.46	13432	7.25
2018	39251	5.58	14617	6.56
2019	42359	4.96	16021	6.2
2020	43834	—	17131	—

注：（1）本表 2013—2020 年数据来源于住户收支与生活状况调查，1978—2012 年数据是根据历史数据推算获得，下同；

（2）城乡居民收入绝对数按当年价计算，如无特别说明，年均增长率按可比价计算，下同。

资料来源：国家统计局数据库及笔者计算。

---

① 全国居民收入是根据十几万户抽样调查基础数据，依据每个样本户所代表的户数加权汇总而成。由于受城镇化和人口迁移等因素影响，各时期分城乡、分地区人口构成发生变化，有时会导致全国居民收入增速超出分城乡居民收入增速区间现象的发生。全国居民收入增速快于分城乡居民收入增速的原因主要是在城镇化过程中，一部分在农村收入较高的人口进入城镇地区，但在城镇属于较低收入群体，其迁移对城乡居民收入均有拉低作用，但无论在城镇还是农村，其收入增长效应都会体现在全国居民收入增长中。

分阶段看,改革开放前全国城乡居民收入基本上呈低水平波动,1978 年是城乡居民收入关系发生重要变化的节点①。1978 年至 2020 年,全国城乡居民收入经历了“均衡—失衡—再平衡”的演变过程(见图 3-1)。

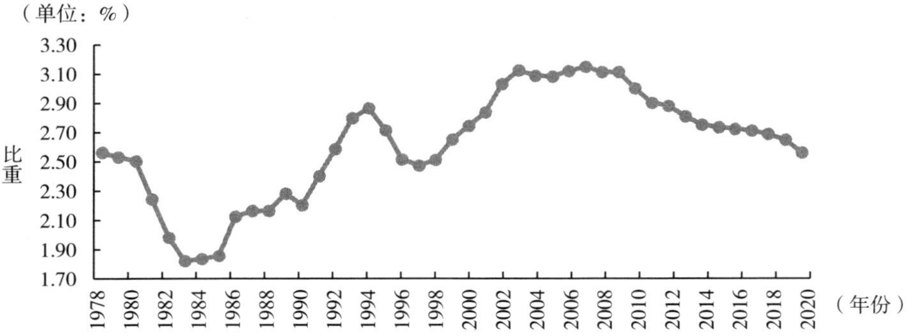

图 3-1　1978—2020 年我国城乡居民收入比变化

注:城乡居民收入比按名义值计算,下同。

资料来源:国家统计局数据库及笔者计算。

第一阶段为 1978—1983 年,基本对应农村经济体制改革时期。中国的改革开放首先在农村取得突破,1978 年,党的十一届三中全会原则通过了《中共中央关于加快农业发展若干问题的决定(草案)》,明确保障农民物质利益和加强农业物质支持的改革方向,1982 年的中央一号文件承认了包产到户合法性,极大地推动了农村生产力发展,加之农产品收购价格提高和农村集市贸易发展,农村居民收入明显提高。而在同一时期,城市改革相对滞后,城镇居民收入涨幅也相对偏低。在这一阶段,城乡居民收入比从 1978 年的 2.56 快速下降至 1983 年的 1.82,尽管收入比在农村体制改革的作用下趋于平缓,但农村和城镇间绝对收入的鸿沟仍然存在。

第二阶段为 1984—2002 年,基本对应城市经济体制改革时期。农村改革的初步成功对城市改革产生倒逼作用,1984 年党的十二届三中全会通过了

① 邓金钱:《新中国 70 年城乡收入结构变迁:历史演进与时代抉择》,《社会科学研究》2019 年第 5 期。

《中共中央关于经济体制改革的决定》，将改革重心从农村转向城市，1994年分税制改革赋予地方更多发展激励，进一步奠定了这一阶段城市偏向型政策的总基调。伴随国有企业改革和非公经济发展，加之人口迁移的限制逐步取消，使劳动等生产要素快速向城市集聚，推动城镇居民收入快速上涨。而在同一时期，农村改革力度相对减弱，且农民负担有所加重，城乡居民收入差距又被拉大。在这一阶段，城乡居民收入比大致呈"N"型变化，1984—1994年收入比迅速由1.84上升至2.86，在接下来几年中，受国家调高农副产品收购价格的影响，收入比有所下降，1997年下降至2.47，此后城乡居民收入比一路攀升（并在2002年破3），城乡居民收入比例关系走向失衡。

第三阶段为2003—2009年，基本对应城乡统筹发展时期。针对经济体制改革带来的城乡居民收入失衡及其他问题，2003年党的十六届三中全会通过了《中共中央关于完善社会主义市场经济体制若干问题的决定》，提出按照统筹城乡发展的要求，建立有利于逐步改变城乡二元经济结构的体制，从2004年开始，中央"一号文件"持续聚焦"三农"，形成了以工促农、以城带乡长效机制，并逐步加大对"三农"的投入①，注重减轻农民负担，进一步完善对农民的直接补贴，遏制了城乡居民收入差距进一步扩大。在这一阶段，城乡居民收入比基本保持稳定，并在2007年达到改革开放以来的历史峰值3.14，城乡居民收入失衡开始缓和。不过由于农村居民收入基数偏小，城乡居民收入绝对差距仍在拉大。

第四阶段为2010年至今，基本对应城乡逐渐融合发展时期。改革开放以来以工业偏向和城镇偏向为特征的非均衡发展战略，带来全国经济取得超常规跨越式发展，但也导致了农业、农村经济发展滞后。② 2013年习近平总书

① 2003年中央财政"三农"投入为2144亿元，2009年增长至7161亿元，按当年价计算，年均增长22.3%。

② 檀学文：《走向共同富裕的解决相对贫困思路研究》，《中国农村经济》2020年第6期。

记提出精准扶贫、精准脱贫基本方略，推动了减贫理论创新和实践创新，2017年党的十九大报告提出实施乡村振兴战略，建立健全城乡融合发展体制机制和政策体系，2018年中共中央、国务院印发了《乡村振兴战略规划（2018—2022年）》，明确坚持农业农村优先发展，并给出时间表、路线图和任务书。乡村振兴战略的提出，标志着“三农”成为现代化重点，而得益于顶层设计的加强和相关政策的落实，城乡居民收入又开始向均衡迈进。在这一阶段，现行标准下全国农村16567万贫困人口全部脱贫，且农村居民收入增长明显高于城镇居民，城乡居民收入比实现十连降，到2020年城乡居民收入比已回落至2.56，相当于1978年的水平，城乡融合发展格局雏形出现。

分来源看（见图3-2），2013—2020年①，城镇居民收入的最主要来源是工资性收入，其所占比重常年保持在1/2以上，转移净收入也在城镇居民收入中占据较大份额，其所占比重接近1/5，经营净收入和财产净收入在城镇居民收入中占比偏低，二者所占比重均在1/10左右。农村居民收入主要来源于工资性收入和经营净收入，二者所占份额之和超过3/4，转移净收入同样在农村居民收入中占据一定比重，基本上在1/5左右，财产净收入所占比重很低，与其他三类收入相比几乎可以忽略不计。在绝对数上，城乡居民工资性收入差距是收入差距的主要来源，其占到收入差距的70%以上，财产净收入和转移净收入差距的绝对数大体相当，约占收入差距的15%。相对数上，城镇和农村居民在财产净收入方面表现出更大差异，城镇居民财产净收入是农村居民的11倍以上；对于差距绝对数最大的工资性收入，城镇的数值是农村的4倍左右，相对接近城乡居民收入比；在经营净收入方面，农村略高于城镇，城镇居民经营净收入为农村居民的80%左右（见图3-3）。

① 由于统计方法的调整，导致2013年之后的分来源城乡居民收入数据与2012年之前的数据不可比。

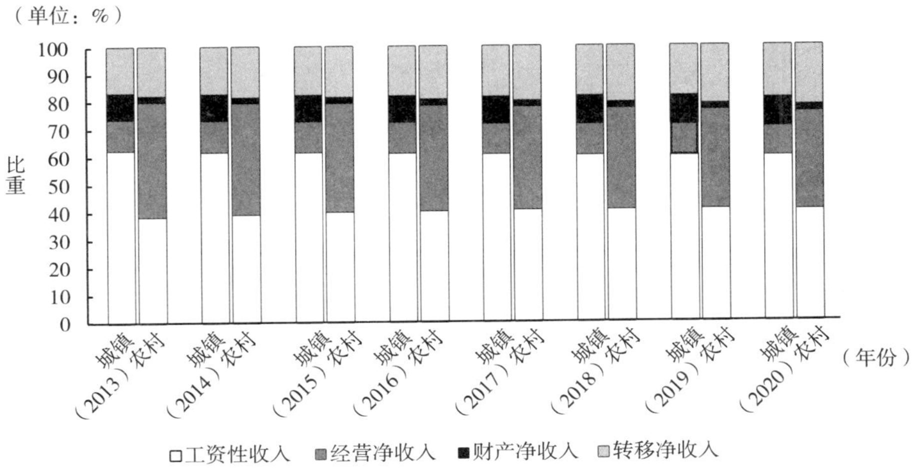

图 3-2　2013—2020 年我国城乡居民收入来源及比重

资料来源：国家统计局数据库及笔者计算。

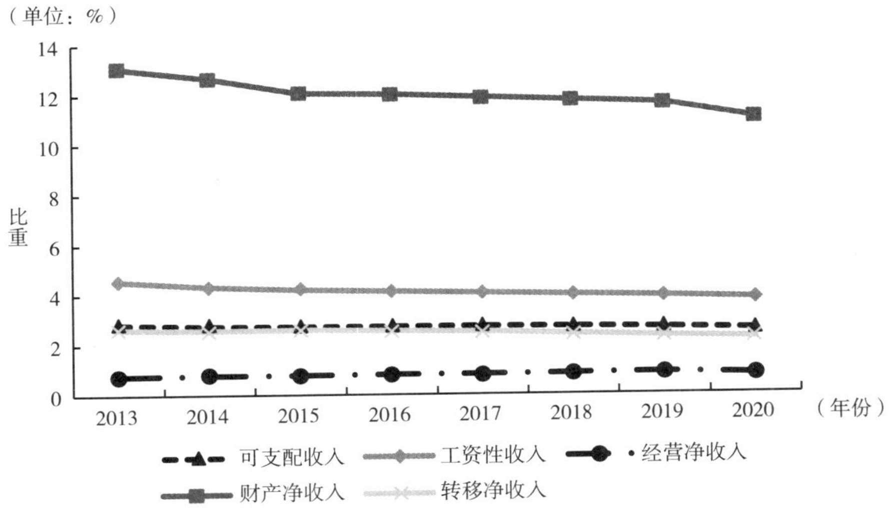

图 3-3　2013—2020 年区分收入来源的城乡居民收入比

资料来源：国家统计局数据库及笔者计算。

（二）消费差距

1980—2020年，城镇居民人均消费支出从412元增长至27007元，按名义值计算，累计增长64.6倍，年均增长11%；农村居民人均消费支出从162元增长至13713元，按名义值计算，累计增长83.7倍，年均增长11.7%（见表3-2）。40年间，农村居民消费增长快于城镇0.7个百分点，且从2011年起，农村居民消费增长快于城镇居民。

表3-2 1980—2020年我国城乡居民人均消费支出和平均增长率

年份	城镇居民人均消费支出		农村居民人均消费支出	
	绝对数（元）	年均增长率（%）	绝对数（元）	年均增长率（%）
1980	412	—	162	—
1985	673	20.39	317	15.69
1990	1279	5.62	585	9.35
1995	3538	24.10	1310	28.81
2000	4998	8.28	1670	5.90
2005	7943	10.60	2555	16.93
2010	13471	9.83	4382	9.74
2011	15161	12.55	5221	19.15
2012	16674	9.98	5908	13.16
2013	18488	10.88	7485	26.69
2014	19968	8.01	8383	12.00
2015	21392	7.13	9223	10.02
2016	23079	7.89	10130	9.83
2017	24445	5.92	10955	8.14
2018	26112	6.82	12124	10.67
2019	28063	7.47	13328	9.93
2020	27007	-3.76	13713	2.89

注：城乡居民消费和年均增长率按名义值计算，下同。

资料来源：国家统计局数据库及笔者计算。

分阶段看，由于收入与消费的高度相关性，全国城乡居民消费同样可以分为四个阶段（见图3-4）。第一阶段为1980—1983年，城乡居民消费比从2.54下降至1983年的2.04，且城镇和农村消费差距的绝对数也基本稳定。第二阶段为1984—2002年，城乡居民消费比同样呈"N"型变化，1984—1994年，城乡居民消费比迅速由2.04上升至2.8，在接下来的两年中，城乡居民消费比快速下降，1996年下降至2.49，此后城乡居民消费比一路攀升，并在2002年达到3.29，说明城乡居民收入失衡程度更为严重。第三阶段为2003—2009年，城乡居民消费比在由40年间峰值3.35快速下降后，在此阶段保持稳定，城乡居民消费失衡有所缓和，但城乡消费绝对差距还在扩大。第四阶段为2010年至今，农村居民消费增长高于城镇居民，城乡居民消费比连续十年下降，到2020年消费比已破2，下降至40年来最低的1.97，明显低于城乡居民收入比，且城镇和农村消费差距的绝对数首次缩小。总体上看，城乡居民消费差距低于城乡居民收入差距。

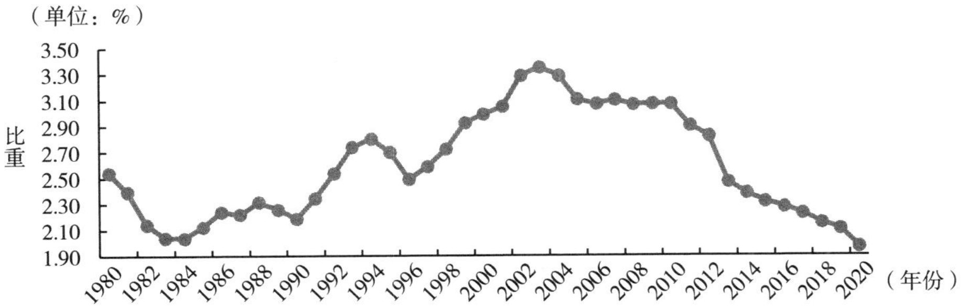

图3-4　1980—2020年我国城乡居民消费比

注：城乡居民消费比按名义值计算。
资料来源：国家统计局数据库及笔者计算。

分类别看，2013—2020年①，城镇居民消费更多集中在食品烟酒和居住上，其所占比重常年保持在50%以上，交通通信、教育文化娱乐、医疗保健也

① 由于统计方法调整，导致2013年之后的分类别城乡居民消费数据与2012年之前的数据不可比。

在城镇居民消费中占据较大份额,其所占比重接近30%,衣着和生活用品及服务在城镇居民消费中占比偏低,二者所占比重不到15%(见图3-5)。农村居民的消费结构与城镇居民类似,农村居民在食品烟酒、医疗保健消费上的占比略高于城镇居民,而在居住、衣着消费上的占比略低于城镇居民。在这一时期,城乡居民恩格尔系数均出现一定程度的下降,城镇居民恩格尔系数由30.1%下降至29.2%,农村居民恩格尔系数由34.1%下降至32.7%,城乡居民的消费结构均有所优化。绝对数上,由于消费结构相似,城乡居民食品烟酒和居住消费差距是消费差距的主要来源,其占到消费差距的55%以上,交通通信和教育文化娱乐消费差距的绝对数比较接近,各占消费差距的10%左右。相对数上,城镇和农村居民在居住、衣着方面表现出更大差异,城乡居民居住、衣着消费比分别高于总体水平19.3%、17.3%;在医疗保健、食品烟酒方面,城镇和农村居民差异更小,城乡居民医疗保健、食品烟酒消费比分别低于总体水平22.3%、10.7%。

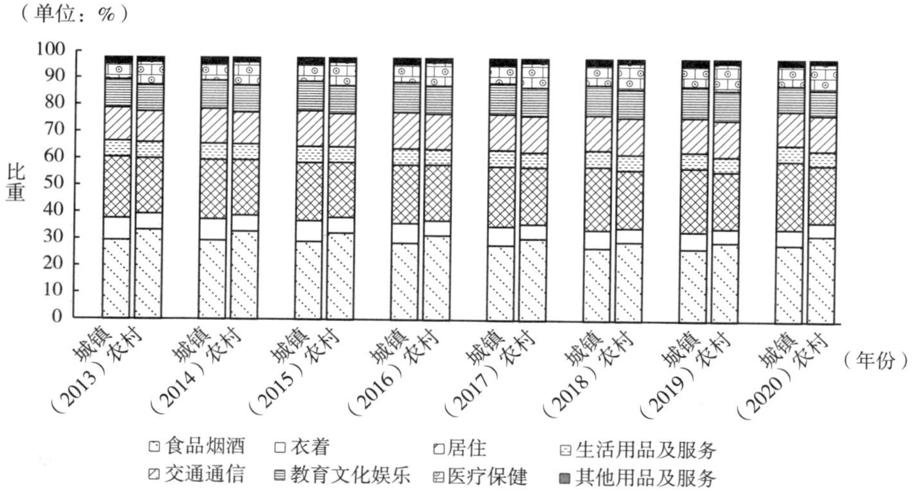

图3-5　2013—2020年城乡居民消费类别及比重

资料来源:国家统计局数据库及笔者计算。

二、省(自治区、直辖市)层面

(一)收入差距

从城乡居民收入绝对数看,2005—2020 年,各省份城镇居民人均可支配收入和农村居民人均可支配收入基本上呈持续增长态势。除新冠疫情对湖北 2020 年城乡居民收入造成巨大冲击外,仅天津和广东 2013 年城镇居民收入有所下降。2005 年,城镇居民收入最高的省份是上海①,最低的省份是新疆,前者城镇居民收入是后者的 2.3 倍;到 2007 年,城镇居民收入最低的省份变为甘肃,且在之后的 9 年间,其始终是城镇居民收入最低的省份;到 2017 年,城镇居民收入最低的省份变为黑龙江并持续至今;截至 2020 年,上海城镇居民收入是黑龙江的 2.5 倍,最高与最低省份的城镇居民收入倍差有所拉大。2005 年,农村居民收入最高的省份是上海②,最低的省份是贵州,前者农村居民收入是后者的 4.4 倍;到 2007 年,农村居民收入最低的省份变为甘肃并持续至今,且甘肃、贵州、青海始终位列后三位;截至 2020 年,上海农村居民收入是甘肃的 3.4 倍,最高与最低省份的农村居民收入倍差大幅缩小。

从城乡居民收入比看,除北京外,其他省份基本呈稳中有降的态势。2005 年,城乡居民收入差距最大的是云南和西藏,城乡居民收入比高达 4.54,差距最小的是上海,收入比只有 2.26;收入比高于全国水平的省份共有 12 个,从高到低依次是云南、西藏、贵州、甘肃、陕西、青海、广西、重庆、宁夏、新疆、安徽、广东,其中东部省份 1 个、中部省份 1 个、西部省份 10 个。2010 年,新疆、安徽收入比降至平均值以下,但山西、内蒙古、四川收入比快速攀升,城乡居民收入比高于全国水平的省份增至 13 个,其中东部省份 1 个、中部省份 1 个、西部省份 11 个,且贵州、云南、甘肃在之后始终位列收入比前三位。随着城乡融

① 除 2019 年外,上海始终是城镇居民收入最高的省份。

② 2005—2020 年,上海始终是农村居民收入最高的省份。

合发展时期各省份城乡居民收入比逐渐下降,2015 年收入比高于全国水平的省份减少到 10 个,均为西部省份。截至 2020 年,城乡居民收入差距最大的是甘肃,城乡居民收入比为 3.27,差距最小的是天津,收入比只有 1.86;收入比高于全国水平的省份仅剩 7 个,从高到低依次是甘肃、贵州、云南、青海、陕西、西藏、宁夏,均为西部省份(见表 3-3)。

表 3-3　2005—2020 年我国各省份城乡居民收入比

省份/地区	2005 年	2010 年	2015 年	2020 年
东部	2.83	2.86	2.57	2.44
北京	2.4	2.19	2.57	2.51
天津	2.27	2.41	1.85	1.86
河北	2.62	2.73	2.37	2.26
上海	2.26	2.28	2.28	2.19
江苏	2.33	2.52	2.29	2.19
浙江	2.45	2.42	2.07	1.96
福建	2.77	2.93	2.41	2.26
山东	2.73	2.85	2.44	2.33
广东	3.15	3.03	2.6	2.50
海南	2.7	2.95	2.43	2.28
中部	2.98	2.9	2.46	2.32
山西	3.08	3.30	2.73	2.51
安徽	3.21	2.99	2.49	2.37
江西	2.75	2.67	2.38	2.27
河南	3.02	2.88	2.36	2.16
湖北	2.84	2.75	2.28	2.25
湖南	3.05	2.95	2.62	2.51
西部	3.69	3.58	2.91	2.66
内蒙古	3.06	3.20	2.84	2.5
广西	3.72	3.76	2.79	2.42
重庆	3.65	3.32	2.59	2.45
四川	2.99	3.04	2.56	2.4

续表

省份/地区	2005 年	2010 年	2015 年	2020 年
贵州	4. 34	4. 07	3. 33	3. 1
云南	4. 54	4. 07	3. 2	2. 92
西藏	4. 54	3. 62	3. 09	2. 82
陕西	4. 03	3. 82	3. 04	2. 84
甘肃	4. 08	3. 85	3. 43	3. 27
青海	3. 75	3. 59	3. 09	2. 88
宁夏	3. 23	3. 28	2. 76	2. 57
新疆	3. 22	2. 94	2. 79	2. 48
东北地区	2. 58	2. 48	2. 38	2. 15
辽宁	2. 47	2. 56	2. 58	2. 31
吉林	2. 66	2. 47	2. 2	2. 08
黑龙江	2. 57	2. 23	2. 18	1. 92
全国	3. 08	2. 99	2. 73	2. 56

资料来源：国家统计局数据库及笔者计算。

根据区域划分对分省城乡居民收入比作进一步分析。整体上看，东部、中部、西部、东北地区收入比变动趋势基本上与全国总体趋势保持一致，仅西部地区收入比高于全国水平，东部地区收入比一直与全国总体水平差别不大，中部地区收入比在 2012 年之前接近全国水平，但在 2013 年之后快速下降，东北地区收入比则一直远低于平均值，在四大地区中城乡居民收入差距最小。在 2020 年，东部地区 10 省份城乡居民收入比差别较大，各省份收入比的标准差为 0. 19，其中北京和广东收入比最大，均在 2. 5 以上，浙江和天津收入比最小，均在 2 以下。中部地区 6 省份城乡居民收入比接近，各省份收入比的标准差为 0. 13，其中山西和湖南收入比最大，都为 2. 51，河南收入比最小，也有 2. 16。西部地区 12 省份城乡居民收入比处在高位且差异明显，各省份收入比的标准差高达 0. 28，其中甘肃和贵州收入比最大，均超过 3. 1，四川和广西收入比最小，也均在 2. 4 以上。东北地区三省份城乡居民收入比相对较低，各省份收入比的标准差为 0.16,其中辽宁收入比最大,也只有 2.31,黑龙江收入比最小,仅为 1.92。

根据 2020 年城乡居民收入比,可以将内地 31 个省份大致分为四类(见表 3-4)。Ⅰ类省份收入比在全国水平的 110%以上,城乡居民收入差距在现阶段偏高,需要进行适当干预。Ⅱ类省份收入比在全国水平的 90%—110%,城乡居民收入差距在现阶段具有扩大的风险,应予以关注。Ⅲ类省份收入比在全国水平的 80%—90%,城乡居民收入差距在现阶段适中,且仍有下行空间。Ⅳ类省份收入比在全国水平的 80%以下,城乡居民收入差距在现阶段不高,但在维持现状的同时,须重视城乡居民收入特别是城镇居民收入的绝对增长。

表 3-4 我国各地城乡居民收入差距分类

城乡差距分类	城乡居民收入比区间	省份
Ⅰ类(6 个)	[2.81,+∞)	西部:甘肃、贵州、云南、青海、陕西、西藏(6 个)
Ⅱ类(13 个)	[2.3,2.81)	东部:北京、广东、山东(3 个)
		中部:山西、湖南、安徽(3 个)
		西部:宁夏、内蒙古、新疆、重庆、广西、四川(6 个)
		东北地区:辽宁(1 个)
Ⅲ类(9 个)	[2,2.3)	东部:海南、福建、河北、江苏、上海(5 个)
		中部:江西、湖北、河南(3 个)
		东北地区:吉林(1 个)
Ⅳ类(3 个)	(0,2)	东部:浙江、天津(2 个)
		东北地区:黑龙江(1 个)

资料来源:笔者整理。

从图 3-6 地区经济发展水平与城乡居民收入差距的关系看,自"十五"末到"十三五"末,人均 GDP 与城乡居民收入比的负相关关系并未发生明显改变,从这一点上讲,发展是缩小城乡居民收入差距的重要根源。然而,也存在两类特殊情况:一类以北京、广东为代表;另一类以黑龙江、吉林为代表。前者表现为高水平失衡，即在较高人均 GDP 时城乡居民收入差距依然明显，后者表现为低水平均衡，即在较低人均 GDP 时城乡居民收入比开始下降。

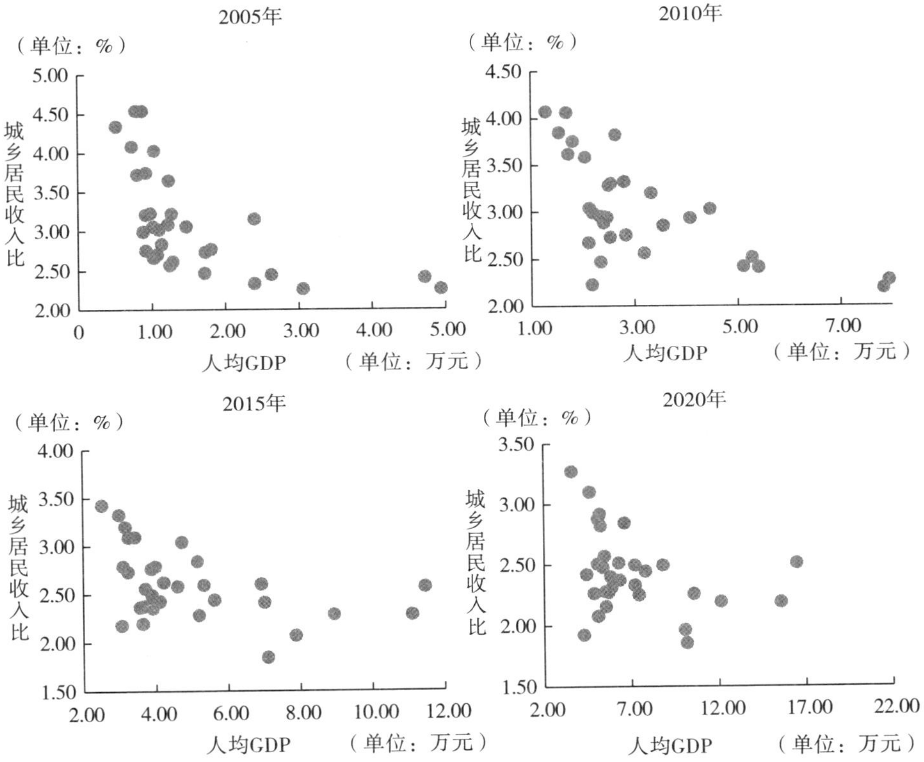

图 3-6　2005—2020 年我国各省份人均 GDP 与城乡居民收入比的关系

注：横坐标为人均 GDP（单位：万元），纵坐标为城乡居民收入比。

资料来源：国家统计局数据库及笔者计算。

（二）消费差距

从城乡居民消费绝对数看，2013—2019 年，各省份城镇居民人均消费支出和农村居民人均消费支出均呈上升趋势，仅宁夏 2017 年城镇居民消费有所下降。受新冠疫情影响，2020 年城镇居民消费明显减少，内地 31 个省份中仅有 5 个消费支出上升，其他 26 个省份消费支出降幅达到 1528 元；农村居民消费增速放缓，内地 31 个省份消费支出增幅为 273 元，仅是 2019 年的 23%。2013 年，城镇居民消费最高的省份是上海①，最低的省份是西藏，前者的城镇居民消费是后者的 2.4 倍；此后，城镇居民消费最低的省份变为山西，且 2014—2020 年几乎都是城镇居民消费最低的省份②，截至 2020 年，上海城镇居民消费是山西的 2.2 倍，最高与最低省份的城镇居民消费倍差有所缩小。2005 年，农村居民消费最高的省份是北京，最低的省份是西藏，前者的农村居民消费是后者的 3.3 倍；此后，上海、浙江、北京始终位列农村居民消费前三位，西藏、甘肃、山西、新疆、贵州、云南基本上位列农村居民消费后六位③，截至 2020 年，农村居民消费最高的上海是农村居民消费最低的西藏的 2.5 倍，农村居民消费倍差大幅缩小。

从城乡居民消费比看，除天津外，其他省份与全国水平一样呈下降趋势。2013 年，城乡居民消费差距最大的是西藏，城乡居民消费比高达 3.33④，差距最小的是天津，城乡消费比只有 1.79；消费比高于全国水平的省份共有 8 个，从高到低依次是西藏、云南、辽宁、贵州、甘肃、陕西、上海、海南，其中东部省份 2 个、西部省份 5 个、东北地区省份 1 个。此后，山东、青海、北京、山西城乡消费比快速攀升，海南城乡消费比降至平均值以下，截至 2020 年，城乡居民消费比高于全国水平的省份增至 11 个，从高到低依次是西藏、甘肃、云南、山东、新疆、上海、辽宁、陕西、青海、北京、山西，其中东部省份 3 个、中部省份 1 个、西部省份 6 个、东北地区省份 1 个，且西藏、甘肃、云南、辽宁消费比始终高于全国水平。此时，城乡居民消费差距最大的是西藏，城乡居民消费比为 2.8，差距最小的是安徽，城乡居民消费比只有 1.51。

根据地区划分对分省城乡居民消费比作进一步分析。2020 年，东部地区

---

① 2013—2020 年，上海始终是城镇居民消费最高的省份。

② 2017 年，城镇居民消费最低的省份是广西。

③ 仅 2014 年和 2015 年，广西代替新疆位列农村居民消费后六位。

④ 2013—2020 年，西藏始终是城乡居民消费比最高的省份。

10省份城乡居民消费比差别最小，各省份消费比的标准差为0.13，其中山东、上海、北京消费比最大，均在2以上，浙江城乡居民消费比最小，仅为1.68以下。中部地区6省份城乡居民消费比相对较低，各省份消费比的标准差为0.15，其中山西消费比最大，为1.98，安徽城乡消费比最小，只有1.51。西部地区12省份城乡居民消费比处在高位且差异明显，各省份消费比的标准差高达0.32，其中西藏和甘肃消费比最大，都超过了2.5，四川和广西城乡消费比最小，均为1.68。东北地区三省份城乡居民消费比相对较低，各省份消费比的标准差为0.12，其中辽宁消费比最大，也只有2.02，黑龙江城乡居民消费比最小，仅为1.65（见表3-5）。

表3-5　2013—2020年我国各省份城乡居民消费比

省份	2013年	2014年	2015年	2016年	2017年	2018年	2019年	2020年
北京	2.33	2.32	2.32	2.21	2.14	2.13	2.12	2.00
天津	1.79	1.77	1.78	1.78	1.85	1.94	1.95	1.83
河北	2.03	1.96	1.95	1.95	1.96	1.94	1.9	1.83
上海	2.49	2.37	2.29	2.33	2.34	2.30	2.15	2.03
江苏	2.07	1.99	1.94	1.83	1.78	1.78	1.77	1.81
浙江	1.97	1.88	1.78	1.73	1.76	1.76	1.76	1.68
福建	2.06	2.01	1.97	1.94	1.86	1.88	1.9	1.87
山东	2.42	2.3	2.27	2.26	2.23	2.20	2.17	2.16
广东	2.42	2.35	2.31	2.30	2.29	2.01	2.03	1.96
海南	2.48	2.49	2.25	2.13	2.12	2.1	2.04	1.79
山西	2.13	2.09	2.13	2.12	2.18	2.16	2.18	1.98
安徽	2.03	2.02	1.92	1.91	1.87	1.69	1.63	1.51
江西	2.03	2.01	1.97	1.94	1.95	1.91	1.82	1.63
河南	2.4	2.22	2.17	2.11	2.11	2.02	1.9	1.69
湖北	1.95	1.92	1.86	1.83	1.83	1.72	1.72	1.58
湖南	2.15	2.03	2.01	2.02	2.01	1.97	1.93	1.79

续表

省份	2013 年	2014 年	2015 年	2016 年	2017 年	2018 年	2019 年	2020 年
内蒙古	2.12	2.09	2.06	1.98	1.94	1.93	1.84	1.76
广西	2.4	2.25	2.15	2.07	1.94	1.9	1.79	1.68
重庆	2.46	2.29	2.21	2.11	2.08	2.02	1.97	1.87
四川	2.19	2.14	2.08	2.03	1.93	1.85	1.80	1.68
贵州	2.6	2.56	2.55	2.55	2.45	2.27	2.09	1.9
云南	2.83	2.7	2.59	2.54	2.44	2.37	2.29	2.22
西藏	3.33	3.25	3.05	3.2	3.15	3.09	3.05	2.8
陕西	2.53	2.42	2.34	2.26	2.19	2.18	2.15	2.01
甘肃	2.55	2.59	2.56	2.61	2.57	2.49	2.52	2.48
青海	2.16	2.12	2.24	2.26	2.17	2.22	2.1	2
宁夏	2.35	2.24	2.26	2.23	2.03	2.04	2.11	1.91
新疆	2.37	2.4	2.52	2.56	2.62	2.57	2.48	2.13
辽宁	2.75	2.63	2.43	2.51	2.35	2.31	2.27	2.02
吉林	2.12	2.11	2.05	2.01	1.95	2.07	2.04	1.82
黑龙江	2.18	2.1	2.04	1.93	1.83	1.84	1.77	1.65

资料来源:国家统计局数据库及笔者计算。

根据2020年城乡居民消费比,可以将内地31个省份大致分为四类(见表3-6)。Ⅰ类省份消费比在全国水平的110%以上,城乡居民消费差距在现阶段偏高,需要进行适当干预。Ⅱ类省份消费比在全国水平的100%—110%,城乡居民消费差距在现阶段具有扩大的风险,应予以关注。Ⅲ类省份消费比在全国水平的90%—100%,城乡居民消费差距在现阶段适中,且仍有下行空间。Ⅳ类省份城乡消费比在全国水平的90%以下,城乡居民消费差距在现阶段不高,需要维持发力。总体上看,城乡居民消费差距与城乡居民收入差距呈正相关性,但内蒙古、广西、四川、安徽、贵州情况相对特殊,这些省份城乡居民收入差距较大,但城乡居民消费相对均衡。

表 3-6　我国内地省份城乡居民消费差距分类

消费差距分类	城乡居民消费比区间	省份
Ⅰ类(3个)	[2.17,+∞)	西部:西藏、甘肃、云南(3个)
Ⅱ类(8个)	[1.97,2.17)	东部:山东、上海、北京(3个)
		中部:山西(1个)
		西部:新疆、陕西、青海(3个)
		东北地区:辽宁(1个)
Ⅲ类(11个)	[1.77,1.97)	东部:广东、福建、天津、河北、江苏、海南(6个)
		中部:湖南(1个)
		西部:宁夏、贵州、重庆(3个)
		东北地区:吉林(1个)
Ⅳ类(9个)	(0,1.77)	东部:浙江(1个)
		中部:河南、江西、湖北、安徽(4个)
		西部:内蒙古、广西、四川(3个)
		东北地区:黑龙江(1个)

资料来源:笔者整理。

第二节　区域发展差距的演变与现状

一、南北地区发展差距

(一)人均 GDP

21 世纪以来,我国南北方人均 GDP 差距不断扩大,南方明显高于北方水平。① 2001—2020 年,我国南北地区人均 GDP 稳步提升,其中南方地区人均 GDP 始终高于全国平均水平,而北方地区始终低于全国平均水平,且差距呈现总体扩大态势。2001 年,北方、南方省份人均 GDP 分别为 8375 元、8791 元,与全国平均水平比值分别为 0.96、1.01;2010 年,北方及南方人均 GDP 分

① 盛来运等:《我国经济发展南北差距扩大的原因分析》,《管理世界》2018 年第 9 期。

别为 29436 元、32636 元,与全国水平比值分别为 0.96、1.06,南方发展势头相对较强;2020 年,北方、南方人均 GDP 分别达到 62323 元、78393 元,两者与全国水平比值分别为 0.87、1.09,南北差距进一步拉大(见图 3-7)。

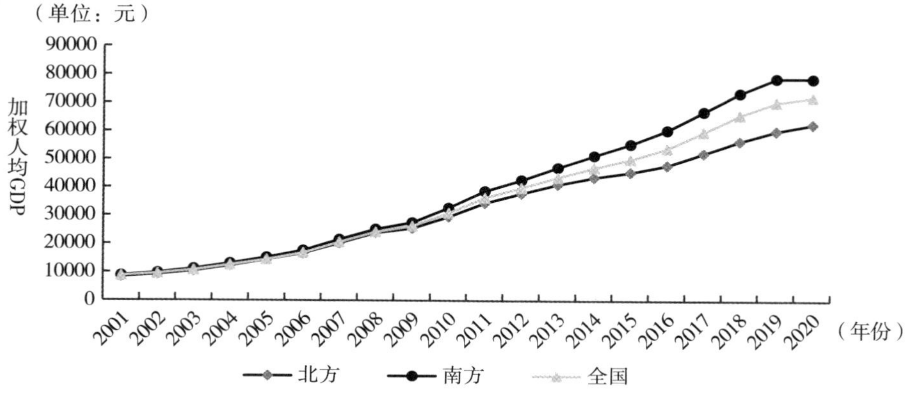

图 3-7　2001—2020 年我国南方、北方加权人均 GDP 与全国水平对比

资料来源:根据国家统计局网站数据计算绘制。

实际上南北方之间差距对全国差距水平影响较小,南方、北方内部之间的差距对全国差距影响更加突出,特别是南方省份之间差距相对更大,但近年来北方省份之间差距也开始明显扩大。利用方差来分析南方、北方人均 GDP 差距对全国差距影响可以发现,南方省份之间、北方省份之间人均 GDP 差距的贡献率明显高出南北方之间的差距贡献,南北方内部的差距是全国差距变化的主要因素。2001—2012 年,南方省份之间人均 GDP 差距贡献了全国省际人均 GDP 差距的 56%以上,此后南方省份之间差距有所下降;而北方贡献了 42%左右,但此后内部差距开始显著扩大(见图 3-8)。2020 年,南方省份之间、北方省份之间差距对全国差距的贡献十分接近,分别为 49.4%、47.6%。尽管近年来,国内学界对南北方差距问题呼声颇高①,但从人均 GDP 来看,南

① 孙久文、张皓:《新发展格局下中国区域差距演变与协调发展研究》,《经济学家》2021 年第 7 期。

北方之间差距对全国差距影响始终较小,2013 年之前贡献率始终不超过 1‰,2013 年以来南北差距贡献率虽有所扩大,但 2020 年仍仅为 3.0%。

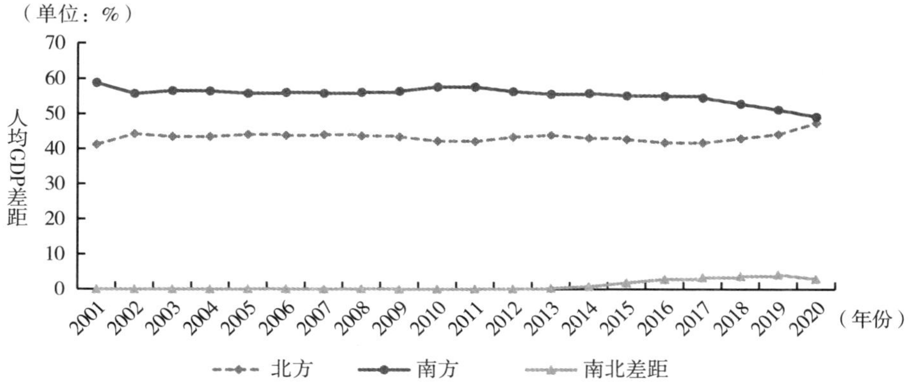

图 3-8　2001—2020 年我国南北方内部与南北地区间人均 GDP 差距变化

资料来源:根据国家统计局网站数据计算绘制。

(二)人均可支配收入

总体而言,近年来南北方人均可支配收入水平持续扩大,南方人均可支配收入明显高于北方。2013 年,北方、南方人均可支配收入分别为 17248 元、19202 元,与全国水平比值分别为 0.94、1.05;2020 年,北方、南方人均可支配收入分别为 29518 元、34459 元,与全国水平比值分别为 0.92、1.07,相对差距水平较 2013 年显著扩大(见图 3-9)。

从对全国差距贡献度来看,南方及北方内部差距要明显高于南方与北方之间差距,特别是南方地区省份之间差距更为明显。2013 年,南方内部、北方内部省份之间差距对全国差距贡献度分别为 56.9%、42.8%;2020 年,上述两个贡献值分别为 55.7%、42.9%。2013—2020 年,南北方之间人均可支配收入差距对全国差距贡献度从 0.2%上升至 1.4%,远低于两大地区之间的差距水平(见图 3-10)。

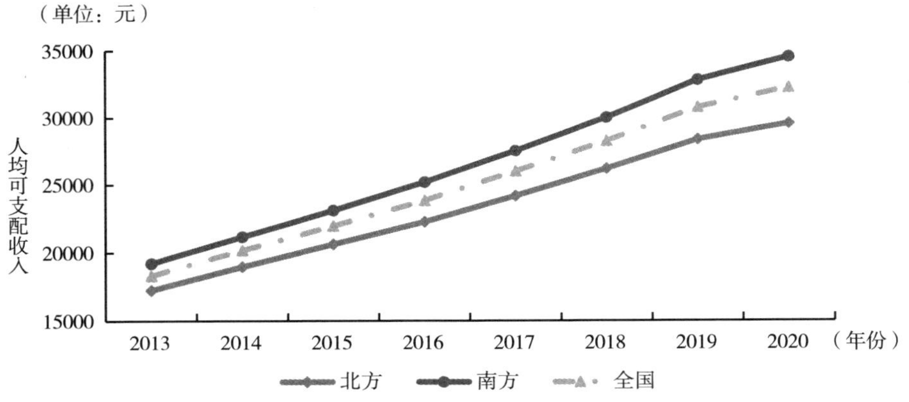

图 3-9　2013—2020 年我国南方、北方加权人均 GDP 与全国水平对比

资料来源：根据国家统计局网站数据计算绘制。

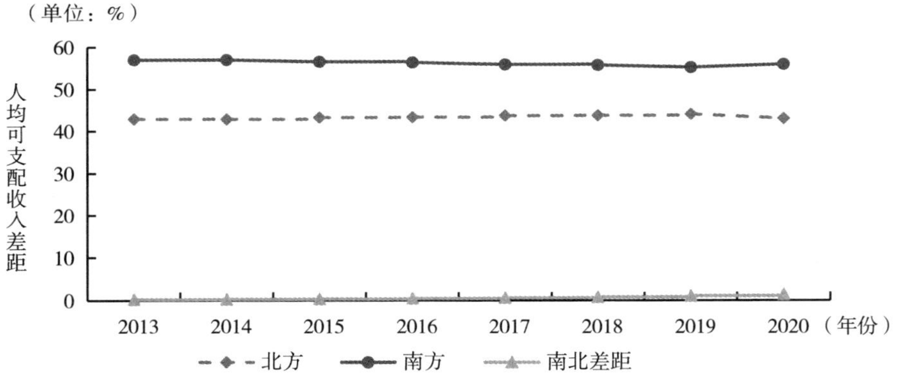

图 3-10　2013—2020 年我国南北方内部与南北地区间人均可支配收入差距变化

资料来源：根据国家统计局网站数据计算绘制。

（三）人均一般公共财政收入

2000 年以来我国南北方人均一般公共财政收入均大幅提高，两者差距先缩小后扩大。2001—2020 年，我国北方、南方人均一般公共财政收入分别从 569 元、651 元，快速增长至 6381 元、7597 元（见图 3-11）。2001—2012 年，北方与全国人均一般公共财政收入之比从 0.93 上升至 0.99，而南方地区相应比重从 1. 06 下降为 1. 01，南北方差距明显缩小。但 2013 年以来，北方与全国人均一般公共财政收入之比从 0. 99 下降至 0. 90，南方地区相应比重从 1. 01 回升至 1. 07，两者差距有所扩大。

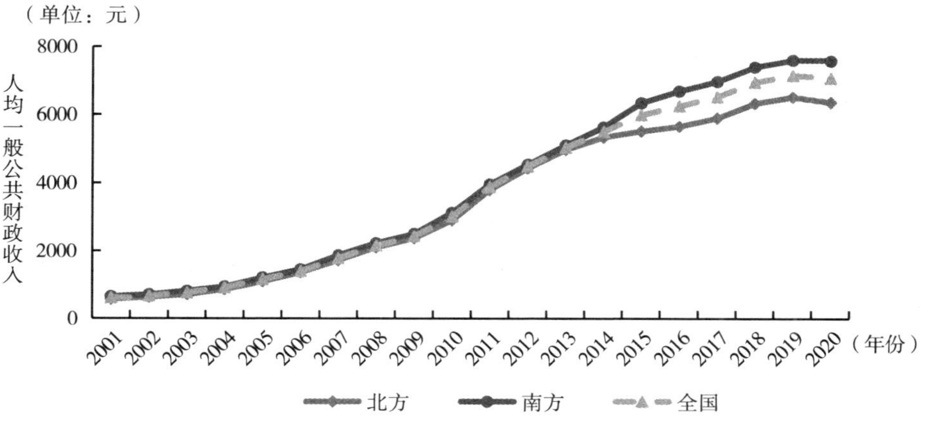

图 3-11　2001—2020 年我国南北方人均一般公共财政收入与全国水平对比

资料来源：根据国家统计局网站数据计算绘制。

南北方地区之间人均一般公共财政收入差距并不显著，但南方、北方地区内部差距对全国差距贡献较大，其中南方地区内部差距贡献先降后升，而北方地区先增后降。2003—2014 年，北方省份之间人均一般公共财政收入差距对全国差距贡献度从 39. 4%快速上升至 59. 1%；同期，南方内部差距贡献度从 60. 6%下降至 40. 2%；2009 年开始北方差距贡献度高于南方（见图 3-12）。但 2014 年之后，南北方内部差距发展态势逆转，南方内部差距迅速扩大，至 2020 年，南方省份之间人均一般公共财政收入差距对全国贡献度上升至 55. 6%，高于北方差距贡献水平。

（四）人均消费水平

南北方居民人均消费支出水平差距有所扩大，南方明显高于全国及北方水平。2013—2020 年，南方省份居民人均消费从 13924 元增长至 22906

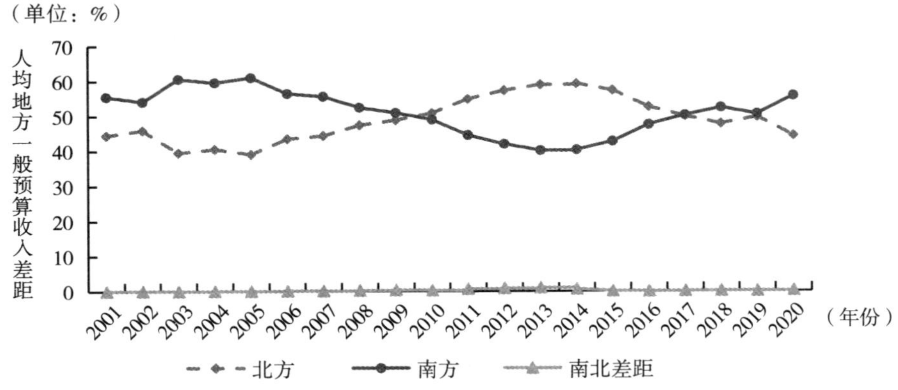

图 3-12　2001—2020 年我国南北方内部与南北地区间人均地方一般预算收入差距变化

资料来源：根据国家统计局网站数据计算绘制。

元，与全国水平比值从 1.05 扩大至 1.08；同期，北方省份居民人均消费支出从 12366 元增长至 19122 元，与全国水平比值从 0.94 小幅下降至 0.90（见图 3-13）。

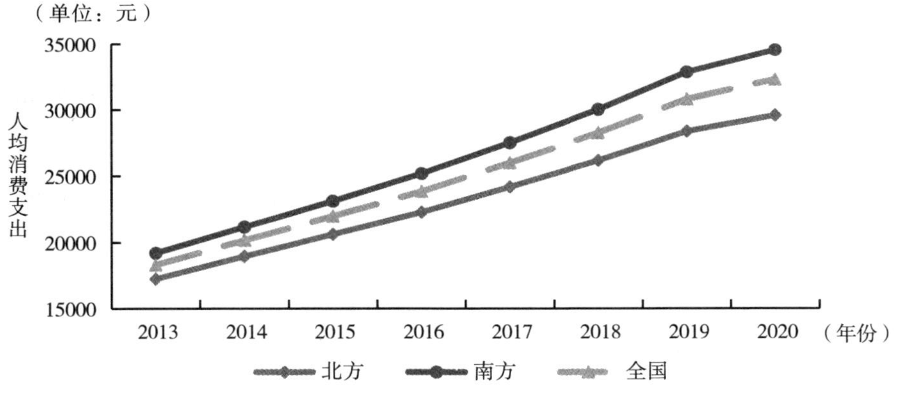

图 3-13　2013—2020 年我国南北方与全国人均消费支出变化

资料来源：根据国家统计局网站数据计算绘制。

南方及北方省份内部居民人均消费支出水平差距显著，是全国省域之间差距的主要来源，而南北地区之间差距影响较小。2013—2020 年，南方省份居民人均消费支出差距对全国差距贡献度维持在 56.6%—60.0%，而北方省份内部差距贡献度维持在38.3%—43.3%。近年来,尽管学界普遍认为南北地区之间差距有所扩大,但两大地区之间差距贡献度2020年仅为2.5%,远低于地区内部差距水平(见图3-14)。

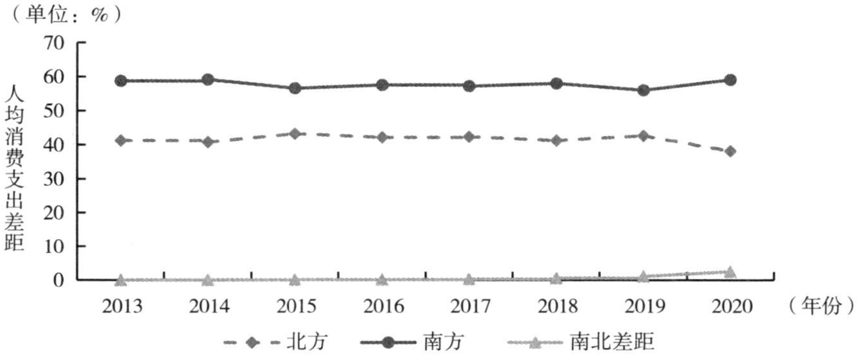

图3-14　2013—2020年我国南北方内部与南北地区间人均消费支出差距变化

资料来源:根据国家统计局网站数据计算绘制。

二、四大板块差距

(一)人均GDP

东部地区人均GDP水平明显高于全国,其余地区则多数低于全国,特别是近年来东北地区与全国平均水平差距不断拉大,2016年跌落至四大地区末位。2001—2020年,东部地区人均GDP从13035元增长至93443元,与全国水平比值从1.50小幅上涨至2004年1.57,此后下滑至2020年的1.30,与全国相对水平差距缩小(见图3-15)。同期,中部地区、西部地区人均GDP与全国水平比值从0.69、0.62提高至0.85、0.78,与全国差距不断缩小。而同期东北地区人均GDP从基本与全国持平发展到明显落后于全国平均水平,与全国水平比值从2001年的1.07快速下降至2020年的0.72,并于2016年开始明显低于西部地区的相应比值,下降至四大地区的末位。

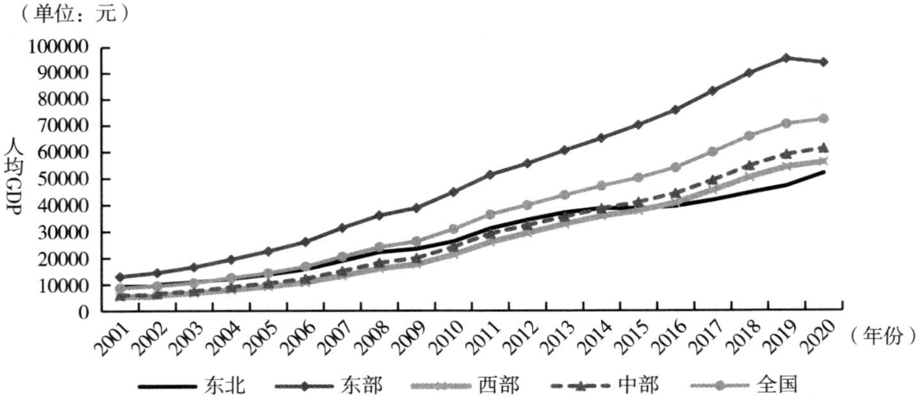

图 3-15　2001—2020 年我国四大地区加权人均 GDP 与全国水平对比

资料来源:根据国家统计局网站数据计算绘制。

四大地区之间和东部地区内部人均 GDP 差距明显,成为我国省域人均 GDP 差距的主要原因,特别是近年来东部地区内部差距明显扩大,此外西部地区也有所扩大。2001—2020 年,四大地区之间人均 GDP 差距对全国差距贡献先增后降,大致维持在 48. 0%左右,最高为 2011 年的 54. 5%,2020 年降至 47. 7%(见图 3-16)。同期,东部地区内部人均 GDP 差距对全国差距贡献先降后增,2020 年达到 45. 4%。此外,自 2007 年开始,西部地区内部人均 GDP 差距开始有所扩大,2020 年对全国人均 GDP 差距贡献度为 5. 3%。与上述地区相比,中部地区特别是东北地区内部差距相对较小。

(二)人均可支配收入

东部地区人均可支配收入明显高于全国水平,其他地区均低于全国水平,东北地区人均可支配收入相对水平下滑明显,而中西部地区有所上升。2013—2020 年,东部地区人均可支配收入水平始终高出全国平均水平 29%—30%;同期,中部地区、西部地区与全国水平比值从 0. 83、0. 76 提高至 0. 84、0. 79(基于图 3-17 计算)。与中西部地区形成明显对比,东北地区与全国人

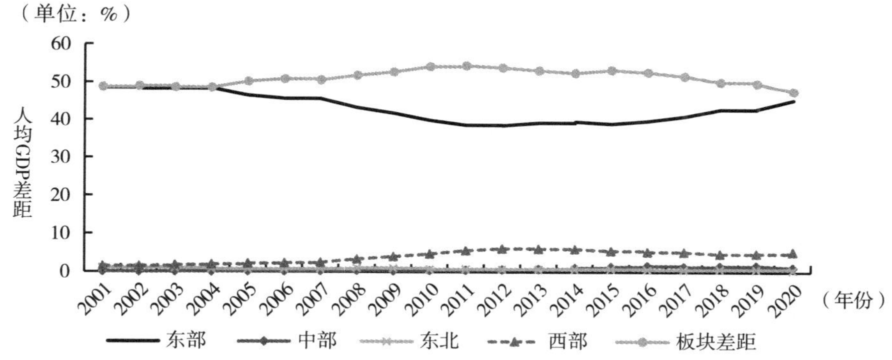

图 3-16　2001—2020 年我国四大地区内部与地区之间人均 GDP 差距变化

资料来源：根据国家统计局网站数据计算绘制。

均可支配收入水平比值从 0.98 快速下降至 0.89，但仍仅次于东部地区水平，位列四大地区第二位。

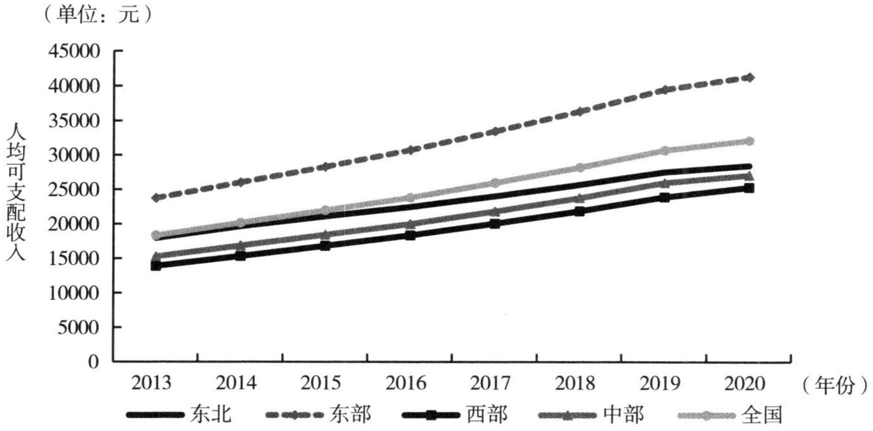

图 3-17　2013—2020 年我国四大地区与全国人均可支配收入水平对比

资料来源：根据国家统计局网站数据计算绘制。

从四大地区来看，地区之间及东部地区内部人均可支配收入差距，是全国居民人均可支配收入差距形成的主要来源。2013—2020 年，四大地区之间人均可支配收入差距对全国省域差距贡献度，从 50.1%小幅波动至 49.8%，始终稳定在 1/2 左右；同期，东部地区内部省份人均可支配收入差距从 45.1%小幅上升为46.4%,是全国省域差距的第二大来源(见图3-18)。与上述差距相对比,西部地区、中部地区及东北地区内部之间差距相对较小,其中西部地区内部差距略大于中部地区及东北地区。

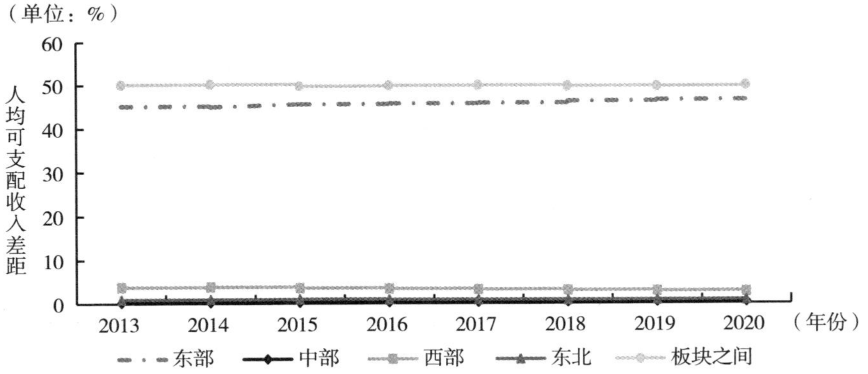

图3-18 2013—2020年我国四大地区内部与地区之间人均可支配收入差距变化

资料来源:根据国家统计局网站数据计算绘制。

(三)人均一般公共财政收入

从四大地区来看,东部地区人均一般公共财政收入明显高于全国,但与全国相对水平有小幅下滑;而东北地区相对水平则大幅下滑,中西部地区相对水平有所提升。2001—2020年,东部地区人均一般公共财政收入大幅提高,与全国相对水平从2001年的1.69下降至2013年的1.37,后又缓慢回升至2020年的1.45,但始终显著高于全国平均水平(基于图3-19计算)。同期,中部地区、西部地区一般公共财政收入与全国平均水平比重总体呈现上升态势,从2001年的0.54、0.60上升至0.68、0.72,中部地区上升态势尤为明显,但平均水平仍处于四大地区末位。同期,东北地区人均一般公共财政收入与全国相对水平经历了较大波动,2001—2014年东北地区人均一般公共财政收入与全国水平较为接近,多数年份略高于全国水平;但此后,随着数据“挤水分”等因素影响,东北地区人均一般公共财政收入与全国平均水平比重下跌至 0.70—0.73，2020 年甚至还低于西部地区，仅略高于中部地区。

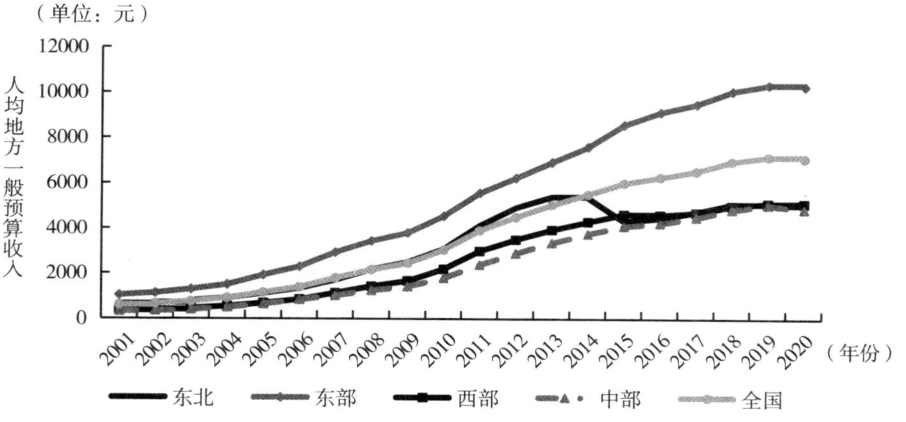

图 3-19　2001—2020 年我国四大地区与全国人均地方一般预算收入变化

资料来源：根据国家统计局网站数据计算绘制。

东部地区内部省份之间人均地方一般预算收入差距突出，是全国省域之间差距的重要来源，其次为四大地区之间的差距。2001—2020 年，东部地区内部省份之间人均地方一般预算收入差距对全国差距贡献度始终高于 56%，且 2010 年以来贡献度有所增加，2020 年为 57.8%（见图 3-20）。同期，四大

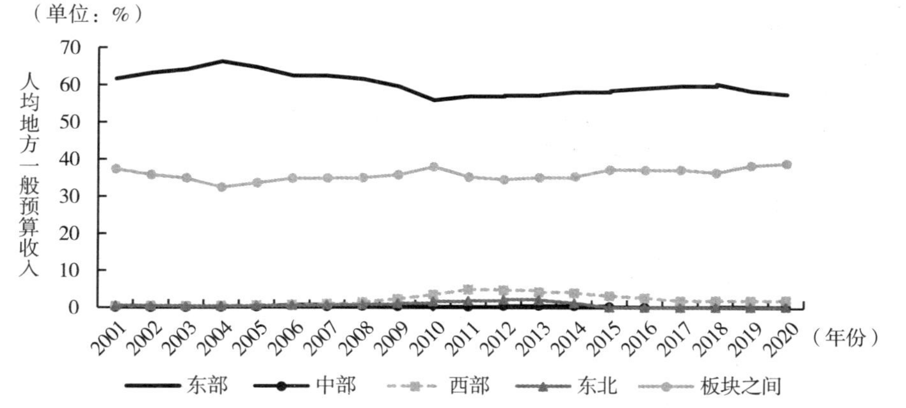

图 3-20　2001—2020 年我国四大地区内部与地区之间人均地方一般预算收入差距变化

资料来源：根据国家统计局网站数据计算绘制。

地区之间差距贡献度普遍维持在32.5%—40.0%,对全国省域之间人均地方一般预算收入差距贡献也较高。2008年以来,西部地区内部差距有所扩大,但对全国人均地方一般预算收入差距贡献,依然远小于四大地区之间差距及东部地区内部差距。

(四)人均消费水平

东部地区人均消费支出明显高出全国水平,但与全国相对差距有所缩小;东北地区与全国相对水平下滑明显,中西部地区则有所提升。2013—2020年,东部地区居民人均消费支出从16883元增长至26333元,与全国水平比值从1.28小幅下降至1.24;同期,东北地区居民人均消费支出从13230元增长至18686元,从略高于全国水平至2020年下降到约为全国水平的0.88,仅略高于中部地区及西部地区(基于图3-21计算)。同期,中部地区及西部地区居民人均消费支出与全国水平比值从2013年的0.81、0.80小幅上升至0.86、0.84。

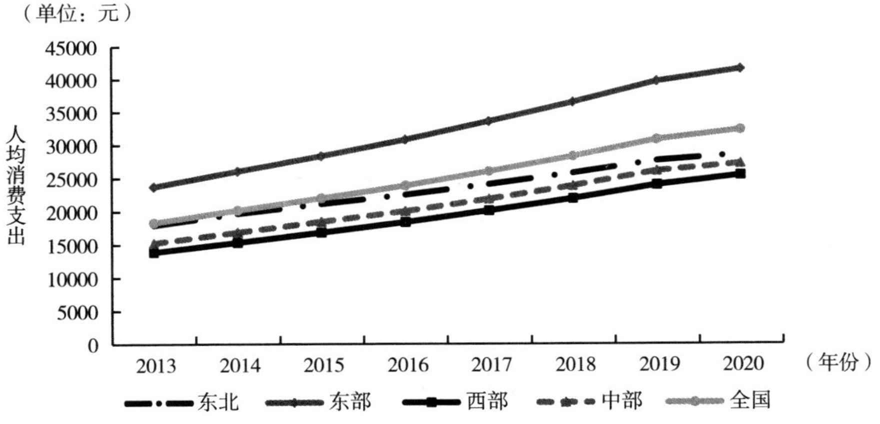

图3-21 2013—2020年我国四大地区与全国人均消费支出变化

资料来源:根据国家统计局网站数据计算绘制。

从图3-22来看,四大地区之间消费差距逐步超过东部地区内部差距,成为全国省域之间居民消费支出差距的主要来源。2013 年，东部地区内部省份之间居民消费支出差距对全国贡献度为 47.0%，略高于四大地区之间差距贡献率（45.8%）；但此后四大地区之间差距贡献度稳步扩大，2020 年为 51.2%，超出东部地区内部之间差距 42.5%（见图 3-22）。此外，西部地区内部省份之间居民消费支出差距要高于中部及东北地区。

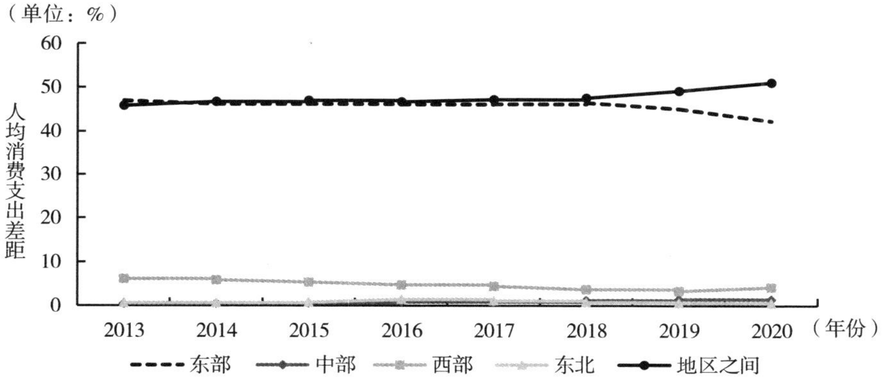

图 3-22　2013—2020 年我国四大地区内部与地区之间人均消费支出差距变化

资料来源：根据国家统计局网站数据计算绘制。

三、省区发展差距

（一）人均 GDP

总体而言，我国省域之间人均 GDP 差距呈缩小态势，2011 年以来进入相对平稳时期（见图 3-23）。2001—2020 年，从排名前 5 位及后 5 位省份与全国平均水平比值来看，人均 GDP 最高省份与最低省份之间的相对差距显著缩小。2001 年，上海人均 GDP 最高，是全国平均水平的 3.68 倍，而排名末位的贵州仅为全国水平的 0.34，上海人均 GDP 为贵州的 10.8 倍；2020 年，位列全国之首的北京人均 GDP 为全国水平的 2.30 倍，而排名末位的甘肃为全国的 0.50，两者与全国水平的相对差距明显缩小，北京人均 GDP 为甘肃的 4.6 倍。

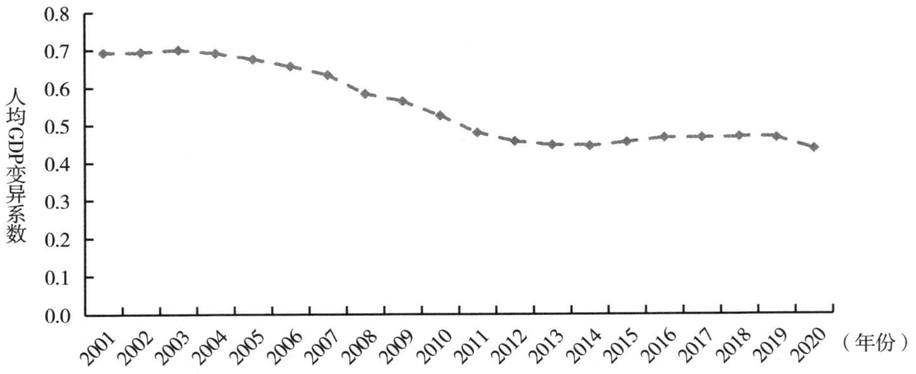

图 3-23　2001—2020 年我国 31 个省份人均 GDP 变异系数

资料来源:根据国家统计局网站数据计算绘制。

中西部地区省份人均 GDP 排序上升最为明显,东北地区下滑最为突出(见表 3-7)。2001—2020 年,人均 GDP 上升最快的省份为陕西,从 2001 年的 24 位上升为 2020 年的 12 位;此外,江西、安徽、四川、湖北、重庆排名分别上升 10、10、9、8、7 位。与此形成鲜明对比,排名下滑最明显的省份为黑龙江、河北、新疆,三者分别从 2001 年的第 10、12、11 分别下降至 2020 年的第 30、27、21 位;此外吉林、山西、辽宁、海南 4 省排名分别下滑 9、8、8、6 个排位,降幅较为明显。

表 3-7　2001 年、2010 年、2020 年我国排名前后 5 位省份人均 GDP 与全国比值

排序	2001 年		2010 年		2020 年	
	省份	与全国比值	省份	与全国比值	省份	与全国比值
1	上海	3.68	上海	2.58	北京	2.30
2	北京	3.22	北京	2.54	上海	2.17
3	天津	2.01	天津	1.75	江苏	1.69
4	浙江	1.69	江苏	1.71	福建	1.47
5	广东	1.60	浙江	1.66	天津	1.41
27	江西	0.60	广西	0.59	河北	0.68

续表

排序	2001 年		2010 年		2020 年	
	省份	与全国比值	省份	与全国比值	省份	与全国比值
28	云南	0. 58	西藏	0. 56	贵州	0. 64
29	广西	0. 58	云南	0. 55	广西	0. 62
30	甘肃	0. 51	甘肃	0. 50	黑龙江	0. 59
31	贵州	0. 34	贵州	0. 42	甘肃	0. 50

资料来源:国家统计局数据库及笔者计算。

(二)人均可支配收入

从图 3-24 来看,近年来我国省域之间人均可支配收入差距显著缩小。2013 年,我国省域人均可支配收入差距变异系数为 0. 413,2020 年下降为 0. 388(见图 3-24)。2013—2020 年,上海人均可支配收入从 42174 元上升为 72232 元,与全国水平的比值从 2. 30 小幅下滑至 2. 24,始终位居全国首位;2013 年位居全国 31 个省份末位的西藏人均可支配收入为全国的 53%,而 2020 年位居全国末位的甘肃人均可支配收入为全国的 63%,最高与最低水平差距明显缩小。

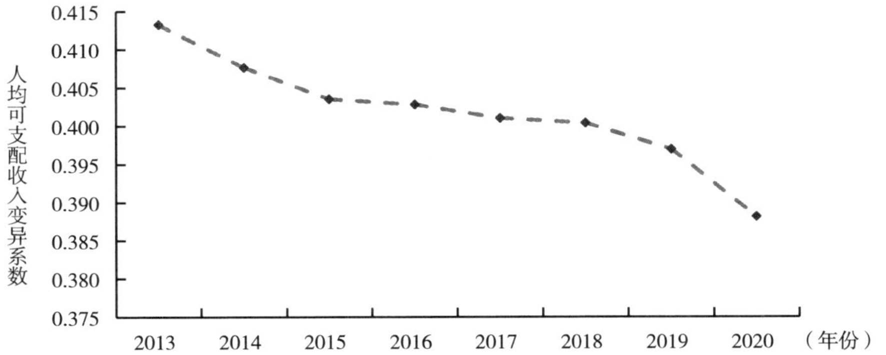

图 3-24　2013—2020 年我国 31 个省份人均可支配收入变异系数

资料来源:根据国家统计局网站数据计算绘制。

从各省份排名变化来看，人均可支配收入排名变化相对较小。2013—2020年，上海、北京、浙江、天津、江苏、广东、福建始终位列前7位，其中上海、北京人均可支配收入明显高出全国其他省份；其次为浙江，始终高出全国人均可支配收入62%—63%。同期，排名上升最快的为江西，其次为安徽、四川及陕西，主要集中在中部地区及西南地区；排名下滑最大的为黑龙江、吉林、湖北、山西等省份，此外还有新疆、甘肃、辽宁等，排名下滑省份主要集中在东北地区、中部地区及西北地区。

（三）人均一般公共财政收入

从图3-25来看，全国省域之间人均一般公共财政收入差距呈现波动下滑态势。2001—2020年，全国省域之间人均一般公共财政收入变异系数从1.08波动下滑至0.73。同期，上海人均一般公共财政收入水平始终与全国水平比值从5.98下降至2010年的4.12，并进一步下降至2020年的4.00，多数年份位居全国各省份首位。2001年及2010年，位居各省份末位的西藏人均一般公共财政收入与全国水平比值为0.38、0.40；在2020年，位居全国各省份末位的广西人均一般公共财政收入与全国水平比值为0.48。综合首位及末位省份人均公共财政收入相对水平来看，全国总体发展差距有所缩小。

从各省份排名变化来看，中西部地区北方省份人均一般公共财政收入排名上升明显，而东北地区及中西部地区南方省份下滑明显。2001—2010年，重庆、内蒙古及陕西人均一般公共财政收入在全国排名分别上升了12、10、9个名次，而黑龙江、云南、河北及湖北分别下降了8、7、7、6个名次；2010—2020年，西藏人均一般公共财政收入在全国排名从各省份末位上升至第14位，而黑龙江、吉林、辽宁三省排名分别下降了11、8、7个位次。

（四）人均消费水平

根据图3-26发现，全国省域之间居民人均消费差距在稳步缩小。2013—

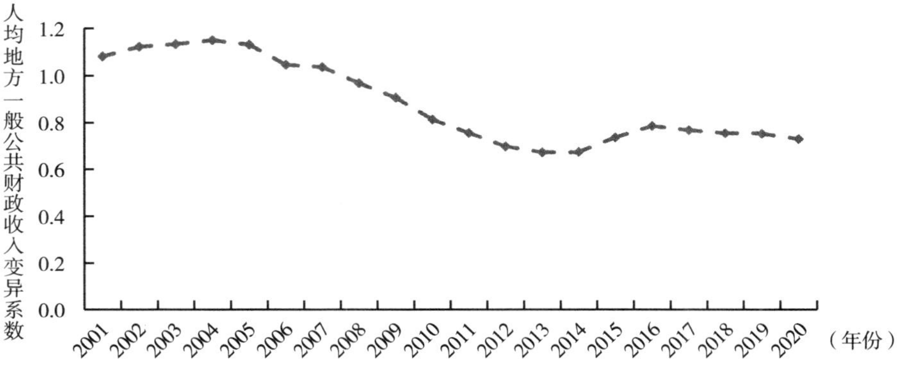

图 3-25 2001—2020 年我国 31 个省份人均地方一般公共财政收入变异系数

资料来源：根据国家统计局网站数据计算绘制。

2020 年，各省份之间居民人均消费支出变异系数从 0.403 下降至 0.317。同期，上海作为我国人均消费支出最高的省份，与全国水平比值从 2.30 逐步下降至 2.01；同期，始终处于各省份末位的西藏，人均消费支出与全国水平比值从 0.48 稳步上升至 0.62，由此也说明省域间人均消费差距有所缩小。

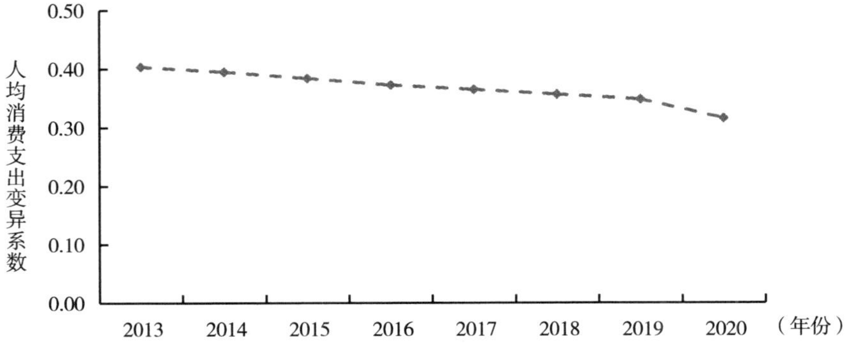

图 3-26 2013—2020 年我国 31 个省份人均消费支出变异系数

资料来源：根据国家统计局网站数据计算绘制。

从计算结果来看，人均消费支出两端省份构成高度稳定，东北地区及西北地区省份人均消费支出排名下滑明显，而中部地区及西南地区省份排名有所提升。2013—2020 年,四川、安徽、江西、海南、云南 5 省份排名提升了 5 位及以上,其中四川更是从 2013 年的第 21 位上升至第 13 位;同期,吉林、黑龙江两省份排名从 2013 年的第 11 位、第 12 位下降至 2020 年的第 22 位、第 23 位,辽宁排名也下滑 3 位;此外,新疆、山西人均消费支出排名分别下降了 8 位、5 位。

第三节　缩小城乡差距的阶段目标与政策导向

一、分阶段逐步缩小城乡发展差距

在促进共同富裕的目标下,缩小城乡发展差距应遵循以下原则:一是全国差距基本可控。全国城乡居民收入差距始终控制在社会可承受的范围之内,不出现差距再次显著扩大,且从长期看收入差距呈现持续缩小趋势,实现全国城乡发展的相对平衡。二是省份差别明显降低。各省份收入差距呈现收敛趋势且接近全国水平,差距明显高于全国水平的省份数量有所下降,收入差距与经济发展水平关联性进一步增强,实现经济增长惠及全体城乡居民。三是城乡居民收入稳步增长。全国及各省份城乡居民收入保持平稳增长势头,无特殊情况城乡居民收入增速均高于人均 GDP 增速。特别是为保证以城带乡顺利实现,农村居民收入增速必须保持在合理区间,以预防低水平均衡发生,在高质量增长中促进共同富裕。

(一)全国目标

按照当前的全国经济社会发展趋势,对城乡发展差距的核心衡量指标——城乡居民收入比的目标值进行估算,以期明确各阶段的奋斗方向。

首先,根据前期城乡居民收入增长率外推未来城乡居民收入并计算收入比。考虑到 2009 年前后全国进入城乡融合发展时期,且城乡居民收入比开始稳步下降，因此将2009—2020年城镇和农村居民收入的年均增长率作为2021—2035年城镇和农村居民收入增长率的参考值，据此外推出各年份城乡居民收入比。2025年，城乡居民收入比的估算值大致在2.34，2030年估算值大致在2.14，2035年估算值大致在1.96（见表3-8）。

表3-8　2021—2035年我国未来城乡居民收入比估算值

年份	城镇居民人均可支配收入估算值（元）	农村居民人均可支配收入估算值（元）	城乡居民收入比估算值
2021	47801	19016	2.51
2022	52127	21107	2.47
2023	56845	23429	2.43
2024	61990	26007	2.38
2025	67600	28868	2.34
2026	73718	32043	2.3
2027	80390	35568	2.26
2028	87665	39481	2.22
2029	95599	43824	2.18
2030	104252	48645	2.14
2031	113687	53997	2.11
2032	123976	59937	2.07
2033	135196	66530	2.03
2034	147432	73849	2.00
2035	160775	81973	1.96

资料来源：笔者计算。

其次，根据发达经济体的经验，对城乡居民收入比估算值加以初步验证。按照相关研究估计，到2023年我国人均GDP将超过世界银行高收入标准，到2035年我国人均GDP将基本达到中等发达国家水平（见表3-9）。[①] 从历史上看，发达经济体类似的人均GDP水平，城乡居民收入比普遍很低。如韩国

① 黄群慧、刘学良：《新发展阶段中国经济发展关键节点的判断和认识》，《经济学动态》2021年第2期。

在人均 GDP 为 11500 美元左右时,城乡居民收入比约为 1.1,美国在人均 GDP 为 24000 美元左右时,城乡居民收入比约为 1.3,日本情况更为特殊,其在人均 GDP 为 10000 美元左右时,农村居民收入就已超过城镇居民,城乡居民收入比仅为约 0.9(见表 3-10)。整体判断,我国城乡居民收入比在 2025 年、2030 年和 2035 年的目标值应低于上面的估算值。

表 3-9　2021—2035 年我国人均 GDP 估算值

年份	人均 GDP(美元)	年份	人均 GDP(美元)
2021	11795	2029	17508
2022	12419	2030	18344
2023	13062	2031	19215
2024	13731	2032	20110
2025	14425	2033	21040
2026	15148	2034	22012
2027	15907	2035	23005
2028	16693		

注:估算值为 2019 年不变价,汇率为党的十九届五中全会召开时的水平。

资料来源:黄群慧、刘学良:《新发展阶段中国经济发展关键节点的判断和认识》,《经济学动态》2021 年第 2 期。

表 3-10　部分发达经济体特定时期城乡居民收入比

国家	城乡居民收入比	人均 GDP(现价美元)	文献①
美国	约 1.3(20 世纪 90 年代)	24342(1991 年)	谷军和康琳(2011)
日本	约 0.9(20 世纪 80 年代)	10360(1981 年)	黄坤和董礼(2012)
韩国	约 1.1(21 世纪初)	11561(2001 年)	茶洪旺和明崧磊(2012)

资料来源:世界银行和国际货币基金组织。

① 谷军、康琳:《缩小中国城乡收入差距的可行性措施研究——以美国、日本、韩国经验为借鉴》,《发展研究》2011 年第 2 期;黄坤、董礼:《国外缩小城乡居民收入差距的经验及启示》,《现代经济信息》2011 年第 24 期;茶洪旺、明崧磊:《缩小城乡居民收入差距的国际经验比较与启示》,《中州学刊》2012 年第 6 期;葛立祥:《台湾工业化过程中缩小城乡差距问题研究》,《台湾研究》2009 年第 1 期。

最后,根据估算值和国际经验大致确定城乡居民收入比的目标值。考虑到发达经济体更低的城乡居民收入比及我国基本国情,可以将估算值下调5%、10%、20%作为底线目标值、中线目标值和理想目标值(见表3-11)。其中,底线目标值是未来必须要达到的约束性目标,不达到将妨碍共同富裕的实现;中线目标值是相对适宜的目标,通过一定程度努力即可实现;理想目标值是更接近先进经验的目标,需要经过艰苦奋斗才能够实现。

表3-11　2025年、2030年、2035年我国城乡居民收入比目标值

城乡居民收入比目标值	2025年	2030年	2035年
底线目标值	2.22	2.03	1.86
中线目标值	2.11	1.93	1.76
理想目标值	1.87	1.71	1.57

资料来源:笔者计算。

(二)省级目标

参照全国目标的估算方法,对各省份城乡居民收入比关键年份的目标值分别进行估算。首先,同样根据前期城乡居民收入增长率,来外推未来城乡居民收入并计算收入比,考虑到2013年统计方法调整对省级数据有很大影响,因此在省级层面将2013—2020年城镇和农村居民收入的年均增长率,作为2021—2035年城镇和农村居民收入增长率的参考值,据此外推出各省份各年份城乡居民收入比。接着,根据估算值和国际经验大致确定各省份城乡居民收入比的目标值,同样将估算值下调5%、10%、20%作为底线目标值、中线目标值和理想目标值(见表3-12)。

表 3-12　2025—2035 年我国各省份关键年份城乡居民收入比目标值

城乡居民收入比目标值 / 省份	底线目标值			中线目标值			理想目标值		
	2025 年	2030 年	2035 年	2025 年	2030 年	2035 年	2025 年	2030 年	2035 年
北京	2.32	2.26	2.2	2.2	2.14	2.08	1.95	1.9	1.85
天津	1.74	1.72	1.7	1.65	1.63	1.61	1.47	1.45	1.43
河北	2.05	1.96	1.87	1.94	1.85	1.77	1.73	1.65	1.57
山西	2.2	2.03	1.88	2.09	1.93	1.78	1.85	1.71	1.58
内蒙古	2.13	1.92	1.73	2.02	1.82	1.64	1.8	1.62	1.45
辽宁	2.01	1.83	1.67	1.9	1.74	1.59	1.69	1.54	1.41
吉林	1.91	1.84	1.78	1.81	1.75	1.69	1.61	1.55	1.5
黑龙江	1.65	1.49	1.34	1.56	1.41	1.27	1.39	1.25	1.13
上海	1.99	1.9	1.81	1.88	1.8	1.71	1.67	1.6	1.52
江苏	1.99	1.91	1.82	1.89	1.81	1.73	1.68	1.61	1.54
浙江	1.77	1.67	1.58	1.67	1.58	1.5	1.49	1.41	1.33
安徽	2.13	2.01	1.89	2.01	1.9	1.79	1.79	1.69	1.59
福建	2.01	1.89	1.77	1.91	1.79	1.68	1.69	1.59	1.49
江西	2.05	1.95	1.86	1.94	1.85	1.76	1.73	1.64	1.57
山东	2.1	1.99	1.88	1.99	1.88	1.78	1.77	1.67	1.59
河南	1.89	1.74	1.6	1.79	1.64	1.51	1.59	1.46	1.34
湖北	2.08	2.02	1.97	1.97	1.92	1.87	1.75	1.71	1.66
湖南	2.27	2.16	2.05	2.15	2.05	1.95	1.91	1.82	1.73
广东	2.26	2.15	2.05	2.14	2.04	1.94	1.9	1.81	1.73
广西	2.02	1.77	1.55	1.91	1.67	1.47	1.7	1.49	1.3
海南	2.0	1.85	1.71	1.89	1.75	1.62	1.68	1.56	1.44
重庆	2.16	2.0	1.86	2.04	1.9	1.76	1.82	1.68	1.56
四川	2.13	1.98	1.84	2.01	1.88	1.75	1.79	1.67	1.55
贵州	2.71	2.49	2.29	2.57	2.36	2.17	2.28	2.1	1.93
云南	2.52	2.29	2.08	2.39	2.17	1.97	2.12	1.93	1.75
西藏	2.5	2.33	2.17	2.36	2.2	2.05	2.1	1.96	1.82
陕西	2.51	2.33	2.17	2.38	2.21	2.05	2.11	1.97	1.83
甘肃	2.93	2.76	2.6	2.77	2.61	2.46	2.46	2.32	2.19
青海	2.56	2.4	2.25	2.43	2.28	2.13	2.16	2.02	1.9
宁夏	2.28	2.14	2.0	2.16	2.02	1.89	1.92	1.8	1.68
新疆	2.22	2.1	1.98	2.11	1.99	1.87	1.87	1.77	1.67

资料来源：笔者计算。

二、政策新导向

（一）将新型城镇化作为缩小城乡居民工资差距的抓手

缩小城乡发展差距，很重要的是尽可能提高农村居民的主要收入来源——工资性收入，继而完成居民身份的转变。在当前发展阶段，农村居民工资性收入仍然偏低，而推进共同富裕，最有效的方法是通过新型城镇化提高农村居民工资性收入。事实上，农村居民进城的务工收入明显高于其在农村的务农收入，且农民工取得的工资性收入相当部分又流向农村，能够进一步平抑城乡居民收入差距。总而言之，农村富余劳动力不论是进城务工还是进一步就地就近市民化，均有助于提高农村居民收入，促进农村经济发展。因此，在新发展阶段推进共同富裕，必须在"人"这一点上做足文章，通过更有效的方式推进以人为核心的新型城镇化。

（二）将农村土地制度改革作为缩小城乡居民财产性收入的突破口

缩小城乡发展差距，不仅需要解决人的问题，同样需要解决要素的问题。对农村来讲，土地是最重要的生产要素，因而解决要素问题首要就是解决土地价值的充分利用问题。在当前发展阶段，农村居民很难通过土地获得一定的财产收益，要实现共同富裕就必须突破这一"瓶颈"，把深入推进农村土地制度改革摆在突出位置。总体来讲，农地"三权分置"改革甚至进一步的土地市场化改革，不仅有利于土地规模化、集约化经营，更有利于农村居民凭借土地获得财产性收入，缩小与城镇居民的收入差距。此外，农村土地制度改革也为各类市场主体进入农村提供了新渠道，为农村居民以创造性劳动实现增收提供了更大可能性。

（三）将产业统筹和权责统一作为稳固农村居民经营性收入的途径

缩小城乡发展差距，一个重要举措就是统筹发展和共享。在当前农村人口大量向城市转移、生产要素在更大范围内配置的情况下，统筹产业发展同样是缩小城乡差距的应有之义。在当前发展阶段，城镇和农村的产业发展仍存在明显鸿沟，为推进共同富裕，必须以统一规划为抓手，提升乡村产业现代化水平，实现城乡产业协同发展，继续增加农村居民经营性收入。而要统筹产业发展，又需要实现权责公平，即城乡居民遵循相同的市场规则、拥有相同的发展权利，不因为户籍不同而存在差异。事实上，同权不仅是市场经济的内在要求，也是新发展阶段缩小差距的重要特征。当前破除城乡二元结构已具备相对成熟的物质条件，需要循序渐进、由浅入深、由易到难，持续推动统一身份、平等授权、一体发展，从而为实现共同富裕奠定制度基础。

（四）将城乡间融合共生作为缩小城乡居民转移性收入的方向

缩小城乡发展差距，最终要达到城与乡之间的融合共生。这既是城乡协调发展的核心目标，也是实现共同富裕的有效路径。融合可以在很大程度上减弱城市的虹吸效应，形成工农互促、城乡互补的格局，更可以为农村注入新动能、拓展新空间，实现全面融合、共同繁荣。在当前发展阶段，城乡融合还处于起步探索期，城镇居民在与公共服务相关的转移性收入上优势明显，而要逐步消除这一城乡差别，就必须坚持新型城镇化战略和乡村振兴战略同步推进，根据基础条件和发展需要，以深入推进各领域一体化为导向，以缩小城乡居民生活水平差距为目标，以基础设施、公共服务等融合重塑城乡关系，由此构建新的城乡结构并助推共同富裕。

第四节　划定省级单元发展阶段与强化区域发展短板识别

为充分体现共同富裕的“共同”和“富裕”内涵，以全国31个省份的发展水平、地级市及城乡发展差距为评价对象，遵循简洁可接受、动态可比较、最新可获得、政策能应用的原则，下面选择关键指标进行测度，在此基础上进行综合评价和分类。

一、将31个省份划分为六类

在划定方法上，包括三个步骤。首先，对各地区“富裕”水平进行评价。选取人均GDP、居民人均可支配收入、人均地方一般公共预算收入三个指标与全国平均水平进行比较。计算2016—2020年上述指标比值的平均值，以前两项均高于1.25且人均财政收入项高于2.0、至少两项高于1.0、三项均低于0.75为标准，将31个省份划分为发达、相对发达、欠发达、深度欠发达4个层次。其次，评价各区域和城乡发展均衡水平。选取2019年地级市人均GDP变异系数和2020年省域城乡居民收入比两项指标，分别以0.5、2.56①为阈值，将两项指标均低于阈值的省级单元划分为基本均衡，其余归为不均衡类型。最后，叠加单向评价结果并进行共同富裕综合评价，可将全国31个省份划分为6类（见表3-13）。

表3-13　我国31个省份共同富裕程度分类

分类	省份	富裕程度	均衡程度
发达且基本均衡	北京、天津、上海	发达	基本均衡
相对发达且基本均衡	浙江、福建、江苏、山东、重庆	相对发达	基本均衡

① 2020年我国总体城乡居民收入比为2.56。

续表

分类	省份	富裕程度	均衡程度
相对发达但不均衡	广东	相对发达	不均衡
欠发达但基本均衡	河北、山西、辽宁、吉林、黑龙江、安徽、江西、河南、湖北、广西、海南、四川	欠发达	基本均衡
欠发达且不均衡	内蒙古、湖南、西藏、陕西、宁夏、新疆	欠发达	不均衡
深度欠发达且不均衡	贵州、云南、甘肃、青海	深度欠发达	不均衡

第一类为发达且基本均衡地区，包括北京、上海、天津这3个直辖市。近5年来北京及上海人均GDP、居民人均可支配收入与全国水平比值均高于2.15，人均地方财政收入与全国水平比值均高于3.53；天津上述比值分别超过1.28、1.36、1.95①。2020年，三地城乡居民收入比均低于2.56，其中天津为全国最低的1.86；且三地人均GDP变异系数低于0.5，因此划分为基本平衡地区。

第二类为相对发达且基本均衡地区，包括浙江、福建、江苏、山东和重庆等5省市。2016—2020年，前三个省人均GDP与全国平均水平比值均高于1.39，江浙两省居民人均可支配收入、人均地方财政收入比值分别高于1.34、1.39，而山东人均GDP、居民人均可支配收入和重庆人均GDP均高于或与全国平均水平持平。浙江、福建两省均衡发展水平较高，2019年地级市人均GDP变异系数分别为0.28、0.19，2020年城乡居民收入比分别为1.96、2.26，其中浙江的城乡区域均衡水平是直辖市之外最高的②，体现共同富裕示范区的可借鉴之处。

第三类为相对发达但不均衡地区，较为富裕但城乡及区域差异问题突出，仅包括广东。近5年人均GDP高出全国平均水平23%—40%，居民人均可支配收入均高出全国27%，人均财政收入高出39%—45%。不过2019年广东地

① 1.95非常接近2.0，且另外指标都明显超过门槛值，所以也划定为发达地区。

② 袁家军：《忠实践行“八八战略”奋力打造“重要窗口”扎实推动高质量发展建设共同富裕示范区》，《浙江日报》2021年7月19日。

级市人均 GDP 变异系数达 0.68，仅低于甘肃、青海；2020 年广东城乡居民收入比为 2.50，居全国第 20 位。综合发展与共享维度看，广东省属于发达但不均衡的地区。

第四类为欠发达但基本均衡地区，包括东北地区 3 省、中部地区除湖南外 5 省、东部地区的河北及海南 2 省，西部地区的四川及广西 2 省区，共 12 个省份。除湖北人均 GDP、辽宁居民人均可支配收入、海南人均财政收入个别指标外，2016—2020 年上述省份相关指标均低于全国平均水平。2019 年除海南外各省份地级市人均 GDP 变异系数处于 0.35—0.5，2020 年 12 个省份城乡居民收入比在 1.92—2.51，发展水平相对均衡可控，总体上属于欠发达但基本均衡地区。

第五类为欠发达且不均衡地区，包括湖南、陕西、新疆、内蒙古、宁夏、西藏 6 个省份。除内蒙古个别年份数据外，其余省份近 5 年人均 GDP、居民人均可支配收入及人均财政收入指标均明显低于全国。同时，新疆、内蒙古、湖南 3 个省份内部的区域差距较大，2019 年地级人均 GDP 变异系数高于 0.5；陕西、西藏及宁夏城乡差距问题突出，2020 年城乡居民收入比分别高达 2.84、2.82 和 2.57。总体来看，这 6 个省份属于经济欠发达且发展不均衡地区。

第六类为深度欠发达且不均衡地区，包括贵州、云南、甘肃、青海 4 省份，是共同富裕目标下缩小区域差距的最关键和最难点所在。4 省份面积和常住人口分别占全国的 18.2%、8.3%，多年来地区生产总值仅占全国的 5%左右，人均 GDP 排名均位列全国末位。上述省份与全国发展水平差距悬殊，反映“富裕”的 3 项指标各年度均低于全国平均水平的 75%（见表 3-14）。其中，甘肃人均 GDP 和人均地方财政收入均不足全国平均水平的 50%，居民人均可支配收入始终低于全国平均水平的 65%，2016—2020 年各项指标在全国排名中一直位列倒数第一位或第二位，是实现共同富裕的最短板省。另外，该地区的发展不均衡问题突出，2020 年 4 省份包揽了城乡居民收入比全国倒数前四位，其中甘肃、贵州高达 3.27、3.10；甘肃及青海内部的区域差距问题同样显著,2019 年地级市人均 GDP 变异系数高达 0.70、0.75,在全国排名垫底。

表 3-14　2016—2020 年甘肃、贵州、云南及青海人均经济指标与全国平均水平比值

指标	省份	2016 年	2017 年	2018 年	2019 年	2020 年
人均 GDP	甘肃	0.49	0.47	0.47	0.47	0.50
	贵州	0.62	0.64	0.65	0.66	0.64
	云南	0.64	0.65	0.66	0.68	0.72
	青海	0.71	0.69	0.70	0.69	0.71
人均可支配收入	甘肃	0.62	0.62	0.62	0.62	0.63
	贵州	0.63	0.64	0.65	0.66	0.68
	云南	0.70	0.71	0.71	0.72	0.72
	青海	0.73	0.73	0.74	0.74	0.75
人均地方财政收入	甘肃	0.50	0.50	0.50	0.47	0.49
	贵州	0.66	0.65	0.65	0.64	0.65
	云南	0.62	0.62	0.61	0.61	0.63
	青海	0.65	0.64	0.67	0.67	0.71

资料来源:国家统计局。

二、深度欠发达地级城市共 37 个,主要在中西部省份交界地区

从经济水平、政府财力和居民生活水平等维度出发,分别选取人均 GDP、人均地方财政一般预算收入、城镇居民人均可支配收入及农村居民人均可支配收入 4 个指标来测算,以低于全国平均水平的 75%为标准,并将 2019 年相关指标位列全国倒数 10 位的地级单元纳入识别范围,对相对贫困的地级市进行识别。

结果发现,深度欠发达城市包括玉树、临夏、定西、陇南、果洛、怒江、和田等 37 个地级行政单元,涉及 14 个省份(见表 3-15)。主要分布在中西部省际交界区域,以及陕甘宁、左右江等革命老区(如固原、安康、商洛、河池等),此

外还涉及白山、鸡西、鹤岗、兴安盟、怒江、德宏、临沧、普洱、和田、喀什、克孜勒苏柯尔克孜等部分边境市州。

表 3-15　我国地级层面 37 个共同富裕短板地区名单

省份	数量	地级市	省份	数量	地级市
山西	3	运城市	广东	2	潮州市
		忻州市			揭阳市
		吕梁市	陕西	2	安康市
内蒙古	1	兴安盟			商洛市
吉林	2	白山市	甘肃	7	白银市
		白城市			天水市
黑龙江	3	鸡西市			平凉市
		鹤岗市			定西市
		绥化市			陇南市
湖北	1	恩施州			临夏州
湖南	3	张家界市			甘南州
		怀化市	青海	2	果洛州
		湘西州			玉树州
广西	1	河池市	宁夏	2	固原市
		昭通市			中卫市
		普洱市	新疆	3	克孜勒苏柯尔克孜自治州
云南	5	临沧市			喀什地区
		德宏州			和田地区
		怒江州			
合计	37				

资料来源：国家统计局。

深度欠发达城市涉及国土面积、常住人口分别占全国的 10.2%、6.1%，地区生产总值合计占全国比重为 2.6%，尚不及深圳市 GDP 占比（2.7%）；加权人均 GDP 为 31132 元,约为全国平均水平的 44%,仅为深圳市的 15.3%。2019 年,玉树州人均 GDP 及人均地方财政收入分别为全国平均水平的 20%、6%,是深圳市的 7%、2%;临夏州人均 GDP、人均地方财政收入、城镇和农民人均可支配收入分别为全国平均水平的 21%、11%、53%、47%;陇南市人均 GDP、人均地方财政收入、农民人均可支配收入分别为全国平均水平的 24%、12%、48%。

三、深度欠发达县 588 个,主要在西部边境和中西部交界处

从经济水平、政府财力和居民生活水平等维度出发,分别选取人均 GDP、人均地方财政一般预算收入、人均住户储蓄存款余额这 3 个指标,并以 2019 年上述 3 项指标均低于全国平均的 50%为标准识别深度欠发达县。结果发现,主要有墨玉、惠来、美姑、和政、东乡族、化隆回族、甘德、达日、称多、囊谦等 588 个深度欠发达县,涉及 24 个省份、167 个地市(见表 3-16),多数分布在西部边境和中西部地区分界线两侧。2019 年,约有 416 个县级单元人均地方财政收入不足全国平均水平的 20%,213 个县级单元人均 GDP 不足全国平均水平的 35%,173 个县级单元人均储蓄存款余额不足全国平均水平的 30%。

表 3-16　我国县级层面 588 个共同富裕短板地区名单

省份	数量	地级市	县级市
河北省	18	石家庄市	赵县
		秦皇岛市	青龙满族自治县
		邯郸市	临漳县、大名县、鸡泽县、广平县、魏县、曲周县
		邢台市	隆尧县、任县、广宗县、威县、临西县
		保定市	定兴县
		张家口市	万全区、康保县
		沧州市	沧县、盐山县

续表

省份	数量	地级市	县级市
山西省	20	大同市	浑源县
		长治市	平顺县、壶关县、沁县
		运城市	临猗县、万荣县、稷山县、夏县、芮城县
		忻州市	静乐县
		临汾市	洪洞县、浮山县、吉县、大宁县、隰县、永和县、汾西县
		吕梁市	临县、石楼县、方山县
内蒙古自治区	26	呼和浩特市	武川县
		包头市	固阳县
		赤峰市	阿鲁科尔沁旗、巴林右旗、翁牛特旗、喀喇沁旗、敖汉旗
		通辽市	科尔沁左翼中旗、科尔沁左翼后旗、开鲁县、库伦旗、奈曼旗
		呼伦贝尔市	阿荣旗、莫力达瓦达斡尔族自治旗
		乌兰察布市	卓资县、化德县、商都县、兴和县、凉城县、察哈尔右翼中旗、察哈尔右翼后旗、四子王旗
		兴安盟	科尔沁右翼前旗、科尔沁右翼中旗、突泉县
		锡林郭勒盟	太仆寺旗
辽宁省	5	阜新市	阜新蒙古族自治县
		铁岭市	铁岭县、西丰县
		朝阳市	朝阳县
		葫芦岛市	建昌县
吉林省	9	长春市	榆树市
		四平市	梨树县、伊通满族自治县
		辽源市	东辽县
		松原市	长岭县、乾安县、扶余市
		白城市	通榆县、洮南市

续表

省份	数量	地级市	县级市
黑龙江省	33	哈尔滨市	双城区、依兰县、宾县、巴彦县、木兰县、延寿县、五常市
		齐齐哈尔市	龙江县、依安县、泰来县、甘南县、富裕县、克山县、克东县、拜泉县、讷河市
		大庆市	肇州县、肇源县、林甸县
		伊春市	丰林县、大箐山县
		佳木斯市	桦南县、桦川县、汤原县、富锦市
		牡丹江市	林口县
		绥化市	望奎县、兰西县、青冈县、庆安县、明水县、肇东市、海伦市
安徽省	12	淮南市	寿县
		阜阳市	临泉县、阜南县、颍上县
		宿州市	砀山县、萧县、灵璧县、泗县
		六安市	霍邱县
		亳州市	涡阳县、蒙城县、利辛县
江西省	20	萍乡市	上栗县
		九江市	修水县、都昌县
		赣州市	上犹县、安远县、于都县、兴国县、会昌县、寻乌县
		吉安市	吉水县、遂川县
		宜春市	万载县、丰城市
		抚州市	崇仁县、宜黄县、金溪县
		上饶市	广信区、铅山县、余干县、鄱阳县
山东省	9	济南市	商河县
		济宁市	泗水县
		临沂市	郯城县、兰陵县、平邑县
		德州市	乐陵市
		滨州市	惠民县
		菏泽市	曹县、单县

续表

省份	数量	地级市	县级市
河南省	18	平顶山市	叶县、鲁山县、郏县
		安阳市	安阳县、滑县、内黄县
		新乡市	延津县、封丘县、卫辉市
		濮阳市	清丰县、濮阳县
		南阳市	南召县、方城县、社旗县、唐河县、邓州市
		商丘市	睢县
		周口市	淮阳区
湖北省	7	黄石市	阳新县
		十堰市	郧阳区
		孝感市	孝昌县
		恩施土家族苗族自治州	建始县、巴东县、宣恩县、鹤峰县
湖南省	50	衡阳市	衡阳县、衡南县、祁东县、耒阳市、常宁市
		邵阳市	新邵县、邵阳县、隆回县、洞口县、绥宁县、新宁县、城步苗族自治县、武冈市
		岳阳市	平江县
		常德市	汉寿县
		张家界市	慈利县、桑植县
		益阳市	南县、桃江县、安化县
		郴州市	宜章县、嘉禾县、汝城县、安仁县
		永州市	东安县、道县、江永县、宁远县、蓝山县、新田县、江华瑶族自治县
		怀化市	沅陵县、辰溪县、溆浦县、会同县、麻阳苗族自治县、新晃侗族自治县、芷江侗族自治县、靖州苗族侗族自治县、通道侗族自治县
		娄底市	双峰县、新化县、涟源市
		湘西土家族苗族自治州	泸溪县、凤凰县、花垣县、保靖县、古丈县、永顺县、龙山县

续表

省份	数量	地级市	县级市
广东省	42	韶关市	新丰县、乐昌市、南雄市
		汕头市	潮阳区
		湛江市	遂溪县、徐闻县、廉江市、雷州市、吴川市
		茂名市	电白区、高州市、化州市、信宜市
		肇庆市	广宁县、怀集县、封开县
		梅州市	大埔县、丰顺县、五华县、平远县、兴宁市
		汕尾市	陆河县、陆丰市
		河源市	紫金县、龙川县、连平县、和平县、东源县
		阳江市	阳西县、阳春市
		清远市	阳山县、连山壮族瑶族自治县、连南瑶族自治县、英德市、连州市
		潮州市	饶平县
		揭阳市	揭西县、惠来县、普宁市
		云浮市	云安区、郁南县、罗定市
广西壮族自治区	52	南宁市	马山县、上林县、宾阳县
		柳州市	融安县、融水苗族自治县、三江侗族自治县
		桂林市	全州县、永福县、平乐县、恭城瑶族自治县
		梧州市	苍梧县、藤县、岑溪市
		北海市	合浦县
		防城港市	上思县
		钦州市	灵山县、浦北县
		贵港市	平南县、桂平市
		玉林市	陆川县、博白县、兴业县、北流市
		百色市	德保县、那坡县、凌云县、乐业县、田林县、西林县、隆林各族自治县、靖西市
		贺州市	昭平县、钟山县、富川瑶族自治县
		河池市	宜州区、南丹县、凤山县、东兰县、罗城仫佬族自治县、环江毛南族自治县、巴马瑶族自治县、都安瑶族自治县、大化瑶族自治县
		来宾市	兴宾区、忻城县、象州县、武宣县、金秀瑶族自治县、合山市
		崇左市	宁明县、大新县、天等县

续表

省份	数量	地级市	县级市
海南省	3	儋州市	屯昌县、白沙黎族自治县、乐东黎族自治县
四川省	31	泸州市	叙永县、古蔺县
		宜宾市	兴文县
		达州市	达川区
		巴中市	通江县、平昌县
		阿坝藏族羌族自治州	壤塘县、阿坝县
		甘孜藏族自治州	道孚县、炉霍县、甘孜县、新龙县、德格县、白玉县、石渠县、色达县、理塘县、巴塘县
		凉山彝族自治州	德昌县、会东县、宁南县、普格县、布拖县、金阳县、昭觉县、喜德县、冕宁县、越西县、甘洛县、美姑县、雷波县
贵州省	31	六盘水市	六枝特区
		遵义市	桐梓县、绥阳县、正安县、务川仡佬族苗族自治县、凤冈县
		安顺市	普定县、紫云苗族布依族自治县
		毕节市	大方县、黔西县、织金县、纳雍县、威宁彝族回族苗族自治县、赫章县
		铜仁市	思南县、沿河土家族自治县、松桃苗族自治县
		黔西南布依族苗族自治州	晴隆县
		黔东南苗族侗族自治州	黄平县、施秉县、三穗县、镇远县、岑巩县、剑河县、黎平县、榕江县、从江县、雷山县、丹寨县
		黔南布依族苗族自治州	罗甸县、三都水族自治县
云南省	58	昆明市	禄劝彝族苗族自治县、寻甸回族彝族自治县
		曲靖市	富源县、会泽县、宣威市
		保山市	施甸县
		昭通市	鲁甸县、巧家县、盐津县、大关县、永善县、镇雄县、彝良县、威信县
		丽江市	永胜县、宁蒗彝族自治县
		普洱市	宁洱哈尼族彝族自治县、墨江哈尼族自治县、景东彝族自治县、澜沧拉祜族自治县、西盟佤族自治县

续表

省份	数量	地级市	县级市
云南省	58	临沧市	凤庆县、云县、永德县、镇康县、双江拉祜族佤族布朗族傣族自治县、沧源佤族自治县
		楚雄彝族自治州	双柏县、牟定县、南华县、姚安县、大姚县、武定县
		红河哈尼族彝族自治州	泸西县、元阳县、红河县、金平苗族瑶族傣族自治县、绿春县
		文山壮族苗族自治州	砚山县、西畴县、麻栗坡县、马关县、丘北县、广南县、富宁县
		大理白族自治州	漾濞彝族自治县、宾川县、弥渡县、南涧彝族自治县、巍山彝族回族自治县、永平县、云龙县、洱源县、剑川县
		德宏傣族景颇族自治州	梁河县、盈江县、陇川县
		怒江傈僳族自治州	福贡县
西藏自治区	38	日喀则市	南木林县、江孜县、定日县、萨迦县、拉孜县、昂仁县、谢通门县、白朗县、仁布县、康马县、定结县、仲巴县、萨嘎县
		昌都市	江达县、贡觉县、类乌齐县、丁青县、察雅县、八宿县、左贡县、芒康县、洛隆县、边坝县
		山南市	琼结县、洛扎县、浪卡子县
		那曲地区	嘉黎县、比如县、聂荣县、安多县、申扎县、索县、班戈县、巴青县、尼玛县
		阿里地区	革吉县、改则县、措勤县
陕西省	9	西安市	周至县
		咸阳市	乾县、礼泉县、旬邑县
		渭南市	大荔县、合阳县、白水县、富平县
		榆林市	横山区
甘肃省	34	白银市	靖远县、会宁县、景泰县
		天水市	清水县、秦安县、甘谷县、武山县、张家川回族自治县
		武威市	古浪县
		张掖市	民乐县
		平凉市	庄浪县、静宁县

续表

省份	数量	地级市	县级市
甘肃省	34	庆阳市	镇原县
		定西市	通渭县、陇西县、渭源县、临洮县、漳县、岷县
		陇南市	武都区、文县、宕昌县、康县、西和县、礼县
		临夏回族自治州	临夏县、康乐县、广河县、和政县、东乡族自治县、积石山保安族东乡族撒拉族自治县
		甘南藏族自治州	临潭县、卓尼县、夏河县
青海省	26	西宁市	大通回族土族自治县、湟中县、湟源县
		海东市	民和回族土族自治县、互助土族自治县、化隆回族自治县、循化撒拉族自治县
		海北藏族自治州	门源回族自治县、祁连县
		黄南藏族自治州	泽库县
		海南藏族自治州	同德县、贵德县、兴海县、贵南县
		果洛藏族自治州	玛沁县、班玛县、甘德县、达日县、久治县、玛多县
		玉树藏族自治州	玉树市、杂多县、称多县、治多县、囊谦县、曲麻莱县
宁夏回族自治区	6	吴忠市	同心县
		固原市	西吉县、隆德县、泾源县、彭阳县
		中卫市	海原县
新疆维吾尔自治区	31	阿克苏地区	温宿县、新和县、乌什县、阿瓦提县、柯坪县
		克孜勒苏柯尔克孜自治州	阿克陶县、阿合奇县
		喀什地区	疏附县、疏勒县、英吉沙县、泽普县、莎车县、叶城县、麦盖提县、岳普湖县、伽师县、巴楚县
		和田地区	和田县、墨玉县、皮山县、洛浦县、策勒县、于田县
		伊犁哈萨克自治州	伊宁县、察布查尔锡伯自治县、霍城县、巩留县、新源县、昭苏县、特克斯县、尼勒克县
合计	588		

资料来源:笔者根据国家统计局数据计算。

四、集中连片深度欠发达地区或欠富裕地区(跨省交界区域)

叠加深度欠发达省、市、县的分布可以发现,大致存在 3 个相对集中连片的跨行政区深度欠发达地区,即川藏青陕甘宁、滇桂黔湘和黑吉辽蒙等交界片区。除 4 个直辖市外,仅浙江、江苏、福建不存在深度欠发达市县,其余省份均涉及部分深度欠发达县域单元,其中青海、西藏 50%以上县级行政单元为深度欠发达地区,广西、云南、湖南深度欠发达县占比均超过 40%。

第五节　以农村为重点因地制宜缩小城乡差距的重点任务

一、固强补弱,分区施策推动农村居民收入持续增长

(一)拓宽沿海经济大省农村居民财产性收入获取渠道

在上海、江苏、浙江、广东等市场经济体制更加完善的沿海省份,需要率先深化农村"三变"改革的新实现形式,重构农业经营体系,在高水平市场经济体系下,打造股份制农民。把资产以份额形式量化到农村居民手中,健全农村居民对资产占有、收益、继承、有偿退出、抵押担保等权利行使机制,探索将财政资金投入农业农村形成的经营性资产折股量化到农村居民手中。进一步优化提升农村集体经济组织运行机制,发展多种形式的混合经营,通过市场化手段提高农村居民资产收益率。

(二)促进劳务输出省份农村居民工资性收入快速增长

发展和完善劳动力市场,打破城乡间、区域间的市场分割,在推动河南、安徽、四川、湖南等劳务输出省份农村劳动力转移就业的同时,促进更多农村居民就地创业就业。规范广东、江苏、浙江等劳务输入省份用人单位的招聘行

为，消除一切形式就业歧视，完善农民工劳动权益保护机制，保障城乡居民平等就业。推动各省份基本公共就业服务均等化，多渠道增加就业岗位和创业机会，实现农民工输入地和输出地精准对接。

（三）保持农业优势省份农村居民经营性收入稳定增长

在山东、四川、河南、湖北、黑龙江等农业优势省份，加快新型职业农民培育，促进小农户与现代农业有机衔接，支持农民合作社、家庭农场等新型农业经营主体发展壮大，鼓励生产“三品一标”农产品，形成区域公用品牌。发展农业产业化联合体，鼓励采取保底分红、利润返还等多种形式，使农村居民合理分享全产业链增值收益。加快培育各类专业化市场化服务组织，进一步提高农产品附加值。

（四）全力保障欠发达地区农村居民转移性收入

发挥政府再分配调节职能，推动对甘肃、青海、西藏、贵州、云南、广西等欠发达地区农村居民的直补政策，细化落实并逐步扩大覆盖范围。持续加大涉农资金统筹整合力度，努力探索形成普惠性补贴长效机制。实现农村低收入居民常态化帮扶，开展农村低收入居民动态监测，强化分类精准帮扶。对具有劳动能力的实行开发式帮扶，着力增强其自我发展能力，聚焦先进制造、养老护理等城镇用工矛盾突出行业，加强补贴性职业技能培训力度，鼓励通过辛勤劳动实现致富。对丧失劳动能力的按规定纳入农村低保覆盖范围，并根据经济困难程度提供临时救助、专项救助。

二、以城带乡，促进城镇生产要素向农村流动

（一）推进科技成果入乡转化

在全国范围内，坚持把创新作为引领农村发展的第一动力，以市场为导向

推动涉农技术创新,搭建农村技术服务网络,形成城乡产学研用合作机制。鼓励城镇专业技术人员到农村兼职或离岗创业,探索兼职兼薪及技术入股等实现形式,完善农业科研成果产权制度,赋予科研人员职务科技成果所有权或长期使用权。通过政府引导构建有助于农业科技成果转化的激励机制,推动公益性与经营性农业技术推广融合,利用合理取酬等方式促进农业科技人员提供更多增值服务。

(二)引导资本持续有序入乡

发挥工商资本在农村产业提档升级中的作用,优化乡村基层营商环境,强化政策法规支持,推进农村信用体系建设,引导资本在缩小城乡产业发展差距上给予支持。健全融资贷款、税费减免等扶持政策,支持工商资本流入适宜市场化、规模化、集约化经营的农业领域。构建城中村改造合作平台,开拓市场主导、政府引导下工商资本和村集体合作共赢新局面,壮大村集体经济兴业强村。加强对工商资本租赁农地监管和风险防范,坚持农地农业用、农地农民用,保护农村集体产权和农村居民合法利益。

(三)构建农村金融服务体系

强化农村商业银行和农村合作信用社在缩小城乡金融服务差距上的职能,优化村镇银行发展模式,创新中小银行金融工具和金融产品,进一步增强开发性和政策性金融对农村支持力度。提升农村金融资源可获得性,推进集体经营性建设用地使用权、集体林权、自然资源资产等抵押融资,以及承包地经营权、集体资产股权等担保融资,在有条件的地区稳慎探索宅基地使用权抵押贷款。进一步做大做强农业保险,按照扩面、增品、提标要求,健全农业保险政策,降低农村居民生产经营风险。

三、固本强基，筑牢农村现代产业体系

（一）提高农业发展质量效益

深化农业供给侧结构性改革，推进农业绿色化、优质化、特色化、品牌化，增强农业产业竞争力。创新政府投资方式，根据增加总量、优化存量、提高效能的原则，对支农资金加以统筹整合，建立农业补贴政策体系。发展多种形式的适度规模经营，推进农业机械化全程全面高质高效发展，完善针对小农户的农业社会化服务体系。推进农业清洁生产，有序实行休养生息制度，提高农业发展质量效益。

（二）丰富生态产品价值实现路径

将实现生态产品价值作为欠发达地区缩小城乡居民收入差距的关键，探索符合各自实际的市场化运作、可持续的绿水青山转换实现路径，推进生态产业化和产业生态化。建立生态产品定期推介机制，在重点生态功能区的区域性中心城市建设生态产品交易中心，促进产品需求方与供给方、投资方与资源方精准对接。提升生态产品的品牌价值，实现生态产品信息可查询、质量可追溯。在长江和黄河中上游资源富集区，探索资源权益交易机制，引导金融机构创新绿色金融产品。

（三）推动农村一二三产业深入融合

以生产经营模式转变提升产业质量效益，推进农业与旅游、文化、康养、体育等产业深度融合。通过“互联网+”等方式，探索开发农产品个性化定制服务、农业众筹、共享农庄等新模式，健全农村电商体系，推动城乡生产与消费有效对接。顺应居民消费升级趋势，推进市场准入便利化，加强和规范事中事后监管，以行业标准为引领，引导农村新产业提升品质内涵。持续优化设施农业

用地政策，满足合理需求。

（四）建设城乡产业协同发展平台

率先推动城乡接合部产业融合，优化提升农业园区发展环境，并将其打造成为城乡要素融合的空间载体，通过市场化方式设立发展基金，推动城乡产业融合互动，形成高品质特色化产业生态圈。发挥特色小镇和小城镇联结城乡、辐射农村的重要作用，盘活用好农村资源资产资金，推动美丽乡村差异化、多元化、特色化发展，形成一批示范项目。

四、活用土地，深入挖掘农村生产要素增收潜力

（一）实施集体经营性建设用地入市

在国土空间规划约束下，平稳推进依法取得的集体经营性建设用地，就地入市或异地调整入市，村集体在农村居民自愿条件下，依法将有偿收回的闲置宅基地转变为集体经营性建设用地入市，提高农村土地的出产率和收益率。构建城乡统一的建设用地市场，规范集体经营性建设用地市场秩序。[①] 健全农村土地征收制度，缩小征地范围，规范征收程序，完善对被征地农村居民合理、规范、多元的政策保障机制。

（二）推进宅基地和承包地管理制度改革

继续探索宅基地“三权分置”，保障农村居民宅基地资格权和房屋财产权，适度放活宅基地和房屋使用权，实现好、维护好、发展好农村居民权益。依法保障已进城落户居民的宅基地使用权，建立多级联动的农村产权流转交易市场体系，健全市场化、法治化退出机制。深化承包地“三权分置”，在依法保护集体所有权和农村居民承包权的条件下，进一步放活土地经营权。加强土

① 叶兴庆：《迈向2035年的中国乡村：愿景、挑战与策略》，《管理世界》2021年第4期。

地流转规范管理，依法保障进城落户居民的土地承包权。

五、提档提质，以设施服务升级拓展农村消费边界

（一）促进城乡基础设施一体化

把基础设施一体化作为缩小城乡发展差距的先手棋，统筹规划布局城乡基础设施，推动市政设施向市郊农村和规模较大的中心镇延伸。推动城乡路网一体规划设计，优化农村路网，加快实现县乡村道路联通和城乡道路客运一体化，提升建制村通客车的营运水平。优化升级农村网络基础设施，实现农村电信网、广电网基础设施共建共享，在有条件的地区探索5G城乡同步，加快推进快递下乡进村的步伐。

（二）推动农村民生服务升级

将民生服务标准化作为提高农村居民生活品质的关键，健全统一城乡居民基本医疗保险和大病保险，补齐农村养老服务短板，提升农村养老经济保障水平，探索以土地资源为基础的养老金模式。优先保障农村教育发展，通过多种渠道扩展农村普惠性学前教育资源，实现义务教育资源向农村倾斜，组建城乡教育联合体，推动以城带乡、城乡一体的教育发展，以信息化手段实现城乡共享优质教育资源。推进乡镇卫生院与村卫生室一体化管理，改造硬件设施，增强慢性病、地方病诊疗能力，支持县医院与乡镇卫生院形成医疗服务共同体，推动城市大医院与县医院构建巡回医疗和远程医疗机制。

（三）完善城乡公共文化服务体系

加强农村文化消费供给，统筹城乡公共文化设施布局、服务供给和人才建设，实现文化资源向农村倾斜，扩大服务适用范围。建立完善公共文化服务参

与式管理模式，畅通城乡居民评价与反馈机制，推动城乡居民参与项目规划、建设、管理和监督，实现项目与需求有效对接。建立文化结对帮扶机制，引导文化工作者和志愿者投身农村文化建设。

第六节　优化区域发展战略缩小区域差距的重点任务

一、因地制宜推动各省份差异化推进共同富裕发展

（一）北京、上海、天津应聚焦缩小行业和群体收入差距，以培育壮大中等收入群体为抓手，率先在更高水平实现共同富裕

对从事证券、文娱等行业的高收入群体扎堆的地区，推进实现共同富裕的重点是缩小群体收入差距，以此带动缩小区域及城乡差距。根据招商银行《2021年中国私人财富报告》测算，2020年北京及上海高净值群体（可投资资产超过1千万元的个人）分别占全国的18%、20%，他们具有高水平、高质量发展的经济基础，下一步可聚焦进一步的共享发展。

一方面，应通过发展科技研发、金融、文化创意、商务会展等高端服务业和先进制造业，抢先布局未来前沿产业，扶持发展餐饮、零售、物流快递等就业吸纳能力强且关系人民生活品质的生活性服务业，以产业高质量均衡发展促进更高质量更充分就业，确保居民收入稳步增长。另一方面，要在全国率先推进收入分配结构改革，规范调节过高收入，重视发挥第三次分配对促进共同富裕的作用，积极发展慈善事业，将行业和群体收入差距控制在合理范围内。建立与超大特大城市发展相适应的户籍制度和公共服务供给体制，重点丰富完善多层次的住房体系，强化对中低收入群体的社会保障，持续扩大中等收入群体规模。

（二）相对发达地区应聚焦促进区域一体化和城乡融合发展，强化体制机制改革，破除发展不平衡问题

浙江、江苏等相对发达均衡省份应紧扣一体化发展，强化体制机制创新，加快促进都市圈融合发展和省际毗邻地区协同发展，促进基本公共服务均等化和互联互通，引导高端要素资源优化配置和扩大发展成果共建共享范围。要求浙江在高质量发展的基础上，进一步探索破除发展不平衡的体制机制问题，福建、山东等省份聚焦发挥市场主体在促进共同富裕中的作用，深化体制机制改革，缩小区域和群体间差距。

广东应侧重提高发展的协调性及包容性，紧抓粤港澳大湾区建设和城乡融合发展试点契机，在促进珠江东西两岸融合发展，强化珠三角对粤东、粤西、粤北地区辐射带动，促进跨区域城乡融合发展等方面重点发力，通过盘活优势资源，不断激发省内欠发达地区和农村地区的发展动力，以经济总体高质量发展缩小区域发展差距。

（三）欠发达地区应在聚力做大“蛋糕”的基础上促进相对均衡发展，重在提升发展的质量效率

将做大做好“蛋糕”摆在现阶段发展的首要位置，以对接融入重大区域发展战略为引领，立足自身比较优势，加快建立特色鲜明、竞争力强的现代产业体系，强化创新与开放双驱动，激活转型升级和跃升发展动力引擎。

新疆、内蒙古、湖南等区域发展不均衡问题突出的省份，应加大中心城市、都市圈和城市群培育力度，优化提升重大开发开放平台能级和营商环境，放大城市群辐射带动效应，促进区域协同发展，深化与发达地区互动合作，积极承接发达地区产业转移，完善跨区域及内部合作帮扶机制，不断缩小区域发展差距。

陕西、宁夏、西藏等城乡发展不均衡问题突出地区，应着力统筹好新型城

镇化与乡村振兴战略实施，大力发展县域经济，加快破除制约城乡要素流动的体制机制障碍，强化电商平台、数字经济等新技术新业态对乡村振兴的牵引作用，稳步提高城乡融合发展水平。

（四）贵州、云南、甘肃、青海等省份应聚焦补齐民生短板和激发内生动力，探索绿色可持续发展的共同富裕路径

一方面，应坚持以人民为中心，加快补齐教育、医疗等民生领域短板，提高基本公共服务可达性，强化对脱贫地区及人口帮扶，巩固拓展脱贫攻坚成果。同时要全力促进经济总体快速增长，弥补发展短板。

另一方面，要大力深度融入国内大循环，强化与中心城市和发达地区的交通信息联系与产业开放合作，通过扩大要素循环流通范围释放发展潜能。充分挖掘利用生态优势和民族文化特色资源，探索创新生态产品价值转换路径，畅通流通渠道和促进供需有效对接，发展壮大特色优势产业，培育提升绿色可持续发展能力。

二、引导重点地区因地制宜高质量发展

（一）将深度欠发达地区作为推进实现共同富裕的重要切入点

立足甘肃、贵州、云南、青海深度欠发达省的特色优势、承担的国家战略功能，按照促进共同富裕目标的导向要求，强化中央层面中长期战略指导和有关政策支持，切实补齐发展短板，增强发展内生动能，逐步缩小与全国发达省份的发展差距。推动深度欠发达市、县加快打通对外交通联系大通道，释放地方优势和潜力，支持发展特色优势产业，提高专业化经济势能，强化这些地区与中心城市、都市圈和发达地区的联系，支持和鼓励集中连片深度欠发达地区在推动高质量发展、现代化建设等方面率先探索有效路径。

（二）加大省际交界地区发展支持力度

破除省际交界地区长期被边缘化困局，发挥区域一体化关键桥梁作用，重点支持建设一批省际交界地区中心城市，打造成为区域一体化发展的重要节点和制度创新的试验田。省际交界城市聚焦规划管理、生态保护、土地管理、要素流动、财税分享、公共服务、公共信用等方面，探索建立有效管用的一体化发展新机制，为全面深化改革、实现区域协调发展提供示范。对于欠发达地区省际交界城市，通过合作发展弥补自身规模经济不足等发展瓶颈，发挥生态、资源等优势，以共同开发共同建设模式，共同打造“组合型省际交界区域中心城市”。对于发展梯度差异较为明显的省际交界地区，立足于各地要素禀赋差异和发展梯度差异，发挥欠发达城市土地、资源、劳动力等成本优势，积极承接产业跨区域转移，缓解发达城市资源压力，强化其中心城市功能。对于经济发展实力较强的省际交界地区，重点推动同城化建设，加快建立区域一体化商品和要素市场，提高资源配置效率和效益，消除同质化恶性竞争。

第七节　缩小城乡区域差距推进共同富裕的政策建议

一、促进实施分类指导及绩效考核

坚持“抓两头、促中间”的总体思路，强化中央层面对各省份促进共同富裕的分类指导，在共同富裕行动纲要中，要明确各地区因地制宜差异化探索推进共同富裕的路径方向与配套政策。在高质量发展分类绩效评价的基础上，考虑增加反映促进共同富裕目标的差异化评价指标与权重，进一步提高绩效评价的应用效果和指引作用。

二、构建以先富带后富为导向的城乡区域协调新机制

依托现有对口支援和省际省内对口帮扶及对口合作机制，以提高资源配置效率和实际援助成效为导向，推动建立健全先富带后富机制，研究推动实施先富带后富对口援助计划。协同发挥政府、企业、社会组织等不同主体作用，支持灵活开展“一对一”“多对一”“一对多”等多种形式组合的帮扶合作，丰富对口援助协作方式和内容，探索跨区域开展“飞地”抱团、山海协作等合作模式，支持建立“产业飞地”“科创飞地”“生态飞地”等，促进发达地区和深度欠发达地区之间资源要素互补、产业链上下游协作和产供销对接等，引导深度欠发达地区全面对接融入发达地区现代化经济体系。

三、研究实施面向欠发达区域的支持政策

强化对甘肃、贵州、云南、青海深度欠发达省份的“一对一”帮扶。对深度欠发达市、县，研究出台与全国同步实现共同富裕目标的政策文件。把人口发展作为地区发展的重要内生动力，针对深度欠发达地区人口特点和发展需要，研究实施更加有力度的人口发展政策。持续加大基础教育投入力度，全面提升高中阶段教育普及率。在职业培训补贴政策上适度倾斜，统筹布局和高水平建设一批中等和高等职业学校、职业技能实习实训基地，加强岗前培训、订单培训和岗位技能培训，提高从业人员劳动技能和适应新经济的能力。因地制宜、有序推进人口内聚外迁，引导人口向中心城市和县城集聚，促进人口、经济协调发展。完善劳务输出精准对接机制，引导人口跨区域稳定就业。创新人才引进方式，吸引各类人才支持深度欠发达地区发展。

四、在推进共同富裕上率先推进试点示范

推动研究共同富裕指标体系及评价标准、支持保障政策体系、体制机制建设等。在浙江作为综合性共同富裕示范区的基础上，可以进一步选取代表性

省份开展特定领域有针对性的共同富裕试点示范，鼓励先行探索共同富裕制度安排，为其他地区提供经验借鉴。如，支持北京、上海等围绕推进收入分配改革、促进公共服务均等化、强化社会保障等重点领域改革创新，在扩大中等收入群体、缩小收入差距上探索有效路径。支持江苏、广东等围绕区域一体化建设、城乡融合发展、要素市场化改革等领域，率先突破制约促进共同富裕的问题瓶颈，在缩小区域、城乡发展差距上探索有效路径。

五、完善共同富裕配套改革政策

聚焦缩小城乡区域差距、收入分配差距等，需要进一步打破城乡、地区、行业分割和身份、性别歧视，围绕优化收入分配结构、深化户籍制度改革、促进公共服务均等化、加大民营企业发展支持等方面，鼓励和引导各地区立足自身特点加大改革探索力度，在区域重大战略实施中统筹推动实施一批重大工程项目、重大政策和重大改革举措，完善促进共同富裕的各项配套改革措施。

六、加强城乡区域差距变化监测

在全国一盘棋战略下，考虑地区经济发展的动态变化属性，推动建立从全国到地方多层面的共同富裕统计、监测及评估指标体系，研究确定共同富裕的动态衡量评价标准，从促进共同富裕角度强化对省、市、县不同层面经济社会发展关键指标的动态监测，定期掌握和精准研判区域发展差距现状及变化态势，及时识别可能新增的深度欠发达地区，对一些从深度欠发达地区逐步转向相对欠发达的地区，适时退出有关政策的支持范围。

第四章　迈向共同富裕的现代财税体制改革

党的二十大报告明确提出，中国式现代化是全体人民共同富裕的现代化。我们坚持把实现人民对美好生活的向往作为现代化建设的出发点和落脚点，着力维护和促进社会公平正义，着力促进全体人民共同富裕。新时代意味着新的历史条件，也代表着新的经济社会发展格局。当前正值“两个一百年”奋斗目标的历史交汇期，也是面向 2035 年高质量发展的关键阶段。财政是国家治理的基础和重要支柱，在促进、保障推进共同富裕工作中具有特殊重要的作用。① 习近平总书记指出，要“在高质量发展中促进共同富裕，正确处理效率和公平的关系，构建初次分配、再分配、三次分配协调配套的基础性制度安排，加大税收、社会保障、转移支付等调节力度并提高精准性，扩大中等收入群体比重，增加低收入群体收入，合理调节高收入，取缔非法收入，形成中间大、两头小的橄榄型分配结构，促进社会公平正义，促进人的全面发展，使全体人民朝着共同富裕目标扎实迈进”②。这要求我们要以全局站位、宽广视野推进建立现代财税体制，从而不断推进共同富裕目标。

---

① 楼继伟：《面向 2035 的财政改革与发展》，《财政研究》2021 年第 1 期。蒋震：《以共同富裕为导向完善现代税收制度研究》，《国际税收》2022 年第 1 期。

② 《习近平谈治国理政》第四卷，外文出版社 2022 年版，第 144 页。

第一节　财税体制在促进共同富裕中发挥重要作用

共同富裕是事关全局的重大命题，它涉及公平和效率、发展和分配等不同维度，我们必须要坚持历史唯物主义原则，从人类社会发展规律角度深入认识共同富裕的内在规律。改革开放以来，我国开启了社会主义市场经济体制改革历程，全面融入全球分工体系，在解放和发展生产力方面取得了举世瞩目的成就，实现了长达四十多年的高速增长。与此同时，收入分配差距总体呈现扩大趋势，对此需要从历史和全局角度来审视这个问题。每一个经济体在开启经济转型时，都必须要运用正确的发展策略，更好地改进经济效率、实现社会公平，但在不同发展阶段，对效率和公平、发展和分配关系的处理有着不同的侧重点。在改革开放后相当长时间内，做大经济总量、改进经济效率成为各级政府政策的重要导向，财税体制亦是如此。1993 年 11 月，党的十四届三中全会通过的《中共中央关于建立社会主义市场经济体制若干问题的决定》提出，“个人收入分配要坚持以按劳分配为主体、多种分配方式并存的制度，体现效率优先、兼顾公平的原则”①。这与经济发展阶段有着紧密关系，从历史唯物主义原则来看，事实证明这是一个正确的发展战略选择。

一、改革开放初期经济高速增长与收入差距逐步扩大并存

（一）改革带来经济高速增长

在传统计划经济体制下，外部资本输入不足，为更好地推动构建工业化体系，我国实行“高积累、低消费”的发展模式，这对于建立初步完备的工业化体

① 中共中央文献研究室编:《十四大以来重要文献选编》（上），人民出版社 1996 年版，第 534 页。

系发挥了重要的支持保障作用。然而,由于工资水平一定程度上停留在相对较低水平,不同群体的工资收入差异非常小。党的十一届三中全会全面开启改革开放后,中国从传统计划经济向社会主义市场经济转型,通过全面制度创新来塑造经济社会发展的激励结构,特别是实施产权制度变革,为微观主体赋予适当财产权利,逐步培育它们成为市场主体。经济体制转型首先从产权制度改革入手,收益权变革是其中的核心。“放权让利”是从收益权入手,让企业更加具有自主权,由此构建经济发展的微观激励机制。产权制度变革从根本上改变了国家、企业和个人的分配关系,在产权制度变革激励下,我国经济增长和各项社会事业发展取得了巨大成就,人民收入水平持续稳步提高。根据国家统计局测算,1979—2012 年,我国经济年平均增长率达到 9.9%,比同期世界经济平均增长率快 7.0 个百分点。2013—2018 年,我国经济年均增长率为 7.0%,明显高于同期世界 2.9%的平均增长率①。

(二)收入分配差距不断扩大

随着经济总量持续做大,收入分配差距也在不断扩大。1981—1984 年我国居民收入基尼系数分别为 0.288、0.249、0.264 和 0.297②,通过对 1985—2002 年基尼系数进行测算后发现它仍在持续增长(见表 4-1)③,之后国家统计局发布的《中国住户调查年鉴 2020》也提供了 2003—2019 年的基尼系数(见图 4-1)。从基尼系数的演变趋势来看,改革开放以来基尼系数总体呈现升高趋势,2008 年达到峰值 0.491,之后呈现下降趋势,到了 2021 年为 0.466。

---

① 《国家统计局发布报告:我国已成世界经济增长第一引擎》,《经济日报》2019 年 8 月 30 日。

② 房汉廷:《1981—2019:“基尼系数”标注的中国贫富差距》,《科技与金融》2021 年第 9 期。

③ 丛雅静:《城镇居民收入差距与消费需求的关系研究——基于 ECM 模型》,《调研世界》2014 年第 6 期。

表 4-1　1985—2002 年我国城镇居民人均可支配收入基尼系数

年份	基尼系数	年份	基尼系数
1985	0. 259	1994	0. 309
1986	0. 261	1995	0. 302
1987	0. 261	1996	0. 302
1988	0. 270	1997	0. 313
1989	0. 275	1998	0. 320
1990	0. 272	1999	0. 327
1991	0. 262	2000	0. 338
1992	0. 279	2001	0. 348
1993	0. 298	2002	0. 395

资料来源：丛雅静：《城镇居民收入差距与消费需求的关系研究——基于 ECM 模型》，《调研世界》2014 年第 6 期。

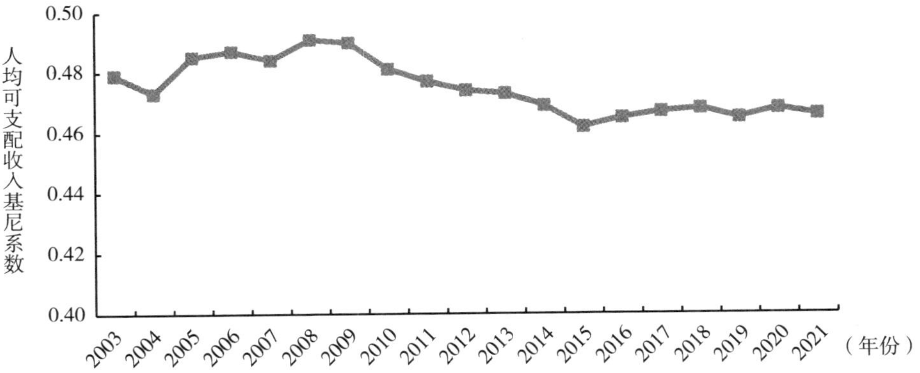

图 4-1　2003—2021 年我国居民人均可支配收入基尼系数

资料来源：2003—2019 年数据来自《中国住户调查年鉴 2020 年》，2020—2021 年资料来源于国家统计局网站。

二、改革开放后财税体制改革有效激发微观主体活力，奠定高速增长体制基础

激发经济发展活力是从微观主体开始的，财政分配关系事关国家和微观主体之间的分配关系，成为决定微观主体活力的核心机制，历史经验表明，在

很多情况下,财政分配关系的变革、优化成为激发经济活力的重要保障。从我国历史来看,经济体制改革首先从财政分配关系开始,主要体现在两个方面。

(一)建立现代企业制度,激发企业活力

改革开放后,我国在针对国营企业“放权让利”过程中,国家和国营企业的分配关系经历了渐进式改革,并始终与社会主义市场经济体制改革进程相适应。首先从20世纪80年代初的企业基金制和利润留成制等开始,再不断向承包经营责任制乃至股份制改革转变,无一例外在不同阶段显著激发着微观主体的发展活力。税收制度方面,80年代初期到中期,我国开始实施两步“利改税”,企业由上缴利润转变为上缴所得税,这成为市场主体不断建立并走向成熟的重要标志。一直到党的十四届三中全会提出“转换国有企业经营机制,建立现代企业制度”,“建立适应市场经济要求,产权清晰、权责明确、政企分开、管理科学的现代企业制度”,微观市场主体的产权制度得以不断成型。产权制度变革从根本上改变了国家和企业的财政分配关系,规范和激发了微观主体活力。现代企业制度确立和民营企业快速发展,一定程度上标志着微观市场主体的产权制度走向成熟,这进一步带动企业所得税等税收制度不断完善。以此为目标,我国推动国有企业改革,对大中型国有企业实施股份制改革,中央和地方一大批国有企业转变为国有独资公司、股份有限公司和有限责任公司,同时对小型国有企业实施民营化转型。① 随着产权体制改革的不断深入,国内市场主体不断发育、成长,与外资市场主体展开激烈的市场竞争,之后国内市场主体的技术创新能力和管理能力得以快速增强,供给能力不断提升,逐渐满足国内不断增长的消费和投资需求。国内市场主体的快速壮大,在很多领域对外资市场主体形成替代作用。与此同时,自然人的产权制度体系不断走向成熟,生产要素市场体系不断发展壮大,自然人在社会结构中的

---

① 蒋震:《经济体制转型、税制改革与税制结构演变》,《公共财政研究》2021年第2期。

功能角色发生巨大转变，更多人从单位脱离后走向市场，成为自由的人力资本和劳动力要素，个人参与市场分工并获取收益的形式更加多元。个人作为劳动要素所有者，既可以与企业签订契约获得劳动报酬，又可以作为自我雇佣者获得“剩余索取权”，还能凭借资产获得财产性收入。

（二）理顺财政体制，激发地方政府活力

20 世纪 80 年代实行的“财政包干制”，对地方政府有做大自身辖区经济总量的激励作用，同时随着经济发展水平不断提升，他们开始拥有一定水平的财权，这个时期主要是发展低附加值的劳动密集型行业，为更好地吸引外部资本进入，他们开始利用财税手段实现这个目标①。“财政包干制”实施后，行政体制与财政体制之间的关系，成为事关各级政府正确发挥积极性的重要因素，这个时期后条块关系成为财政体制领域的重要话题。中央政府并没有设置独立征收中央税的征管体系，而是由各地税务机构征收税款后按既定财政包干关系进行划分。同时，各级地方政府拥有较为充分的属地信息优势，中央政府在很多情况下难以对各地税收收入形成有效监管②。地方政府可以通过各种手段强化自身财力的分成，如对包干体制内的分成收入征收不积极，但对征收

---

① 针对这些情况，党中央和国务院有针对性地出台一些政策措施以更好地规范这些问题。比如，1988 年 12 月，出台《国务院关于整顿税收秩序加强税收管理的决定》明确要求：“严格执行国家税法，认真清理整顿减税免税。”此外，为了更加正确地处理行政体制与财政体制的关系问题，中央政府开展税收行政体制改革，1988 年 5 月，国务院将财政部税务局升格为国家税务总局；1989 年，国务院决定全国税务系统改为上级税务机关和同级地方政府双重领导，以税务机关垂直领导为主。后来，1993—1994 年分税制改革期间，分设国家税务部门和地方税务部门，分别专司征收中央税、地方税等征收管理工作。

② 这种情况可以与关税的征管体制形成鲜明对比。早在 1980 年 2 月，《国务院关于改革海关管理体制的决定》规定：“全国海关建制收归中央统一管理，成立中华人民共和国海关总署，作为国务院直属机构，统一管理全国海关机构和人员编制及其业务”，“关税收入统一归中央”。这意味着，由于关税的征管机构始终掌握在中央政府手中，中央政府便对关税的征收过程能够实施有效掌控和监督。此外，中央政府为了更好地监督各级地方政府，减少信息不对称程度，也出台了一些举措，比如开展年度财税大检查，但这毕竟不是一项常规性制度，总体来看，难以对各级地方形成有效制约。

分成之外的收入非常积极;完成体制分成收入任务后,不再积极组织收入;将税收收入转化为非税收入①。这些现象某种程度上对地方经济快速发展创造了一定条件,但也出现了明显的问题,如“地方保护主义”和“市场分割”等,一定程度上影响了中央统一宏观调控、统筹调配资源的能力,这些问题导致“两个比重下降”(即财政收入占 GDP 比重、中央财政收入占全部财政收入比重)的现象。从表 4-2 和图 4-2 中可以看到,改革开放以来我国财政收入占 GDP 的比重趋于下降,1996 年开始扭转;从表 4-3 和图 4-3 中可以看到,自 1984 年起我国中央财政收入占全部财政收入的比重趋于下降,直到下降至 1993 年的 22.0%,在分税制改革后该比重才呈现上升趋势。

表 4-2　1978—2019 年我国财政收入占国内生产总值的比重

年份	财政收入(亿元)	国内生产总值(亿元)	财政收入占国内生产总值的比重(%)
1978	1132.26	3678.7	30.8
1979	1146.38	4100.5	28.0
1980	1159.93	4587.6	25.3
1981	1175.79	4935.8	23.8
1982	1212.33	5373.4	22.6
1983	1366.95	6020.9	22.7
1984	1642.86	7278.5	22.6
1985	2004.82	9098.9	22.0
1986	2122.01	10376.2	20.5
1987	2199.35	12174.6	18.1
1988	2357.24	15180.4	15.5
1989	2664.90	17179.7	15.5
1990	2937.10	18872.9	15.6
1991	3149.48	22005.6	14.3
1992	3483.37	27194.5	12.8

① 可参见王丙乾:《中国财政 60 年:回顾与思考》,中国财政经济出版社 2009 年版,第 244—246 页。

续表

年份	财政收入（亿元）	国内生产总值（亿元）	财政收入占国内生产总值的比重（%）
1993	4348. 95	35673. 2	12. 2
1994	5218. 10	48637. 5	10. 7
1995	6242. 20	61339. 9	10. 2
1996	7407. 99	71813. 6	10. 3
1997	8651. 14	79715. 0	10. 9
1998	9875. 95	85195. 5	11. 6
1999	11444. 08	90564. 4	12. 6
2000	13395. 23	100280. 1	13. 4
2001	16386. 04	110863. 1	14. 8
2002	18903. 64	121717. 4	15. 5
2003	21715. 25	137422. 0	15. 8
2004	26396. 47	161840. 2	16. 3
2005	31649. 29	187318. 9	16. 9
2006	38760. 20	219438. 5	17. 7
2007	51321. 78	270092. 3	19. 0
2008	61330. 35	319244. 6	19. 2
2009	68518. 30	348517. 7	19. 7
2010	83101. 51	412119. 3	20. 2
2011	103874. 43	487940. 2	21. 3
2012	117253. 52	538580. 0	21. 8
2013	129209. 64	592963. 2	21. 8
2014	140370. 03	643563. 1	21. 8
2015	152269. 23	688858. 2	22. 1
2016	159604. 97	746395. 1	21. 4
2017	172592. 77	832035. 9	20. 7
2018	183359. 84	919281. 1	19. 9
2019	190390. 08	990865. 1	19. 2

注:财政收入口径是指一般公共预算收入。

资料来源:《中国统计年鉴 2021》,由于 2020 年新冠疫情原因,为不考虑疫情影响,数据年份仅使用 1978—2019 年。

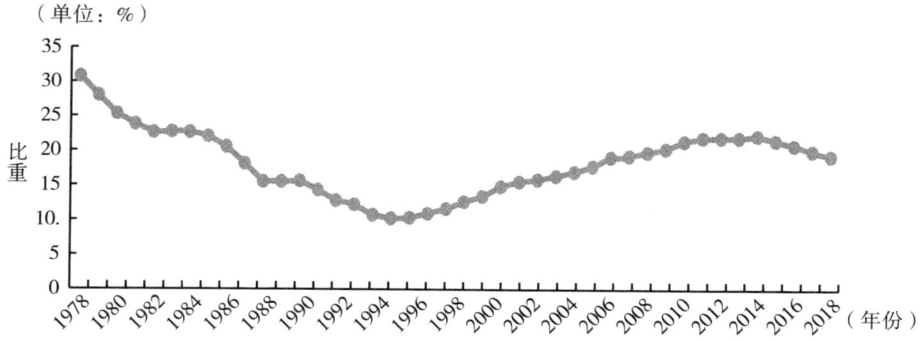

图 4-2　1978—2018 年我国财政收入占 GDP 比重的变化趋势

注:根据表 4-2 数据制作而成。

表 4-3　1978—2019 年我国中央财政收入占国内生产总值的比重情况

年份	财政收入总额（亿元）	中央财政收入（亿元）	地方财政收入（亿元）	中央财政收入占全部财政收入的比重(%)
1978	1132. 26	175. 77	956. 49	15. 5
1979	1146. 38	231. 34	915. 04	20. 2
1980	1159. 93	284. 45	875. 48	24. 5
1981	1175. 79	311. 07	864. 72	26. 5
1982	1212. 33	346. 84	865. 49	28. 6
1983	1366. 95	490. 01	876. 94	35. 8
1984	1642. 86	665. 47	977. 39	40. 5
1985	2004. 82	769. 63	1235. 19	38. 4
1986	2122. 01	778. 42	1343. 59	36. 7
1987	2199. 35	736. 29	1463. 06	33. 5
1988	2357. 24	774. 76	1582. 48	32. 9
1989	2664. 9	822. 52	1842. 38	30. 9
1990	2937. 1	992. 42	1944. 68	33. 8
1991	3149. 48	938. 25	2211. 23	29. 8
1992	3483. 37	979. 51	2503. 86	28. 1
1993	4348. 95	957. 51	3391. 44	22. 0

续表

年份	财政收入总额（亿元）	中央财政收入（亿元）	地方财政收入（亿元）	中央财政收入占全部财政收入的比重(%)
1994	5218.1	2906.5	2311.6	55.7
1995	6242.2	3256.62	2985.58	52.2
1996	7407.99	3661.07	3746.92	49.4
1997	8651.14	4226.92	4424.22	48.9
1998	9875.95	4892.00	4983.95	49.5
1999	11444.08	5849.21	5594.87	51.1
2000	13395.23	6989.17	6406.06	52.2
2001	16386.04	8582.74	7803.3	52.4
2002	18903.64	10388.64	8515	55.0
2003	21715.25	11865.27	9849.98	54.6
2004	26396.47	14503.10	11893.37	54.9
2005	31649.29	16548.53	15100.76	52.3
2006	38760.2	20456.62	18303.58	52.8
2007	51321.78	27749.16	23572.62	54.1
2008	61330.35	32680.56	28649.79	53.3
2009	68518.3	35915.71	32602.59	52.4
2010	83101.51	42488.47	40613.04	51.1
2011	103874.43	51327.32	52547.11	49.4
2012	117253.52	56175.23	61078.29	47.9
2013	129209.64	60198.48	69011.16	46.6
2014	140370.03	64493.45	75876.58	45.9
2015	152269.23	69267.19	83002.04	45.5
2016	159604.97	72365.62	87239.35	45.3
2017	172592.77	81123.36	91469.41	47.0
2018	183359.84	85456.46	97903.38	46.6
2019	190390.08	89309.47	101080.61	46.9

注：财政收入口径是指一般公共预算收入。

资料来源：《中国统计年鉴 2021》，由于 2020 年新冠疫情原因，数据年份仅考虑 1978—2019 年。

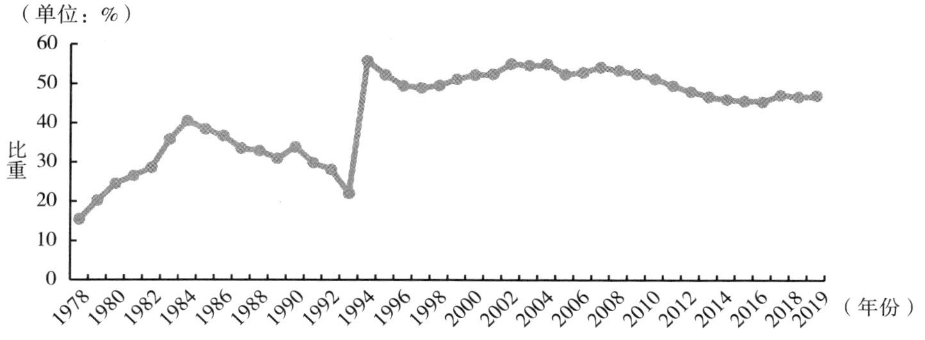

图 4-3　1978—2019 年我国中央财政收入占全部财政收入比重

注:根据表 4-3 数据制作而成。

党的十四大报告明确提出:"经济体制改革的目标,是在坚持公有制和按劳分配为主体、其他经济成分和分配方式为补充的基础上,建立和完善社会主义市场经济体制。"这也标志着社会主义市场经济体制改革进入新阶段,与改革进程相适应,20 世纪 90 年代我国开始了大规模的财税体制改革。1993—1994 年,我国开启分税制改革,事实证明,这项改革在降低制度性交易成本、破除市场分割、矫治地方保护主义等方面奠定了体制基础。①

分税制改革后,微观主体的活力被进一步激活,工业化和城镇化进程不断推进,产业结构升级趋势十分明显,服务业占比不断提高。由于这项改革初步厘清了中央政府和地方政府的事权和财权范围,中央和地方各担各责、各干各事、各征各税,此后还逐步建立了规范的中央对地方转移支付制度。同时,为适应市场分工的不断深化、细化,分税制改革中建立了增值税制度②,对原来

① 刘克崮、贾康:《中国财税改革三十年亲历与回顾》,经济科学出版社 2008 年版,第 5 页。

② 增值税制度的建立也是渐进式改革策略,经历了从试点到推广的过程。早在 20 世纪 80 年代,增值税制度开始在局部地区进行试点,刘克崮同志在《中国财税改革三十年亲历与回顾》中明确阐述:"增值税是 1980 年开始试点的。1980 年 8 月 30 日国务院副总理姚依林在第五届全国人民代表大会第三次会议上做了《关于 1980 年、1981 年国民经济计划安排的报告》,就改革税制指出,根据这次会议通过的法律,在机械、农机行业试行增值税,解决某些工业产品的重复征税问题;1983 年将征税范围扩大到机器机械、农业机具两个行业和缝纫机、自行车、电风扇三项产品;1984 年 9 月,国务院公布《增值税条例(草案)》,把增值税的征税范围进一步扩大到机器机械、汽车、机动船舶、轴承、农业机具、钢坯钢材、自行车等产品。"

实行的产品税制形成全面替代。增值税被设置为中央和地方共享税，中央与地方的分成比例分别为75%与25%。同时，这次改革中的一个重大改变是税收征管体制的巨大变化，分别设立国家税务局和地方税务局，分别专司中央和地方税收入的征收工作。国内统一增值税制的确立，显著改变了各级地方政府的行为激励，对地方保护主义和市场分割的制度根源进行了改革，大规模降低制度性交易成本，对构建全国统一大市场形成显著支撑作用，各个地区开始将融入国内统一市场体系作为发展目标。简言之，各级地方政府发展经济的行为发生改变，加上以增值税等流转税为主体的税制结构，带来税收收入的快速增长，很多地区多年以来的税收增长率甚至高于同年 GDP 增长率。

从全国统一大市场角度看，分税制改革显著提升了中央政府集中财力的能力，为更好地开展市场分工奠定了基础，也为奠定全国统一大市场的硬件基础设施体系提供了物质保障，随着“两个比重”的逐渐提升（见图 4-2 和图 4-3），中央政府开展全局宏观调控、“集中财力干大事”的能力显著增强，有利于立足于全国一盘棋，降低不同区域重复建设、重复投资的可能性。总的说来，分税制后财力向中央政府集中，总体上有利于全国统一大市场的确立，有利于中央政府协调城乡区域发展，有助于增强政府再分配能力。

三、财政支出结构安排为经济高速增长奠定坚实基础和保障

（一）在过去相当长时间内，经济建设支出是主要支出方向

在改革开放后的相当长时间内，经济建设是财政支出的主要支出方向，财政为高速增长提供了坚实基础。任何发展阶段，财政资源总是相对有限的，不同时期都会面临财政支出用于经济建设和非经济建设的结构关系。新中国成立以后，面对各项经济社会事业的巨大发展需求，我们根据国情需要制定了一系列经济发展战略，其中一个重要的经验就是正确处理消费率和积累率的关系。为确保一定比例的资源用于生产建设，我国采取高积累、低消费的发展战

略,在这种战略支持下,我国在短时间内就初步确立了工业化体系,为改革开放以后的经济快速发展奠定了基础。改革开放后,我国全面开启经济体制改革进程,在党的统一正确领导下,社会主义市场经济体制经历了从建立到完善、再到高水平发展的历史成就,在数十年内基本完成了发达国家长达百年甚至数百年走过的工业化和城镇化道路。之所以能够取得如此成就,与经济发展初期的财政资源配置方式及结构有着紧密关系,特别是我们总是能够根据不同的发展阶段正确处理积累与消费的关系,确保财政支出强化针对基础设施与基础产业发展等经济建设领域的支持作用,有效破除经济发展瓶颈。

经济发展初期,为了破除发展瓶颈,我国在国内积累严重不足的情况下,采取吸引外资的方法来解决这个问题,发挥各级政府积极性,充分利用好劳动资源和区位优势。针对外资出台了大量的财税优惠政策,随着内资企业的不断壮大,我国鼓励内资企业增加积累、扩大再投资,这些因素都成为助推经济高速增长的重要动力。在基础设施总体短缺时期,投资特别是基础设施投资,成为经济增长的重要手段,在经历的多次全球经济波动中,我国总是可以运用投资手段有效应对外部冲击,并发挥"稳定器"作用。从经济发展阶段的视角看,经济发展初期基础设施短缺往往成为制约经济增长的瓶颈,很多地区的发展能力和融入市场资源配置的效率取决于基础设施条件,市场分工优势的彰显与之有紧密关系。曾经很多地方都提出"要想富,先修路",这是当时发展阶段的真实写照。与此同时,基础设施及与之相关的产业链条长,能带来巨大的增加值,也为就业及税收收入快速增长奠定基础。在长期持续投入下,我国基础设施网络体系不断完善,贯穿全国各地的高速公路、高速铁路、航空枢纽、港口、通信设施等,成为推进工业化和城镇化的重要动力。更重要的是,它让要素在全国统一大市场内的资源配置效率不断提升,如果说经济体制改革为降低制度性交易成本、建立国内统一大市场发挥了软件作用,那么全国不断完善的骨干基础设施体系则为全国统一大市场奠定了硬件基础。

（二）政府性基金收入为经济建设支出提供了坚实保障

在我国政府收入体系中，政府性基金收入是一项特殊的收入类型，在过去相当长的时间内，政府性基金在全部政府收入体系中占据了重要位置，这类收入为经济建设特别是基础设施建设等提供了坚实支持。按照《政府性基金管理暂行办法》的定义，“政府性基金，是指各级人民政府及其所属部门根据法律、行政法规和中共中央、国务院文件规定，为支持特定公共基础设施建设和公共事业发展，向公民、法人和其他组织无偿征收的具有专项用途的财政资金”。由此看出，政府性基金收入的主要功能在于支持基础设施建设和公共事业发展。

表4-4是2013—2019年我国政府性基金占全部政府收入的比重情况，发现政府性基金在全部政府收入中仍然占据较高比例，绝大多数年份在20%以上。以2021年为例，根据财政部公开的决算数据，在全国政府性基金收入决算表中，收入规模前五名的为：国有土地使用权出让金收入（84977.85亿元）、城市基础设施配套费收入（2706.88亿元）、国有土地收益基金收入（1992.38亿元）、彩票公益金收入（1060.33亿元）、车辆通行费收入（993.87亿元），其中四项都与基础设施投资直接相关①，特别是国有土地使用权出让收入一项就占到当年政府性基金收入总额的86.69%。理论界经常提到“土地财政”，其本质是工业化和城镇化水平不断提高，人口向城镇聚集时，土地的市场价值逐渐发挥出来，从而带来土地使用权出让收入的快速增长。与此同时，地方政府运用土地使用权出让收入，来作为基础设施投资的重要资金来源，随着基础设施不断完善，外部投资逐渐进入本辖区，不断带动着区域工业化水平。

---

① 资料来源于财政部网站公布的2021年全国财政决算，见 http://yss.mof.gov.cn/2021zyjs/。

表 4-4　2013—2019 年我国政府性基金占全部政府收入的比重

年份	税收收入（亿元）	非税收入（亿元）	社会保险费收入（亿元）	政府性基金收入（亿元）	国有资本经营预算收入（亿元）	政府性基金占全部政府收入的比重（%）
2013	110530.7	18678.9	27022.0	52268.8	1713.4	24.86
2014	119175.3	21194.7	30039.0	54113.7	2007.6	23.89
2015	124922.2	27347.0	33814.6	42338.1	2551.0	18.33
2016	130360.7	29244.2	36479.2	46643.3	2609.0	19.01
2017	144369.9	28222.9	42417.7	61479.7	2580.9	22.03
2018	156402.9	26957.0	57545.0	75479.1	2905.8	23.64
2019	158000.5	32389.6	59991.5	84517.7	3971.8	24.94

注：2013—2019 年税收收入、非税收入、政府性基金收入、国有资本经营预算收入数据均来源于财政部网站预算司财政数据栏目 2013—2019 年全国财政决算，网址：http://yss.mof.gov.cn/caizhengshuju/；非税收入是指一般公共预算收入中的非税收入；2018—2019 年社会保险费收入均来源于财政部网站预算司财政数据栏目 2012—2019 年全国财政决算；2013—2017 年社会保险费收入来源于财政部公开各年全国社会保险基金决算的说明，转引自中华人民共和国中央人民政府网 http://www.gov.cn/相关信息；全部政府收入是指税收收入、非税收入、社会保险费收入、政府性基金收入、国有资本经营预算收入之和。

简言之，在改革开放后相当长的时间内，经济建设支出特别是基础设施建设，往往是各级地方政府重点投入的领域，直到今天，基础设施投资仍然是地方政府倾注热情的领域，随着数字技术及数字经济的快速发展，新型基础设施已成为新的投资增长热点。

四、税收制度改革为改进经济效率、激发市场活力奠定基础

随着社会主义市场经济体制不断走向成熟，税收制度也在相应地不断改革，国家和微观主体的分配关系更多地转向税收分配，形成流转税、所得税和财产税相互搭配的复合税制体系，特别是长时期以来，我国形成了以流转税为主体的税制结构，为经济发展奠定了基础性、支柱性、保障性作用。

（一）税制改革经历三大阶段

第一阶段：市场主体"从无到有"促进复合税制产生。无论是财产税还是

所得税，与市场经济体制有着高度密切关系，财产和所得的概念本身以微观主体的产权明晰为前提。对此，随着社会主义市场经济体制不断完善，我国所得税和财产税也逐步发展起来，税制体系也由单一税制不断走向复合税制体系。由于生产社会化，市场分工成为资源配置的重要方式，与之相适应的是，商品和要素的大规模流转便成为必然，因此流转税制从传统的产品税不断演变成为增值税。

第二阶段：构建与社会主义市场经济体制相适应的复合税制。社会主义市场经济体制不断走向完善，国内市场主体也不断发育并走向成熟，随着市场在资源配置中的决定性作用逐渐发挥，所得税制不断健全，其中一个特征是企业所得税和个人所得税在全部税收收入中的比重不断提高。1999 年，所得税（企业所得税和个人所得税合计）占全部税收收入的比重为 11.47%，2021 年则达到 32.44%，所得税占比的增长趋势非常显著。①

第三阶段：随着工业化和城镇化进程不断提升，税制从城乡二元不断走向一体化。内外差异、城乡差异逐步缩小，与之相适应的是，我国复合税制体系的二元性逐步降低。典型的改革是，1994 年 1 月 1 日，个人所得税实行内外统一。② 2008 年 1 月 1 日，新企业所得税法开始实行，实现内外两法合一。

（二）税制改革不断深化、市场活力逐渐激发

从历史来看，流转税制改革在深化市场分工、降低制度性交易成本方面有较强影响，通过税制改革促进市场分工不断细化。一是间接税改革。改革开放后，由于市场分工仍处于初步水平，即使征收产品税，对市场活力的抑制束缚作用仍然并不突出。从增长绩效看，这个时期的市场资源配置功能仍在不

① 根据《中国统计年鉴》2022 年的相关数据计算而得，见 http://www.stats.gov.cn/tjsj/ndsj/2022/indexch.htm。

② 在此以前，我国对外籍人士、中国公民和城乡个体工商户分别适用《中华人民共和国个人所得税法》《中华人民共和国个人收入调节税暂行条例》和《中华人民共和国城乡个体工商户所得税暂行条例》。

断拓展，经济增长率处于较高水平。究其原因，这与当时的发展阶段有紧密关系：一方面，当时市场分工格局以外向型经济为主，我国成为名副其实的“世界工厂”，产品税对国内的分工影响并不特别明显。这种增长模式决定市场分工的基本格局是“点式分工”，即外资只是将国内企业作为生产过程中的“点”，产品供应中国以外的国家或地区，外资并没有将整个产业链放在中国国内。① 这种分工模式下，交易成本最直接体现在进出口领域，即我国融入全球分工的成本壁垒。鉴于此，我国在20世纪80年代中期建立出口退税制度，并在东部沿海地区建立“两头在外”的特殊保税区域，有效地降低了我国市场主体融入全球分工的成本壁垒。另一方面，当时我国供给处于总体短缺状态，市场主体只要能扩大生产能力，便能实现较高利润率，不愁销路，一定程度上抵消了产品税重复征税对市场分工的抑制作用。这种情况下，各级地方政府纷纷将更多的外部资本引入本地，招商引资成为地方政府追求的目标，对此，各地区纷纷出台了很多扶持政策，一定程度上对冲了重复征税带来的不利影响。随着社会主义市场经济体制改革继续深化，社会生产力和市场分工水平持续提升，对流转税改革提出了新要求，特别是如何更好地确保税制促进市场分工。对此，1993—1994年分税制改革对流转税开展了大规模改革，根据分工条件建立了增值税制度，后来针对市场分工在不同阶段呈现出的新特征，又进一步开展了一系列改革，包括2004年7月在东北地区试点生产型增值税向消费型改革，2008年推向全国全行业；2012年1月在上海开展营业税改征增值税试点，2016年5月实现增值税全面替代营业税；2018年以来又实施了大规模减税降费，重要内容是降低增值税率；等等。增值税改革的不断深化，在不同时期显著促进了市场分工，成为改进经济效率的重要制度保障。二是直接税改革。所得税等直接税对市场活力也有明显激励作用：一方面，市场活力往往取决于市场预期，而产权确定性为市场预期提供了坚实基础，而确立所得

① 蒋震：《经济体制转型、税制改革与税制结构演变》，《公共财政研究》2021年第2期。

税法一定程度上标志着市场主体的产权体系更加法定，同时让各类市场主体（特别是内外资）面临同样的市场规则，降低市场主体开展分工合作的交易成本，有利于激发市场主体的发展活力。

五、财税体制的收入分配调节功能仍然相对较弱

（一）把“蛋糕”做大为分好“蛋糕”提供了良好条件

效率和公平、发展和分配的关系始终是不同时期需要正确处理的关系。改革开放后的相当长时期内，由于我国主要面临解放和发展生产力的主要任务，因此财税体制的主要任务在于保障发展能力的不断提升，只有把“蛋糕”做大，才能为分好“蛋糕”提供良好的物资保障。但受经济发展阶段限制，我国凭借劳动力优势，建立了出口导向的劳动密集型产业体系，劳动收入处于较低水平，收入分配差距总体较小，个人所得税无论是征税覆盖面还是收入规模都很小，从而收入再分配的作用也较为微弱，不具备大规模调节收入分配的作用，其主要功能是服务于经济增长，不断助推发展能力提升。

这个时期，与产权制度改革进程相适应，国家主动实施税制改革，所得税和财产税制成为必然选择，税制结构也逐渐变化。1986 年，国务院出台《中华人民共和国房产税暂行条例》，这标志着我国财产税体系的确立。同时，越来越多的个人脱离了传统单位，开始拥有自身的财产权利，并成为相对独立的市场主体，由此个人所得的形式不断多元化，规模也不断增加。与之相适应的是 1980 年 9 月 10 日，第五届全国人民代表大会第三次会议通过《中华人民共和国个人所得税法》，我国个人所得税制开始得到确立。

（二）税制在筹集收入功能方面发挥出色，但收入分配调节功能亟待加强

近年来，以间接税为主体的税制结构在筹集财政收入方面发挥了出色作

用,为推动工业化和城镇化提供了坚实的财力保障,但是受经济发展阶段的限制,这种税制结构在发挥收入分配调节方面的功能亟待加强。表 4-5 和图 4-4 是 2013—2019 年我国税制结构变化趋势,可以看出间接税比重呈现不断下降的趋势,但绝对比例仍然较高。流转税往往具有较为明显的累退性,对收入分配产生逆向调节作用。在过去相当长时期内,我国税制结构中是以增值税等流转税为主体,这种税制结构会使高收入群体承担的相对税负小于中低收入群体,虽然直接税具有累进性特征,但是由于它在整个流转税体系中占比不高,这就限制了它的收入分配调节功能。简言之,以间接税为主体的税制结构,一定程度上使我国财税体制在调节收入分配中的功能相对较弱。

表 4-5　2013—2019 年我国税制结构状况　(单位:亿元;%)

年份	税收收入	企业所得税	个人所得税	房产税	城镇土地使用税	车船税	直接税收入	直接税比重(%)	间接税比重(%)
2013	110530.7	22427.2	6531.5	1581.5	1718.8	474.0	32733.0	29.6	70.4
2014	119175.3	24642.2	7376.6	1851.6	1992.6	541.1	36404.1	30.5	69.5
2015	124922.2	27133.9	8617.3	2050.9	2142.0	613.3	40557.4	32.5	67.5
2016	130360.7	28851.4	10089.0	2220.9	2255.7	682.7	44099.7	33.8	66.2
2017	144369.9	32117.3	11966.4	2604.3	2360.6	773.6	49822.1	34.5	65.5
2018	156402.9	35323.7	13872.0	2888.6	2387.6	831.2	55303.0	35.4	64.6
2019	158000.5	37303.8	10388.5	2988.4	2195.4	881.0	53757.1	34.0	66.0

注:(1)本表仅整理 2013—2019 年的我国税制结构状况;(2)税收收入资料来源于财政部网站预算司财政数据栏目相应年度的全国财政决算;(3)假设直接税收入是当年企业所得税、个人所得税、房产税、城镇土地使用税、车船税加总而得;(4)直接税比重是直接税收入与税收收入的比值;间接税比重是 100%减去直接税比例。

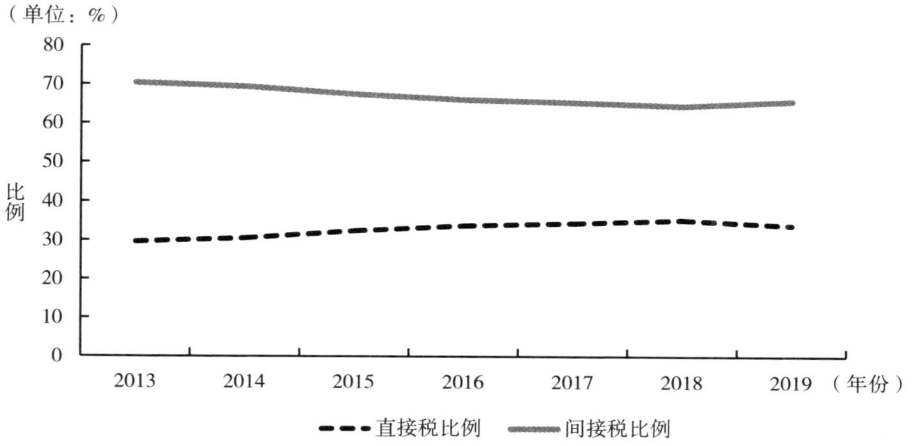

图 4-4　2013—2019 年我国税制结构变化趋势

注：根据表 4-5 数据制作而成。

第二节　迈向共同富裕的财税体制现状与问题导向

在现代化转型过程中，各国都会遇到各种瓶颈。少数顺利进入高收入行列的国家，往往构建了强大的自我转型和演化的内在驱动力。进入新发展阶段后，我国需要构建以创新发展为核心的动力体系，并优化收入分配体系，以更好地使全体社会成员共享经济发展成果。在我国潜在经济增速逐渐下降的背景下，新产业、新业态、新模式快速发展，使产业结构、就业结构发生明显变化，这为共同富裕提出了新要求，需要全面考虑发展和分配的关系，在“做蛋糕”和“分蛋糕”之间取得平衡。经济社会运行的理想状态是保持适度收入分配差距，激发这个社会的“张力”和“活力”，但也要充分保障每个社会成员能够享有基本的生存和发展权利，实现机会公平。这需要精准把握迈向共同富裕的财税体制问题导向，明确前进方向，为推动财税体制变革奠定基础,全面提升财税体制服务高质量发展和促进共同富裕的能力水平。

一、国民收入分配格局需要进一步优化调整

共同富裕既事关效率问题,又涉及公平问题,发展能力决定分配状况,而分配结构又反过来影响发展能力。国民收入分配格局表征着政府、企业、居民等资源配置的结构状况,对发展和分配都有影响。

(一)我国政府、企业、住户三部门分配份额的变化趋势

表4-6和表4-7是2003—2019年政府、企业(区分金融企业、非金融企业)、住户三部门初次分配收入、可支配收入的分配格局,由此得到图4-5和图4-6。从国民收入分配的三部门格局来看,无论是初次分配还是再分配,均呈现较为稳定的变化趋势。在初次分配环节,住户部门占比总体呈下降趋势,从2003年的63.20%降至2019年的61.42%。金融机构部门占比份额上升,从2003年的2.42%升至2019年的3.54%。非金融企业部门占比份额明显上升,从2003年的16.40%升至2019年的22.37%。政府部门占比份额明显下降,从2003年的17.98%降至2019年的12.67%。在再分配环节,住户部门占比总体呈现下降趋势,从2003年的62.68%降至2019年的60.31%。金融机构部门占比份额上升,从2003年的2.21%升至2019年的2.71%。非金融企业部门占比份额明显上升,从2003年的13.26%升至2019年的19.16%。政府部门占比份额明显下降,从2003年的21.85%降至2019年的17.81%。总体来看,住户部门所得明显下降,金融企业和非金融企业部门所得比重在上升,政府部门所得比重有所下降。

表 4-6　2003—2019 年我国初次分配收入格局

年份	政府部门		金融机构部门		非金融企业部门		住户部门	
	规模（亿元）	比率（%）	规模（亿元）	比率（%）	规模（亿元）	比率（%）	规模（亿元）	比率（%）
2003	20991.3	17.98	2826.3	2.42	19143.6	16.40	73780.8	63.20
2004	28465.0	17.84	2694.9	1.69	36381.6	22.80	92045.6	57.68
2005	32170.5	17.48	2948.8	1.60	39271.3	21.33	109698.1	59.59
2006	39615.4	18.59	4489.8	2.11	43232.3	20.28	125794.4	59.02
2007	50595.7	19.52	6654.8	2.57	51856.4	20.00	150152.0	57.92
2008	55391.2	17.52	9208.6	2.91	70658.8	22.34	180970.2	57.23
2009	49606.3	14.58	10894.4	3.20	73275.2	21.53	206544.0	60.69
2010	59926.7	14.99	14582.5	3.65	83385.8	20.86	241864.5	60.50
2011	72066.9	15.38	17358.6	3.70	94853.9	20.24	284282.9	60.67
2012	80975.9	15.63	20753.0	4.00	97023.5	18.72	319462.4	61.65
2013	88745.0	15.22	19865.8	3.41	120826.0	20.72	353759.9	60.66
2014	98266.4	15.24	21909.3	3.40	137142.3	21.27	387473.1	60.09
2015	102617.8	14.95	30227.4	4.40	135612.6	19.76	417991.9	60.89
2016	107124.8	14.46	37624.3	5.08	142007.6	19.17	453842.0	61.28
2017	115071.6	14.03	41084.0	5.01	167271.6	20.40	496672.4	60.56
2018	116898.0	12.79	33269.0	3.64	204713.6	22.39	559446.5	61.19
2019	124632.1	12.67	34833.4	3.54	220044.0	22.37	604241.6	61.42

注：数据因为四舍五入原因导致结果不完全等于 100。

资料来源：2005—2021 年《中国统计年鉴》中的资金流量表（非金融交易）；比率等于各个机构部门初次分配后的收入，除以各个机构部门初次分配收入之和所得到的结果。

表 4-7　2003—2019 年我国最终收入分配格局（可支配收入）

年份	政府部门		金融机构部门		非金融企业部门		住户部门	
	规模（亿元）	比率（%）	规模（亿元）	比率（%）	规模（亿元）	比率（%）	规模（亿元）	比率（%）
2003	25823.3	21.85	2615.4	2.21	15674.6	13.26	74088.2	62.68
2004	32915.1	20.38	1494.7	0.93	33685.6	20.86	93387.9	57.83
2005	38251.3	20.55	1283.2	0.69	36024.1	19.35	110609.5	59.41
2006	49021.4	22.75	2004.8	0.93	37904.4	17.59	126529.0	58.73

续表

年份	政府部门		金融机构部门		非金融企业部门		住户部门	
	规模（亿元）	比率（%）	规模（亿元）	比率（%）	规模（亿元）	比率（%）	规模（亿元）	比率（%）
2007	63084.4	24.06	2786.2	1.06	45512.2	17.36	150816.3	57.52
2008	67977.4	21.28	6838.2	2.14	62164.4	19.46	182429.5	57.11
2009	62603.3	18.28	8405.7	2.45	64171.1	18.74	207302.4	60.53
2010	74116.3	18.41	13206.5	3.28	72069.2	17.90	243121.7	60.40
2011	90203.2	19.19	15179.2	3.23	78990.5	16.80	285772.6	60.78
2012	101301.1	19.54	16855.4	3.25	78875.9	15.21	321399.2	61.99
2013	110376.0	18.94	14963.2	2.57	100204.4	17.20	357113.4	61.29
2014	121574.2	18.85	15932.8	2.47	116262.3	18.03	391110.0	60.65
2015	127186.1	18.55	22662.3	3.31	113178.2	16.51	422629.2	61.64
2016	132368.5	17.89	29616.9	4.00	118441.7	16.01	459534.7	62.10
2017	147131.2	17.96	34637.9	4.23	138998.7	16.97	498528.1	60.85
2018	171265.6	18.73	25718.7	2.81	173908.6	19.02	543300.9	59.43
2019	175371.8	17.81	26706.4	2.71	188666.8	19.16	593712.7	60.31

资料来源：2005—2021 年《中国统计年鉴》中的资金流量表（非金融交易）；比率等于各个机构部门经过再分配后的收入，除以各个机构部门可支配收入之和所得到的结果。

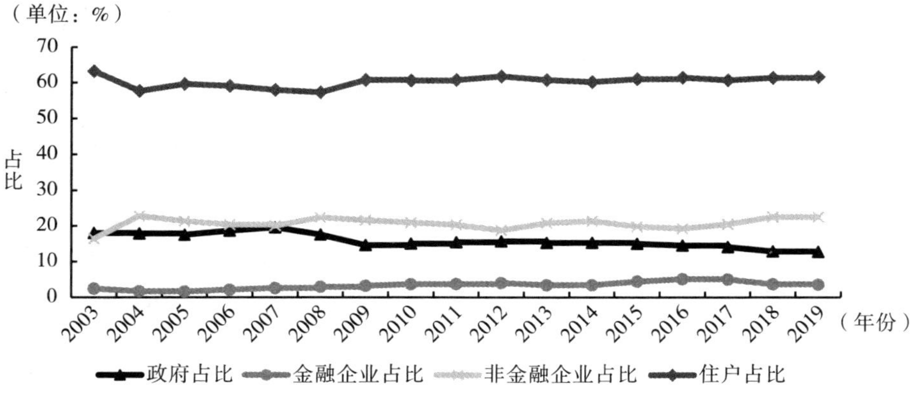

图 4-5　2003—2019 年我国三部门初次分配收入占比趋势变化

资料来源：笔者根据表 4-6 数据制作而成。

（二）我国与国外的三部门分配份额比较

关于我国的三部门分配份额情况，对比经济合作与发展组织（OECD）27个主要成员2009—2015年住户、企业和政府三部门的分配结构，发现我国住户部门占比明显偏低，而企业部门占比明显偏高，政府部门占比大体适中。①虽然各国的国情有所不同，数据不能做简单比较，但是上述结论对我国更好优化收入分配及财税政策，仍然具有一定的参考价值。

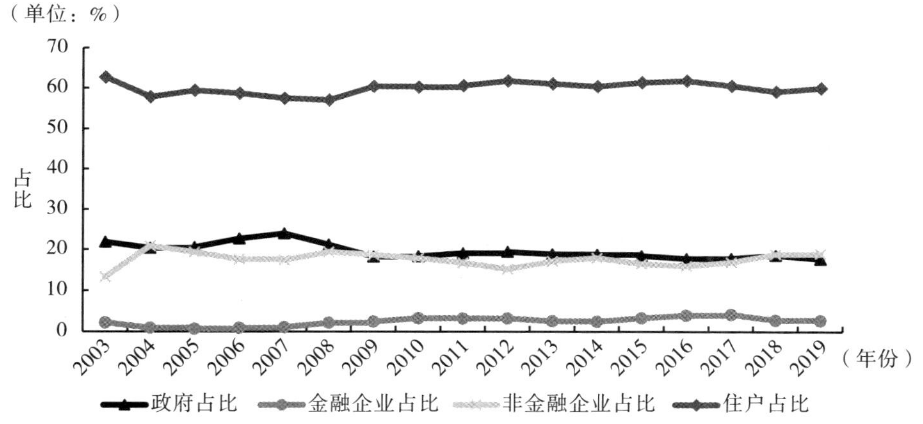

图 4-6　2003—2019 年我国三部门可支配收入占比趋势变化

资料来源：笔者根据表 4-7 数据制作而成。

二、税制结构亟待优化，与经济发展阶段不适应不匹配

（一）税制结构变化趋势滞后于产业结构升级进程

随着我国经济发展阶段不断推进，产业结构不断升级，第三产业增速明显快于第一、第二产业，服务业成为高质量发展的重要动力。第三产业增加值占

① 刘克崮等：《"十四五"国民收入分配结构优化与税费制度改革的建议》，《中国改革》2021 年第 1 期。

全部 GDP 的比重从 1978 年的 28.4%持续升至 2021 年的 53.3%。产业结构的持续优化和升级,会更加依赖于人的能动性和劳动活力,整个社会产品的附加值水平、利润率会逐渐增加,而且随着劳动报酬逐步上升,个人财产积累持续增长,会为个人所得税和财产税收入增长奠定基础。表 4-8 和图 4-7 是 2013—2019 年部分税种占全部税收收入比重的变化趋势,我们发现个人所得税占比仅从 5.91%微升至 6.57%,财产税(房产税、城镇土地使用税、车船税之和)占比仅从 3.41%微升至 3.84%。简言之,个人所得税、财产税占全部税收收入的比重仍然处于较低水平,一定程度上滞后于产业结构升级的趋势变化。

表 4-8　2013—2019 年我国税制结构状况

年份	税收收入(亿元)	个人所得税(亿元)	房产税(亿元)	城镇土地使用税(亿元)	车船税(亿元)	个人所得税比重(%)	财产税比重(%)
2013	110530.7	6531.5	1581.5	1718.8	474.0	5.91	3.41
2014	119175.3	7376.6	1851.6	1992.6	541.1	6.19	3.68
2015	124922.2	8617.3	2050.9	2142.0	613.3	6.90	3.85
2016	130360.7	10089.0	2220.9	2255.7	682.7	7.74	3.96
2017	144369.9	11966.4	2604.3	2360.6	773.6	8.29	3.97
2018	156402.9	13872.0	2888.6	2387.6	831.2	8.87	3.90
2019	158000.5	10388.5	2988.4	2195.4	881.0	6.57	3.84

注:(1)税收收入数据来源于财政部网站预算司财政数据栏目相应年度全国财政决算;(2)假设财产税由房产税、城镇土地使用税、车船税加总而得;(3)个人所得税比重是个人所得税收入与税收收入的比值;财产税比重是财产税收入与税收收入的比值。

(二)现行税制结构对市场效率和公平分配均有显著影响

现行税制结构对市场效率和公平分配均有显著影响。市场效率主要表现在:一是增值税等流转税比重仍然相对较高,对开展基础设施投资的冲动有所

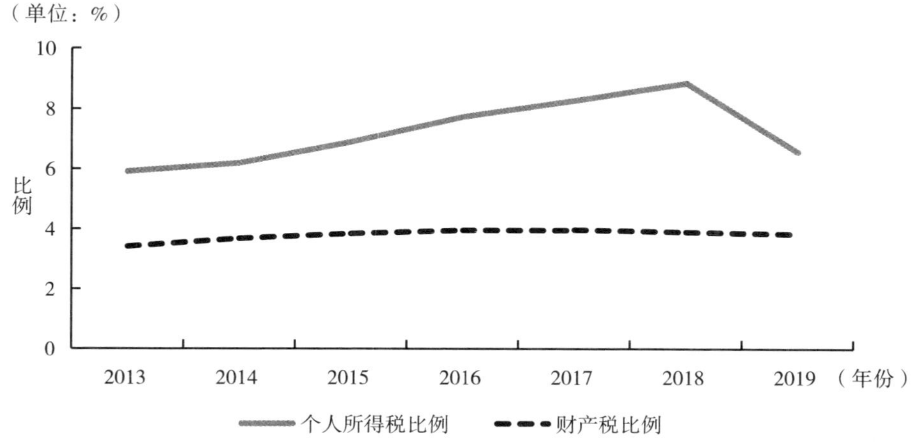

图 4-7　2013—2019 年我国个人所得税、财产税占全部税收收入比重的变化趋势

资料来源：笔者根据表 4-8 制作而成。

激励。基础设施等领域投资曾经是我国取得经济增长成就的重要动力，但基础设施建设总是有一定的饱和度，一旦超过这个度就可能引发局部过剩。而且随着工业化和城镇化进程的不断提高，人口分布、产业分布发生变化，会呈现向某些区域聚集的趋势，如果人口流出地再给予较强的基础设施建设投资激励，就容易带来基础设施和产业分布之间的协调问题，并可能引发地方债风险等。二是我国企业所得税占比相对较高，对市场活力有一定影响。随着全球化进程的不断提升，全球资本的流动性不断加强，为吸引全球资本，各国纷纷对企业所得税制进行改革，出台了很多吸引资本流入的措施。当然，除了税制之外，全球资本流动的影响因素是多方面的，但税制是一个重要因素。在这种背景下，我国也要充分考虑全球资本流动的趋势，统筹考虑并提出促进我国国际竞争力提升的政策措施。此外，企业所得税的制度设计也会对地方政府行为带来影响，特别是总部和分支机构所在地的企业所得税分配体制，要以构建全国统一大市场为导向进行优化，充分发挥各级政府维护全国统一大市场的积极性。在公平分配方面，主要涉及直接税占全部税收收入的比重问题。随着社会主义市场经济体制改革的不断深化，生产力进一步解放和发展，无论是收入类型还是财产形态,都呈现更加多元化的趋势,故进一步优化税制结构、适当提高直接税比重,就成为事关收入分配的重大命题。

三、财政支出结构有待优化,需更好处理经济建设支出和其他支出关系

(一)投资率和消费率的变化趋势能反映财政支出结构的变化

消费和投资关系会从根本上影响共同富裕的形态和水平,也事关财政资源的分配结构,并受到财税体制的显著影响。长期以来,为更好地推动经济增长,我国财政支出结构中将相当比例支出用于经济建设,特别是基础设施建设。我国投资率呈现高位运行态势,特别是政府投资成为投资率变化的重要决定因素,较高水平的投资率必然对消费率带来影响。随着经济发展阶段不断跨越,逐步提高内需特别是消费需求在经济增长中的动力作用,已成为重要共识。

投资率和消费率的变化趋势具有客观内在必然性。在增长初期,为更好地助推经济起飞,提升市场运行效率,各地区进行大规模基础设施投入,经济建设支出是各级政府安排财政支出的关键领域,从某种意义上说,投资率高位运行是我国实现赶超战略的重要抓手,这也是很多国家在经济起飞时期所经历的共同现象。然而,随着大规模基础设施体系的不断完善,一旦超越基础设施短缺状态,再继续上马大规模基础设施项目,可能会导致基础设施过剩,特别是当基础设施建设标准超越区域产业发展水平后,可能产生局部债务风险。这种情况下,就要根据发展阶段变化,更好地处理消费和投资、经济建设支出和其他支出的关系。

(二)优化财政支出结构要处理经济建设支出和其他支出的关系

优化财政支出结构,正确处理经济建设支出和其他支出的关系将成为财

税体制的重要内容。从财政支出结果来看，基础设施的公共服务均等化绝不是各个地区搞无差别的基础设施体系，而是要建立与主体功能区及其相应的产业结构、人口聚集度相适应的基础设施体系。对于优先开发区，基础设施功能是多元化的，为产业运行和人的聚集提供承载能力；对于生态功能区或禁止开发区，应尽可能减少基础设施硬化对生态环境的负面影响，对此可以酌情降低建设标准和密度。一旦相当比例用于形成过高标准的基础设施资产，看似一时能够拉动经济增长，但事实上可用于消费的资源空间就会被压缩。随着户籍制度逐渐放开，人口流动趋势进一步加强，大量农业人口进一步向城镇集中，不仅基础设施建设投入需要以人口聚集和城镇化为主要因素进行分配，财政资源分配（比如中央对地方转移支付、专项债务）也要考虑到人口聚集因素，要与人口要素的分布格局相适应，"资金随人走"，不能出现"财政投入建设了整洁明亮的校舍，却缺乏足够生源"的尴尬情况；同时也要及时应对人口流入地实行财政资金分配的增量规划，对人口流出地实行减量规划。

从历史经验看，各个经济体在摆脱基础设施短缺状态后，都面临寻找新的经济增长动力问题。其中核心的发展理念，就是要通过分配措施调动人的积极性，拉动消费需求，并实现经济可持续发展。当前我们应更好地总结经济增长"换挡"经验，激发人民群众活力，充分给各地放权，让各地在制定政策时更加具有自主权，便于各地区因地制宜谋发展，这同时也是改进分配政策的重要手段。

四、财税体制在支持勤劳创新致富方面还有深化改革空间

习近平总书记指出，"幸福生活都是奋斗出来的，共同富裕要靠勤劳智慧来创造。要坚持在发展中保障和改善民生，把推动高质量发展放在首位，为人民提高受教育程度、增强发展能力创造更加普惠公平的条件，提升全社会人力资本和专业技能，提高就业创业能力，增强致富本领。要防止社会阶层固化，

畅通向上流动通道,给更多人创造致富机会,形成人人参与的发展环境”。[①]这为共同富裕指明了重要方向,即发展动力要更多地依赖于激发广大人民群众的劳动能力和创新活力。从当前财税体制来看,在支持鼓励勤劳创新致富能力方面,仍有较大的深化改革空间。

(一)关于劳动所得和非劳动所得的税负比较分析:勤劳致富能力有待提升

劳动税负和资本税负的相对大小,是衡量税制结构特征的重要内容。本章搜集收入法核算 GDP 的劳动报酬和营业盈余数据,运用劳动所得实际税率和非劳动所得实际税率代表劳动税负和非劳动税负。计算方法如下:劳动所得实际税率=劳动所得个人所得税/劳动报酬,资本所得实际税率=非劳动所得个人所得税/营业盈余[②]。

在 2018 年新个人所得税法实施之前,个人所得税包括工资薪金、个体工商户生产经营所得、企事业单位承包承租经营所得、劳务报酬、稿酬、特许权使用费、利息股息红利、财产租赁、财产转让、偶然所得、其他所得 11 类所得,假设一个最理想化的条件:工资薪金、劳动报酬、稿酬、特许权使用费四项作为劳动所得,其他类型作为非劳动所得。表 4-9 是 2005—2017 年我国劳动所得税负和非劳动所得税负的数据和变化趋势。从中可以发现,自 2007 年之后,劳动所得税负逐渐高于非劳动所得税负。劳动所得税负和非劳动所得的相对大小变化,总体不利于形成勤劳致富的局面。在实现共同富裕目标中,需要优化劳动所得和非劳动所得的税负比例关系,高质量促进勤劳致富。

① 《习近平谈治国理政》第四卷,外文出版社 2022 年版,第 142 页。

② 高培勇:《论国家治理现代化框架下的财政基础理论建设》,《中国社会科学》2014 年第 12 期。

表 4-9 2005—2017 年我国劳动税负和非劳动税负的比较

年份	劳动所得个人所得税(亿元)	劳动报酬(亿元)	非劳动所得个人所得税(亿元)	营业盈余(亿元)	劳动所得税负(%)	非劳动所得税负(%)
2005	1208.6091	81888.02	878.7315	58459.81	1.48	1.50
2006	1341.7782	93822.83	1103.6260	70862.02	1.43	1.56
2007	1816.3693	109532.30	1361.7505	86245.97	1.66	1.58
2009	2580.2035	170299.70	1355.2792	90103.24	1.52	1.50
2010	3271.1472	196714.10	1557.6101	117456.60	1.66	1.33
2011	4044.8185	234310.30	1999.8043	138387.10	1.73	1.45
2012	3748.2678	262864.10	2060.6543	147919.90	1.43	1.39
2014	5036.4988	318258.10	2325.8373	170859.60	1.58	1.36
2015	5895.0742	346159.50	2703.4633	173983.70	1.70	1.55
2016	7095.7961	370224.30	2979.3564	192082.00	1.92	1.55
2017	8603.3248	402438.90	3331.2026	209588.70	2.14	1.59

注:(1)个人所得税数据来源于 2004—2018 年《中国税务年鉴》,劳动报酬和营业盈余数据来源于《中国统计年鉴》,但书中没有查到 2008 年、2013 年的数据;(2)由于 2018 年实施了新个人所得税法,本表没有包括 2017 年之后年度的数据。

(二)关于科技创新投入的比较分析:基础研究投入亟待加强

创新致富事关共同富裕大局,我们应坚持创新在现代化建设全局中的核心地位,把科技自立自强作为国家发展的战略支撑,以更全面视野、更高起点、增强自主创新能力,突破"卡脖子"瓶颈,积极参与全球科技创新竞争和抢占未来发展制高点,从根本上提升供给侧和需求侧的质量水平、自主性、安全性,全面提升产业链供应链现代化水平。深入研究科技创新财税体制的问题导向,是提升创新致富能力的重要基础,其中科技创新投入是重要影响因素。表 4-10 和表 4-11 是 1995—2019 年我国研究与试验发展(R&D)经费内部支出规模及结构统计数据。结果显示,我国研究与试验发展经费内部支出规模增长非常快,有些年份甚至接近或超过 30%,占 GDP 的比重也在稳步提升,从 1995 年的 0.57%升至 2019 年的 2.23%。从研究与试验发展经费内部支出结构的变化趋势看，我国基础研究占比较为稳定，应用研究占比显著降低，试验发展占比显著提升。

表 4-10　1995—2019 年我国研究与试验发展经费内部支出规模统计

年份	总量（亿元）	占 GDP 的比重（%）	按照可比价增长率（%）
1995	348. 69	0. 57	38. 24
1996	404. 48	0. 56	8. 89
1997	509. 16	0. 64	23. 84
1998	551. 12	0. 65	9. 18
1999	678. 91	0. 75	24. 81
2000	895. 66	0. 89	29. 27
2001	1042. 49	0. 94	14. 02
2002	1287. 64	1. 06	22. 74
2003	1539. 63	1. 12	16. 50
2004	1966. 33	1. 21	19. 40
2005	2449. 97	1. 31	19. 92
2006	3003. 1	1. 37	17. 92
2007	3710. 24	1. 37	14. 63
2008	4616. 02	1. 45	15. 47
2009	5802. 11	1. 66	25. 96
2010	7062. 58	1. 71	13. 85
2011	8687. 01	1. 78	13. 86
2012	10298. 41	1. 91	15. 89
2013	11846. 6	2. 00	12. 63
2014	13015. 63	2. 02	8. 75
2015	14169. 88	2. 06	8. 87
2016	15676. 75	2. 10	9. 10
2017	17606. 13	2. 12	7. 75
2018	19677. 93	2. 14	7. 99
2019	22143. 58	2. 23	10. 78

资料来源：《中国科技统计年鉴 2020》。

表 4-11　1995—2019 年我国研究与试验发展经费内部支出结构

年份	基础研究		应用研究		试验发展	
	规模（亿元）	比重（%）	规模（亿元）	比重（%）	规模（亿元）	比重（%）
1995	18.06	5.18	92.02	26.39	238.6	68.43
1996	20.24	5.00	99.12	24.51	285.12	70.49
1997	27.44	5.39	132.46	26.02	349.26	68.60
1998	28.95	5.25	124.62	22.61	397.54	72.13
1999	33.9	4.99	151.55	22.32	493.46	72.68
2000	46.73	5.22	151.9	16.96	697.03	77.82
2001	55.6	5.33	184.85	17.73	802.03	76.93
2002	73.77	5.73	246.68	19.16	967.2	75.11
2003	87.65	5.69	311.45	20.23	1140.52	74.08
2004	117.18	5.96	400.49	20.37	1448.67	73.67
2005	131.21	5.36	433.53	17.70	1885.24	76.95
2006	155.76	5.19	488.97	16.28	2358.37	78.53
2007	174.52	4.70	492.94	13.29	3042.78	82.01
2008	220.82	4.78	575.16	12.46	3820.04	82.76
2009	270.29	4.66	730.79	12.60	4801.03	82.75
2010	324.49	4.59	893.79	12.66	5844.3	82.75
2011	411.81	4.74	1028.39	11.84	7246.81	83.42
2012	498.81	4.84	1161.97	11.28	8637.63	83.87
2013	554.95	4.68	1269.12	10.71	10022.53	84.60
2014	613.54	4.71	1398.53	10.75	11003.56	84.54
2015	716.12	5.05	1528.64	10.79	11925.13	84.16
2016	822.89	5.25	1610.49	10.27	13243.36	84.48
2017	975.49	5.54	1849.21	10.50	14781.43	83.96
2018	1090.37	5.54	2190.87	11.13	16396.69	83.33
2019	1335.57	6.03	2498.46	11.28	18309.55	82.69

资料来源：《中国科技统计年鉴 2021》。基础研究、应用研究、试验发展比重指三类支出分别与研究与试验发展经费内部支出的比值。

优化资源配置的重要方向，是要加强基础研究领域的投入力度，不断提高基础研究支出占比，这是事关科技创新、创新致富的重大方向问题。我们需要基础性制度安排和精准施策"双管齐下"，全面统筹短期和中长期，既要立足问题导向，有效突破自主创新的关键瓶颈、关键环节，又要坚持目标导向，优化科技创新资源配置结构，有力推进体制机制创新，激活人民群众的主动性、创造性，充分发挥人才红利和制度红利。研发费用加计扣除政策持续发力，已经在助力提高科技创新能力方面发挥了显著作用。未来需要积极拓展政策空间，更加深入研究新发展阶段的科技创新规律，统筹考虑基础研究原始创新和应用研究关系，根据科技创新全周期成长规律，强化基础研究投入，更好地协调初创期、成长期和成熟期的风险和收益，不断促进拓展科技创新分工产业链，提升科技创新在促进共同富裕中的重要作用。

五、财税体制在促进全国统一大市场方面的功能作用还需提升

构建高水平社会主义市场经济体制，是推进共同富裕的重大战略问题，事关经济社会发展全局。历经四十多年的改革开放，我国工业化、城镇化水平不断提升，由传统农业社会以血缘关系为特征的社会结构，转向工业社会以产业分工合作为特色的社会结构，人口分布从分散走向集聚。进入新发展阶段后，工业化、城镇化趋势仍在持续，非农就业岗位不断增长，要素空间布局持续变化，人口流出地和流入地的发展也在持续分化。从这个视角看，生产地和消费地的进一步分工或分离，可能会成为高水平社会主义市场经济体制的常态性结果。要形成高效规范、公平竞争的国内统一市场，需要将国土空间开发和要素分布按照"一盘棋"布局，要求财税体制与工业化、城镇化进程相适应，由此更好地促进形成全国统一大市场。然而，从当前财税体制的部分安排来看，对建立全国统一大市场仍有一定的抑制，须不断深化改革并加以解决。

（一）统筹协调财政体制在财力均等化和集中财力干大事方面的功能作用

财政体制安排要站在国家发展全局，跳出局部和地方视角，既要推动财力均等化，同时又要集中财力干大事，强化财政资源统筹，增强对国家重大战略任务的财力保障，助力实现共同富裕目标。这两个方面功能的统筹协调，是财政体制需要考虑的重要问题，然而从当前财政体制来看，大规模财力集中到中央后又以对地方转移支付的形式给了地方，在促进财力均等化方面的作用显著，但一定程度上影响了财政资源统筹能力，不利于统筹安排财力配置。表4-12是我国一般公共预算中央本级支出及中央对地方转移支付和税收返还占比，从中发现中央本级支出占比总体稳定。表4-13是2013—2018年我国一般公共预算中央对地方转移支付和税收返还的结构情况，发现在中央对地方转移支付和税收返还中，专项转移支付呈现下降趋势，但是绝对比例仍然较高，2018年达到32.9%。

表4-12 2013—2018年我国一般公共预算中央本级支出及中央对地方转移支付和税收返还占比情况

年份	中央本级支出（亿元）	中央支出（亿元）	中央对地方转移支付和税收返还（亿元）	中央本级支出占比（%）	中央对地方转移支付和税收返还占比（%）
2013	20471.76	68491.68	48019.92	29.89	70.11
2014	22570.07	74161.11	51591.04	30.43	69.57
2015	25542.15	80639.66	55097.51	31.67	68.33
2016	27403.85	86804.55	59400.70	31.57	68.43
2017	29857.15	94908.93	65051.78	31.46	68.54
2018	32707.81	102388.47	69680.66	31.94	68.06

资料来源：财政部网站预算司财政数据栏目各年全国财政决算。本书仅搜集了2013—2018年相关数据；中央本级支出占比指中央本级支出占中央支出的比重；中央对地方转移支付和税收返还占比指中央对地方转移支付和税收返还占比占中央支出的比重。

表 4-13 2013—2018 年我国一般公共预算中央对地方转移支付和税收返还的结构情况

年份	一般性转移支付(亿元)	专项转移支付(亿元)	中央对地方转移支付和税收返还(亿元)	专项转移支付占比(%)	一般转移支付占比(%)	税收返还占比(%)
2013	24362.72	18610.46	48019.92	38.76	50.73	10.51
2014	27568.37	18941.12	51591.04	36.71	53.44	9.85
2015	28455.02	21623.63	55097.51	39.25	51.64	9.11
2016	31864.93	20708.93	59400.70	34.86	53.64	11.49
2017	35145.59	21883.36	65051.78	33.64	54.03	12.33
2018	38722.06	22927.09	69680.66	32.90	55.57	11.53

注:(1)资料来源于财政部网站预算司财政数据栏目各年全国财政决算;(2)专项转移支付占比指专项转移支付占中央对地方转移支付和税收返还的比重;一般转移支付占比指一般转移支付占中央对地方转移支付和税收返还的比重;(3)税收返还占比指一般转移支付占中央对地方转移支付和税收返还的比重;(4)值得说明的是,2019 年财政对转移支付又做了调整,将其中属于共同事权项目整合列入一般性转移支付,导致一般性转移支付和专项转移支付的口径发生较大变化,为保持口径一致性,本书仅列示 2013—2018 年的相关数据。

中央本级支出占比较低、专项转移支付占比较高,可能会影响中央财政资源统筹能力,特别是强化基础研究和原始创新投入、维护全国统一大市场、顺应工业化城镇化趋势实施财政资源配置等方面的能力受到影响。因此,适度提高中央本级支出占比、专项转移支付占比,有利于提升中央财政资源统筹配置能力,让中央政府集成更多资源,强化全局调控能力,集中力量支持基础研究原始创新,加大数字网络等新型基础设施投入,提高科技创新、产业发展的协同度,更好地顺应全国统一大市场的发展趋势。同时,建议要改变传统以属地为依据的资源配置格局,建立与国土空间布局、主体功能区相适应的财政体制,全面提升向高质量发展的能力,这对共同富裕目标有很大的促进作用。

(二)现行税制结构对建立全国统一大市场有一定影响

随着市场分工更加深化,现行税制结构不仅在收入分配调节方面亟待加强,而且影响广大人民群众参与市场竞争的效率,特别是影响各类生产要素在全国统一市场内顺畅流动，对此还需要全面深化改革予以突破。

从税制结构的总体特征来看，流转税等间接税比重仍处于较高水平，特别是增值税在间接税中仍然属于主体税种。随着市场分工日趋复杂，特别是现行增值税制仍然存在较多优惠、一般纳税人和小规模纳税人并存等问题，可能会对产业链运行带来不同程度的负面作用。再加之数字经济呈现快速发展，新产业、新业态、新模式的共同特征是创新性水平高、人力资本成本高，与现行增值税制可能存在不匹配、不适应之处，对此需要从优化税制结构、适度降低增值税比重等方面求解。

六、数字经济快速发展提出新的财税分配问题

数字经济快速发展正在改变传统工业社会下的资源配置方式，对财税分配等各个层面都带来显著影响。

（一）数字能力及数字基础设施投入均等化成为区域财税分配的重要因素

随着数字经济的快速发展，数据成为新的生产要素类型，市场配置资源的空间和范围不断拓展，从物理现实空间不断延伸至网络虚拟空间。不同主体的数字能力差异，成为决定这些主体发展能力的重要决定因素。[①] 云计算、物联网、大数据、智慧工程等先进数字技术正在改变社会成员之间的连接方式，正在衍生出更多现代产业。对此，数据的连通性、共享性成为数字资源配置效率的决定因素，参与数字经济发展、使用数字网络、网络速度等因素成为制约人们价值创造的关键因素。在2020年以来应对新冠疫情过程中，“电子商务平台+物流快递体系”等产业模式组合得到加速发展，在激活消费增长等方面发挥了关键作用，它让商品交易从“面对面”转为“背靠背”，发挥了物资供应

---

① 数字经济指以使用数字化的知识和信息作为关键生产要素、以现代信息网络作为重要载体、以信息通信技术的有效使用，作为效率提升和经济结构优化推动力的经济活动。

保障和疫情防控的双重效果。然而，我们仍然面临数字能力的巨大差异，甚至面临数字鸿沟等问题，不同群体融入数字基础设施的门槛和成本明显不同。新基建竞争力较强的地区集中在粤港澳大湾区、长三角城市群和京津冀城市群。在数字经济发展背景下，需要更好地推进数字能力均等化，让不同区域获得充分、可及、低成本的数字服务，努力促进数字基础设施投入的均等化。

（二）数字经济发展对区域税收分配带来重大冲击

数字经济发展会衍生出新的分配问题，除了不同群体数字能力的差异之外，数字经济还会对区域经济发展及不同行业带来分化作用，进而会影响区域税收分配格局。数字经济发展本质上取决于人的创意能力，而承载思想创意的载体往往是研究型高校或各种类型的实验室、工程中心等，这些载体会成为决定区域发展乃至区域税收分配的重要因素。与此同时，数字经济还会对工业社会下的就业结构和职业结构有显著影响，有些传统技能岗位甚至被数字技术所替代。我们必须要采取措施强化教育领域投入，让职业技能与数字经济发展相适应，提高个体适应就业结构转换的能力。此外，数字经济还会改变工业社会以来以常设机构为主要分配依据的区域税收分配格局，甚至可能导致部分税收从消费地转向数字平台所在地，一定程度上加剧区域间税收分配不平衡的局面。对此，要推动区域税收分配规则的优化，建立与数字经济发展相适应的税收分配规则体系，更好地与数字经济的价值创造相适应。

第三节　迈向共同富裕的现代财税体制总体考量

从共同富裕的内在规律出发，财税改革既需要着眼于问题导向，更好地推进精准施策，又要坚持目标导向，着眼于构建共同富裕的基础性制度，由此全面夯实财税体系在推进共同富裕中的功能作用。经济社会发展由“发动机”

和“制动器”共同组成，前者是建立一套创新引领经济发展的分配结构，激励社会成员以共同富裕为目标去创造财富，推动社会良性转型；后者实质是社会融合问题，要引导社会成员的收入差距控制在合理限度之内，避免收入过于分化带来社会不稳定。以共同富裕为目标建立现代财税体制，必须要把握共同富裕的本质规律，认识现代财税体制与共同富裕的内在逻辑，由此构建切实管用的基础性制度安排。建立现代财税体制，更好地推进共同富裕目标，必须正确处理好以下若干关系。

一、处理好财税体制支持高质量发展和共同富裕的关系

共同富裕目标的实现最终依赖于发展，财税体制要正确处理好高质量发展和共同富裕的关系，在发展中促进共同富裕，在推进共同富裕目标中夯实高质量发展基础，两者是相互影响、互为前提的有机统一关系。当前我国仍然面临繁重的发展任务，只有坚定不移地推动发展、继续“做大蛋糕”，才能解决发展过程中遇到的各种问题，切实化解各类风险。

（一）完善不同层次的全国统一大市场，提升包容性发展能力

随着社会主义市场经济体制不断完善，市场经济体制的层次性更加多元，不同类型生产要素的资源配置日趋复杂，完善不同层次、不同类型的全国统一大市场，提升包容性发展能力，成为高水平社会主义市场经济体制的必然要求。对此，从全局视野推动建立现代财税体制，应立足于推动各类生产要素纳入现代化经济体系，形成包容性的全国统一大市场。[①] 在这个过程中，充分发挥有为政府的积极作用，按照“全国一盘棋”理念，根据不同地区的禀赋资源优势，形成特色鲜明、功能互补的国土空间分工格局，让商品和生产要素顺应现代化转型趋势，并实现充分流动。

① 蒋震：《对完善现代税收制度若干问题的思考》，《地方财政研究》2021 年第 7 期。

从历史经验看，经济社会发展取得的每一次重大进展，都得益于人民群众劳动活力的极大发挥。提升包容性发展能力，还需要激发全体社会成员的劳动积极性，提升广大人民群众的劳动创造活力和能力，切实提升发展的平衡性、协调性、包容性。让每个社会成员都能够在全国统一大市场中得到制度红利，让不同群体各尽其才、各显其能。

（二）激发不同类型生产要素的价值创造活力

生产要素的多元性，决定了国内统一市场体系的多层次性，从培育高质量发展能力看，要构建思想创意、技术和技能“三位一体”的要素市场格局，完善不同层次的统一市场体系。构建思想创意市场，要尽快改变长期以来科技创新收益率过低的局面，充分激发思想创意在推动原始创新、解决从 0 到 1 的活力。技术进步是由原始创新驱动的衍生新产业、新业态、新模式的根本动力，这需要大幅度降低技术转移与扩散成本，从根本上增强创新驱动发展的能力。产业工人是高水平技能的核心载体，它确保思想创意、技术转化为实际社会价值。中长期增长依赖于创新和技术进步，这需要推动供给侧结构性改革、提升创新驱动发展能力，由此衍生和催化结构性增长能力。

（三）既要坚定不移地继续做大“蛋糕”，又要全面统筹分好“蛋糕”

扎实推进共同富裕，需要激发劳动者积极性，让他们在各自岗位上发挥聪明才智，同时充分保障低收入群体的基本生存和发展权利。从这一点来说，激发活力和维护社会公平正义是共同富裕的“一体两翼”，统筹兼顾、顶层设计，既要从根本上夯实高质量发展动力，又要确保经济社会安全。共同富裕要强调高质量发展是为了谁、依靠谁的问题，先富起来的群体要提高站位，坚持以人民为中心的发展思想，践行共享发展理念，更多着眼于全体人民的民生福祉。要看到，共同富裕的过程，也是个体目标与公共目标结合的过程，只有更好地实现共同富裕目标，才能构建更加稳定和谐有序的社会环境，并为每个社会成员开展价值创造奠定基础。

二、处理好财政资源配置过程中积累和消费的结构比例关系

财政资源配置于积累和消费的关系，是任何时期都要合理确定的重大战略问题，也是推进共同富裕过程中的核心问题。随着我国在全球分工格局中的地位持续上升，我国正在从发展初期的生产地与世界工厂，逐渐转变为消费目的地和生产地并重，而且随着我国创新驱动能力的逐步增强，正在从依赖于全球分工转变为引领全球分工。进入新发展阶段，需要深入考量财政资源用于积累和消费的关系，合理确定宏观税负和财政支出的总量和结构，增强消费对经济发展的基础性作用。

（一）从物资要素投资驱动为主转向创新或人力资本驱动为主

更好地发挥全体人民积极性、主动性、创造性，是高质量推进共同富裕的必由之路。全球正迎来新一轮的产业革命，人类社会正处于从工业社会向数字社会转型的重大节点，创新驱动将成为新一轮经济增长的核心动力。在社会大变革中，劳动要素也在重新分化，最显著的结果就是创意性劳动的出现。拥有知识产权的人才群体将成为价值创造的重要来源，他们的创意性劳动会对个人所得税产生深远影响。数字社会的显著特征是创新驱动，确切地说是“创意”驱动①，如果说创新是结果，那么创意就是源泉动力。差异化、个性化的创意，解决的是“方向”性问题，即“往哪里走”的问题，未来将成为引领经济发展的核心动力。以原创性人才为代表的人力资本，将成为各国争夺的主要对象。财政应支持建立各类人才载体，鼓励国内高校、科研机构等建立学科团队，构建联合实验室、协同创新中心、学科创新中心等载体。财政支持构建科技创新专业分工体系，建立一整套科研成果转化体系，并构建创意与技能扩散

① 按照数字社会的发展趋势，最核心的要素是人的主观能动性。创意是基于对现实事物的认知和理解，在此基础上形成的一种抽象思维和现实潜能。

平台，把思想家和技能型人才组织起来，依托市场需求及产业项目带动更多人才成长，相应地财政也应加大针对人力资本的投资力度。

（二）正确处理好投资率和消费率关系，适度提高劳动报酬份额

消费的快速增长能深刻反映新产业、新业态、新模式的快速衍生、演化和发展，背后代表着就业机会和社会稳定，没有就业也就没有消费，因此是人民群众福利水平的重要体现。从历史经验看，各个经济体在摆脱基础设施短缺状态后，都面临寻找新的经济增长动力问题。新时期大力推动“收入倍增计划”，就是要通过分配措施调动人的积极性，拉动消费需求，以实现经济可持续发展。财税手段也要更好地支持消费需求，提升劳动收入份额，并助力居民收入持续稳定增长。

三、处理好完善基础性制度和优化政策措施的关系

共同富裕涉及的领域宽广，几乎与经济社会发展过程中的所有重大命题均有关联，亦涵盖了收入分配全周期的不同环节明确财税体制在收入分配各个阶段的功能作用，需要从完善基础性制度入手，构建基础性制度为主、精准施策相补充的功能体系。

（一）立足于目标导向，推动基础性制度建构

推动实现共同富裕目标，要更多依赖于基础性制度，同时将优化政策措施、精准施策有机结合。对此，要推动深化制度改革及制度创新，更加明晰财税体制在初次分配、再分配、三次分配中的功能作用，充分调动人民群众的积极性、创造性，有效发挥制度红利、人才红利。从初次分配环节看，强化针对基础研究和原始创新领域的投入力度，支持科技创新分工和专业化水平不断提升，降低产业链不同环节的制度性交易成本，提升科技创新、人才创新的活力和动力，统筹协调科技创新不同环节的成本负担和收益水平，优

化创新驱动发展的“生态”环境体系。从再分配环节看，需要更加发挥税制在调节收入分配、激发劳动活力的功能作用。目前我国直接税课税对象的覆盖面总体不高，这限制了直接税在调节收入分配中的效果。直接税体系是我国税制改革的重点，随着直接税比重逐步提高，未来直接税在筹集收入、调节收入分配中的功能作用会持续强化。从第三次分配环节看，对促进优化三次分配的基础性制度体系还有待完善，财税体制应该在秉持自愿原则下的适度激励引导作用，鼓励、支持、推动与第三次分配相关的制度体系建设。

（二）立足于问题导向，推动精准调控、精准施策

在完善基础性制度的基础上，统筹确定政策的功能作用，针对局部领域出现的问题，打破束缚共同富裕的体制机制藩篱，特别是在构建高水平社会主义市场经济体制方面再发力，为深化改革创造好的环境。完善财政政策机制，要更好依托于体制机制改革，发挥逆周期调节作用，根据实时经济运行中的现实问题，从供给和需求两侧实施总量和结构性政策，发掘内需潜力、改善供给质量，让经济社会运行更加有韧性、富于弹性、保持流动性。特别是在持续扶持科技创新等方面，更加统筹全局、遵循规律，出台一批实招。

四、处理好财税体制支持传统产业和新产业的关系

（一）财税体制要切实有效应对产业结构和就业结构变化

历史经验表明，每一次重大技术进步都可能会产生众多新就业、新职业类型，工业革命爆发后，人类社会从传统农业社会向工业社会转型升级，工业技术的迅速发展造就了一批不同于传统农业的新产业，与传统农业相关的劳动岗位不断减少，带来不同程度的结构性失业。但这并没有造成长期趋势性影响，工业发展创造了更多的非农就业岗位，非农产业成为社会价值创造的主体

部门，由此带来工业化和城镇化的发展结果。① 数字经济的快速发展正在重现这种规律，数字产业化和产业数字化日新月异，数据算法正在成为凝结人类劳动的新领域，也成为积累社会财富的新动力。随着数字技术的大规模应用，正在不断降低供给和需求之间的信息不对称水平。此外，数字经济领域形成了很多新产业、新业态、新模式，网络直播、短视频等新产品新服务层出不穷，正在改变传统价值创造模式。但是，也要密切关注局部领域出现的就业结构转换风险，运用财税手段妥善应对。

（二）财税体制要切实提升数字能力和数字基础设施均等化

数字经济的发展，促使基础设施形态发生巨大变化。工业社会下的基础设施形态主要体现在“铁、公、基”等类型，而数字社会下的基础设施主要体现在云计算、物联网、大数据、智慧工程等新型基础设施，它满足经济社会运行对数字、数据的需求。在这种情况下，市场效率的主要决定因素从工业基础设施形成的区位条件，转变为依托于新型基础设施的数字能力优势，数字网络的连通性、可得性、普及性、运行速度，成为市场活力的重要影响因素。人们离开数字网络后，正常的工作生活秩序和收入能力将受到影响，相关成本大幅提升；不同年龄、不同区域、不同职业的群体在使用数字网络能力方面的差异仍然较大，甚至少部分群众还无法便捷使用数字网络，更谈不上能公平参与到市场竞争之中。反而，由于数字经济的快速发展，带来要素分配结构及就业结构的巨大变化。数字经济发展的核心在于数据算法，背后体现的是劳动者的思想创意，劳动要素会进一步分化为思想创意型、技术技能型两类，这需要着力推动数字能力均等化，抹平“数字鸿沟”，实现数据市场准入的起点公平，调节不同群体在运用数字网络中的能力差异。

---

① 蒋震、刘颖：《新发展阶段完善现代税收制度的思考》，《税务研究》2021 年第 6 期。

五、处理好激发劳动致富活力和保持社会流动性的关系

（一）切实有效发挥劳动积极性

从社会总体福利角度来看，现代财税体制应遵循公平前提下的效率最大化。实现共同富裕目标必须要充分发挥社会活力，确保社会合理、公平、有序适度流动，防止社会结构固化。社会经济的重要功能在于既实现社会公平正义，让低收入群体享有基本的生存权与发展权，又能让整个社会成员充分有活力。“幸福都是奋斗出来的”，我们需要用财税体制有效激发社会活力、保持适度流动性，避免社会结构固化，引导鼓励社会成员通过自身劳动满足美好生活需要，避免陷入“不劳而获”的境地。如果不同社会群体的流动性趋于下降，并长期得不到解决，就可能会引发社会不稳定风险，影响经济社会向更高水平发展的能力。财税政策就是要努力保持适度的社会流动性水平，形成公平正义、合理有序的社会流动格局，更好激发人民群众的创造活力，促进经济社会发展更加有包容性。

（二）适度保障和激发活力有机结合

从各国转型发展历史看，并不是所有国家都能做到持续稳定增长，重要原因之一就是经济发展到一定阶段后没有注重社会结构的优化转换，从而导致经济增长乏力。“中等收入陷阱”概念指当一个国家人均 GDP 超过 3000 美元后，由于缺乏经济社会体制调整优化，导致经济社会失去活力，难以向更高水平前进，最终出现经济停滞徘徊甚至倒退。随着社会分工的不断细化，不同群体之间的社会关系更加多元化，这对财税体制提出了新的功能要求。

迈向共同富裕的财税体制要更好地将激发活力和适度保障有机结合。共同富裕是一个与经济发展阶段有关的社会经济问题，收入差距过大或者脱离发展阶段的超分配都不可取。收入过低、差距过大会引发社会不和谐，增长也

会缺乏持久动力；而超过既定经济发展阶段的过度福利分配，也会影响社会经济效率，导致经济发展动力不足，并导致新的横向不公平问题。因此，要根据发展阶段判断共同富裕的适度水平，并构建与之相适应的收入分配结构，既要保证广大人民群众的民生需要，也要对过高收入进行适度调节，将收入分配结构维持在一个合理区间范围。这要求我们在处理共同富裕问题时，财税制度安排既不能盲目追求高福利分配，又必须有底线思想，强化社会政策托底。

第四节　迈向共同富裕的现代财税体制改革战略方向

更高起点扎实推进共同富裕，提升全体人民群众的福祉水平，是加快构建以国内大循环为主体、国内国际双循环相互促进的新发展格局的内在要求。推进共同富裕目标，将更加依赖于全面深化改革，依赖于如何以财税体制改革推动有效市场和有为政府的更好结合。本节将明确迈向共同富裕的现代财税体制改革目标，更好地为深化财税体制改革提供参考。

一、财政体制优化国民收入分配格局、适度提高住户部门分配份额

无论是增加值生产环节，还是初次分配环节，或是再分配后形成的最终分配环节，企业部门分配份额一直呈现上升趋势，这反映了社会主义市场经济体制的不断完善，也与振兴实体经济的方向高度吻合。

从当前企业部门分配份额看，在国民收入分配中占比整体偏高，中长期应适当降低企业占比，保持政府部门分配份额总体稳定，与之相应的是适度提高住户部门的所得占比。同时，更应该优化企业部门内部结构，在按产业、行业细分的基础上，判断一些细分产业占比是否过高，明确未来调整的方向。应稳定实体经济企业部门占比，大幅提高科技创新行业的分配份额，提高小微经济

体的所得占比。

二、保持宏观税负总体稳定作为基础和前提

过去每次经济社会的重大转型，都离不开财税体制的有力支撑，甚至财税改革引领了其他关键环节领域的改革突破。宏观税负是对自我转型发展能力的宏观保障，当前衡量宏观税负的适度水平，要看是否能增强国家在特定发展阶段的自我发展能力。在"十四五"时期乃至2035年远景目标实现过程中，要将宏观税负总体稳定作为建立现代财税体制的前提条件，在确保总体税负变化幅度处于适度区间内，再寻求政府收入结构和税制结构的有增有减。

一方面，从现行国民收入分配格局看，政府部门占比保持总体稳定，没有大幅提高或降低的空间。我国现代化转型具有多元复合特征，不仅是经济体制转型，且涵盖到社会文化等多个方面，正确处理好不同群体间的经济社会关系，必须要有强有力的组织体系来协调统筹各方。从中长期来看，随着人口老龄化趋势不断加剧，公共卫生、民生保障等领域的支出压力不减，加之近年来实施了大规模减税降费，各级政府的财政压力骤然加大，可持续性受到一定影响，确保宏观税负总体稳定是现实经济社会运行的必然要求。

另一方面，当前宏观税负与经济社会发展基本上形成良性互动关系。宏观税负水平并没有统一模式，不是越低越好也不是越高越好，各个国家国情不同，政府在推动经济发展中的功能和角色差异很大，宏观税负是不同国家在特定发展阶段下的选择性产物。不断发挥特殊的体制机制优势，降低分工成本和协调成本，是我国取得巨大成就的体制基础。在"十二五"和"十三五"时期，我国连续实施了一系列减税降费政策，当前宏观税负水平能够适应于经济社会发展，两者形成了良性互动关系。

三、深化政府收入体系改革，不断优化全口径政府收入结构

建立与共同富裕相适应的政府收入结构，应该更加提高税收收入占全部

政府收入的比重，推动政府性收入基金等非税收入改革，构建与共同富裕工作相适应的政府收入体系。长期以来，政府性基金在支持推进工业化和城镇化中发挥了不可替代的作用，有效解决了一般公共预算在基础设施建设方面的财力缺口问题，这是在经济起飞时期采用的特殊手段。进入新时代后，高质量发展要求我们转变基础设施融资方式，推动政府性基金收入改革。随着大规模基本建设期进入尾声，根据高质量发展和共同富裕目标的新要求，需要对政府性基金收入项目进行优化调整，对已完成目标的政府性基金收入项目及时停止征收，根据需要酌情新增少量项目。如土地财政在过去支持工业化和城镇化，特别是基础设施体系建设方面，发挥了至关重要的作用。进入新发展阶段后，需要推动“土地财政”转型，大幅增加调入一般公共预算的比例，更好体现民生保障的功能作用。“土地财政”转型，并不意味着短期内就完全取消地方政府从土地出让获取财力的渠道，而是将土地出让收入及成本控制在合理水平，以此确定土地供给数量。而且要改变政府性基金收入的使用用途，更多用于科技创新、人力资本投资和基本民生保障。

另外，从深化税制改革、优化税制结构看，需要适度提高直接税比重，强化直接税在筹集财政收入、调节收入分配方面的作用。个人所得税等直接税税基需要进一步拓展，对税收收入的贡献度亟待提升。从历次个人所得税改革来看，提高免征额往往是其中的重要改革措施之一，然而这项改革措施却在一定时期内、不同程度地缩小了个人所得税征税范围、减少了征税人数，在一定时期内并不利于再分配调节作用。这也为个人所得税深化改革提出了新的方向，提高免征额不能仅作为个人所得税改革的主要内容，目前最紧迫的任务是严格按照“量能负担”原则推进改革，树立纳税人数占总人口或就业人口的目标比重，据此作为个人所得税制度设计的起点。个人所得税的功能定位是发挥收入差距分配调节作用，要求按照经济社会发展情况逐步扩大覆盖面，提高其对税收收入的贡献度。

四、优化财政支出结构、统筹经济建设支出和民生支出比重

根据新发展阶段和共同富裕要求，要更加全面统筹经济建设支出和民生支出比重，正确处理投资率和消费率的关系。一方面，优化经济建设支出结构，不等于不搞经济建设、不上投资项目，而是要根据经济发展阶段和民生需要，更多考虑轻重缓急，根据主体功能区、城镇化水平和人口密度等因素制定更加合理的投资规模及标准。事实上，科技创新、新基建、健康基础设施、生态农业、生态观光以及传统基础设施更新改造等，都是未来投资增长的重点领域。

另一方面，要提高劳动报酬在收入分配中的占比，增加居民收入水平、扩大消费需求。经过多年的经济体制转型，我国已摆脱“短缺时代”，消费升级将成为经济增长的主导动力，消费水平和就业质量将成为衡量高质量发展的重要指标。通过优化经济建设支出结构省下来的资金，部分用于“三保”并提高工资待遇，由此增强消费对经济发展的基础性贡献。

五、适度提高中央本级支出占比、优化转移支付结构

推动财政体制调整，强化中央在全面统筹财政资源配置中的能力水平，是构建新发展格局的必然要求，也是实现共同富裕目标的重要手段。要强化中央对基础研究和原始创新的财力统筹能力，提高中央本级支出占比。这要求构建与科技创新相适应的基础税制体系，更好地引导要素资源向科技创新相关领域集中。基础研究和原始创新领域的相关支出责任，要适度上收到中央政府，这样更加有利于集中资源开展前沿性、具有重大科技革命意义的基础研究和原始创新。同时，财政资源配置要坚持“全国一盘棋”，立足于优化国土空间分工布局，以主体功能区为基准进行科学合理配置，建立财政资源配置动态调控体系。推动基本公共服务均等化，降低城乡区域间基本公共服务差异对生产要素自由流动的扭曲作用。发挥各级政府积极性，强化筹集收入功能、

弱化区域分配功能，后者由财政转移支付来替代，更加激励各级政府改善辖区营商环境、维护统一市场、激发市场活力。

随着数字经济等领域的快速发展，市场在资源配置领域的形态和空间不断拓展，这对不同群体的影响不一，这要求提升不同群体发展能力的包容性，帮助劳动者适应就业结构和产业结构的中长期变化。财税政策要切实帮助受到周期调整、结构转变的部分劳动者提升就业能力，解决结构性劳动力短缺问题。同时，也要注意税收分配对区域分工的影响，这实际上是再分配的重大问题，既与区域公平分配直接相关，又直接影响到区域分工效率。对此要完善区域税收分配体制机制，运用税收分成、转移支付等手段增强区域发展平衡性，保障实施区域协调发展战略，并促进基本公共服务均等化。

第五节　以共同富裕为导向深化财税体制改革的建议

推进共同富裕目标，最终要在基础制度层面有所突破，财税制度是其中非常重要的环节。共同富裕涉及效率和公平、发展和分配等方面，不断推动现代财税体制改革，要立足于初次分配、再分配、三次分配等全覆盖的制度体系，既要全面提升激发高质量发展能力，又要强化在收入分配中的精准调节，更加有力维护社会公平正义。

一、精准测算基本生存和发展成本，予以充分保障

社会公平正义的基本内容是要确保每个社会成员的基本生存和发展权利，政府对此要提供均等化保障。在现实社会中，不同社会成员的特征有很大差异，要根据不同群体特征来精准施策，区分生存和发展。发展权利不公平是造成贫困的重要原因，在社会主义市场经济体制下，要帮助社会成员充分融入全国统一大市场，消除发展权利不公平的障碍因素。与此同时，要合理测算基

本生存成本,对由于各种原因无法融入市场体系的部分社会成员的生存权利予以充分保障。

激发全体社会成员劳动活力,是保持社会流动性的重要保障,也是推动经济高质量发展的基础条件。对于具有完全劳动能力的人群,要鼓励其自食其力,不断提升劳动创造能力和技术技能水平,创造更加公平、公正的市场机会,让他们参与到市场分工和专业化生产中;对此要以教育和就业援助为主要手段,着力提升他们参与就业的能力水平,激发其劳动意愿与奋斗活力。对无法充分参与到市场资源配置中的部分群体,必须要精确细化、精准施策,各级政府要着力实施托底保障,让他们享受更加充分的基本发展权利;对不具备完全劳动能力或完全无劳动能力的群体,财政要强调基本托底保障,根据经济发展水平及相关因素合理确定保障标准,特别是失能或半失能老人、空巢老人、抑郁症群体、残疾人、孤儿等,切实构建以生存为导向的保障机制。同时,鼓励先富人群通过三次分配来关爱保障这些群体。

二、运用财税体制促进社会融合,保持社会适度流动

需要运用财税手段更加有效调节收入分配,提升全体社会成员顺应时代发展的能力水平。扩大直接税征税范围、提高直接税比重,强化直接税在收入分配中的调控功能。“幸福都是奋斗出来的”,要更加激发人民群众奋斗的活力水平,有效抑制“不劳而获”行为,在保护合理财产性收入的基础上,对过高收入进行有效调节,提升对资本要素的调节力度,让各类财产活起来。推动基本公共服务均等化,提升全体人民的教育机会公平,抹平社会鸿沟,让劳动者能够适应工业时代向数字时代转换带来的就业结构变化,让社会运行更加有韧性、富有弹性。同时,要看到数字经济发展带来社会公平领域的新问题、新特征,在弥合数字鸿沟、提升人民群众数字能力等方面有所突破,加大教育财政投入。此外,着力破解人民群众的就业需求瓶颈,财政要重点支持职业教育体系建设,建立相应职业教育标准和市场准入标准。

三、加大针对基础研究和原始创新领域的财政投入力度

基础研究和原始创新在科技创新领域发挥着重要的作用，这个环节也有自身发展规律，初期面临巨大风险，而一旦有所突破，将对应用研究甚至科技成果转化有很大推动作用，对此，财税政策要支持平衡不同时期的风险和收益。还要看到，科技创新也要树立产业链的理念，促进专业化生产和分工，对此财税支持政策的对象要从单一主体转向整个产业链，为创新提供专业化服务的企业也纳入优惠政策范围。要发挥国有资产和财政资金在促进科研成果转化过程中的作用，针对“卡脖子”领域的科技创新成果，搭建公共服务平台，充分发挥知识扩散功能。此外，三次分配也是加强基础研究和原始创新领域投入的重要环节，不仅要关注三次分配在社会公平方面的效果，还要引导高收入群体将更多资源投入基础研究和原始创新领域，形成政府、市场、社会的合力，拓宽社会多渠道投入机制。

四、实施收入倍增计划，确保工资增长与经济增长率基本一致

财政支持扩大中等收入群体、增加居民收入水平。充分给各地放权，让各地在制定工资政策时更加具有自主权，便于各地区因地制宜谋发展，这也是改进工资分配政策的重要手段。不断优化国有企业分配机制，增强国有企业在分配政策方面的自主权限，发挥它们在增加居民收入、发挥市场活力中的积极性，提升普通职工的工资水平，缩小国企内部工资差距。优化“土地财政”支出结构，将更多土地财政获得的财政资源用于增加居民收入。对于低收入群体市场化收入增速下降的问题，部分以财政投入方式支持转移性收入增长，实施居民收入倍增计划。

五、财政支持降低预防性储蓄倾向，着力扩大消费需求

在相当长时期内，我国居民储蓄率居高不下，究其原因是预防性储蓄倾向

较高。居民消费不足不仅是消费能力不够,更可能是因为缺乏消费意愿,特别是“房价高、看病贵、教育难”等问题,使居民不敢消费。财政要精准打通住房、医疗卫生体制机制的环节,以财政方式降低居民生活负担。不断推动基本住房保障制度改革,由实物保障转向实物保障与货币保障结合。对无收入或微薄收入家庭,建立实物保障体系,提供低保房、廉租房等;对中低收入家庭提供公共低保房,以市场方式提供租赁商品房,政府对第一套租房提供一定货币化补贴。改变土地出让收入的使用结构,将一定比例用于收储或盘活部分商品房转为保障房。建立以“保健康”为导向的医疗卫生财政投入体系,取代当前“治病”为导向的体制机制,从根本上降低人民群众发生疾病的概率,有效解决因病致贫、因病返贫问题,降低医疗卫生支出负担。

六、维护全国统一大市场,基于主体功能区配置财政资源

财政应激励各级地方政府维护全国统一大市场的积极性,加快构建高效规范、公平竞争的高标准市场体系。优化区域财政资源分配,以主体功能区为配置基准,充分考虑财政资源配置与人口流动、产业布局、要素聚集等因素,既推进基本公共服务均等化,又根据不同主体功能区特征来设计相应的公共服务标准,更好地支持和优化国土空间布局,推进区域协调发展和新型城镇化。适应数字经济发展需要,财政要支持构建数据要素市场的资源配置格局,帮助居民运用数据要素提高收入水平。推动土地财政转型,赋予地方政府发行市政债券权限,并部分替代土地财政,按照市场化理念为城市项目支出融资。

七、以分工效率为导向深化间接税改革,厚植高质量发展能力

从间接税改革的历史经验看,过去我们总是主动推动税制改革以提高分工效率,未来仍要继续深化增值税等间接税改革:一是继续推动税率单一化改革,降低税制累退性,考虑对生活必需品实行低税率甚至零税率,同时在完善留抵退税政策时,考虑加快构建全国统一大市场的需要,合理确定中央和各地

承担的退税负担比例,发挥各级政府的积极性。二是随着数字经济发展,传统增值税已难以适应新产业、新业态、新模式需要,应深入研究数据要素的价值创造规律,开展税制创新,更好地促进市场分工。间接税的重要税种是消费税,扩大征税范围、提高税收收入贡献度、强化消费调节力度,是重要改革方向。将更多高档消费品纳入征税范围,更好地发挥消费税对促进合理消费、理性消费、制止浪费的作用。同时也要增加对高档服务业消费征税,这是现行税制所尚未覆盖的。当前在考虑税收征管成本的情况下,应将部分应税消费品征税环节后移。

八、不断健全直接税体系,更加强化收入分配调节作用

继续深化个人所得税制改革,逐步扩大综合所得税征收范围。更加科学合理设置免征额,按照人的基本生存和发展最低成本来定位,通过免征额设计确保个人所得税的征税覆盖面维持在相当比例,增加个人所得税对全部税收收入的贡献度。扩大综合所得税范围,更好地鼓励勤劳致富、创新致富,调节过大的财产性收入差距,优先将经常性的财产性收入纳入综合所得(比如房租所得),对源于国家重大战略领域的财产性收入给予适当税收优惠。列出正面清单,降低科技创新领域人才(特别是原始创新和基础研究领域)的个人所得税税负,考虑科技创新人才在前期培养中的成本费用负担,酌情降低综合所得税最高边际税率。积极加快推进房地产税立法与试点。考虑人民群众的合理住房需求,将税基控制在适度有限范围内,把握节奏、循序渐进,逐步提升房地产税对税收收入的贡献度;税率设计应充分考虑不同群体的税负结构,对高财产人群适当调节。坚持城乡一元理念,城镇地区计税依据以存量价值和房租收入并行,农村地区以房租为依据,无房租者不征。适度淡化房地产税的受益性,设置为中央和地方共享税,以地方为主,更好地贯彻落实中央区域均衡协调发展的战略目标。

第五章　完善促进共同富裕的社会保障体系

社会保障是扎实推进共同富裕的重要制度支撑，是保障和改善民生、维护社会公平、增进人民福祉的基本制度保障，是促进经济社会发展、实现广大人民群众共享改革发展成果的有效制度安排，是治国安邦的大问题。2021 年 5 月 20 日，《中共中央、国务院关于支持浙江高质量发展建设共同富裕示范区的意见》印发，赋予浙江建设共同富裕示范区的重大战略定位，并将推动社会保障高质量发展作为重要内容。2021 年 8 月 17 日，习近平总书记在中央财经委员会研究扎实推进共同富裕问题时，明确指出“要完善养老和医疗保障体系，逐步缩小职工与居民、城市与农村的筹资和保障待遇差距，逐步提高城乡居民基本养老金水平。要完善兜底救助体系，加快缩小社会救助的城乡标准差异，逐步提高城乡最低生活保障水平，兜住基本生活底线。”①2022 年 10 月 16 日，党的二十大报告强调“健全覆盖全民、统筹城乡、公平统一、安全规范、可持续的多层次社会保障体系”。②

完善社会保障体系是共同富裕的最本质内涵之一，而建设公平可持续的

① 《习近平谈治国理政》第四卷，外文出版社 2022 年版，第 145 页。

② 习近平：《高举中国特色社会主义伟大旗帜　为全面建设社会主义现代化国家而团结奋斗——在中国共产党第二十次全国代表大会上的报告》，人民出版社 2022 年版，第 48 页。

社会保障本身也是推进共同富裕的核心工作。当前中国特色社会主义进入新时代,我国社会主要矛盾已经转化为人民日益增长的美好生活需要和不平衡不充分的发展之间的矛盾。其中,不平衡不充分的核心内容,就是城乡、区域和不同群体间发展差距较大,部分低收入群体工作生活还面临较大困难,社会保障体系还没有给予充分的支持和保障,因此社会保障体系是共同富裕的核心内涵,同时也是推进共同富裕的重要工具。面向2035年共同富裕取得更为明显的实质性进展的远景目标,下面立足社会保障制度现有基础,在梳理社会保障体系构成的基础上,总结推进共同富裕视角下社会保障制度存在的主要问题,归纳面向共同富裕的社会保障制度体系的发展方向,并提出共同富裕目标下进一步改革社会保障体系的政策建议。

第一节　我国现行社会保障体系及其演进

一、中国特色社会保障制度体系框架

共同富裕是全体人民的共同富裕,这就意味着在奔向富裕的道路上,社会成员“一个也不掉队”。无处不在的风险是实现共同富裕道路上的重要障碍,每一位社会成员都会面临各种风险,很多时候仅依靠个人和家庭很难完全抵御风险带来的损失。因此,世界上绝大多数国家通过建立社会保障制度,为其国民提供基本的风险保障。国际劳工组织对“社会保障”的定义是,社会通过一系列的公共措施对其成员提供保护,以防止他们由于疾病、妊娠、工伤、失业、残疾、老年及死亡而导致的收入中断或大大降低而遭受经济和社会困窘,对其社会成员提供医疗照顾,以及对有儿童的家庭提供补贴。而按照中国农村工作大辞典的解释,社会保障源于古代的救济和保险行为,是国家或社会对于因生老病死、灾害事故、心身障碍、失业待业等而发生困难的社会成员、个人以及其家庭提供的满足其生存所需求的物质生活资料并给予帮助的制度。从

国内外对比来看，我国的社会保障制度，包含了社会保险、社会福利、社会救助和社会优抚等项目，内容更加丰富，保障更为全面。

近年来，随着社会保障越来越受重视，各个领域的专家学者和政府决策者从不同视角对社会保障制度现状和发展方向进行了探讨，一方面拓展了社会保障的研究领域；另一方面出现了概念和范围的模糊，甚至对社会保障制度的基本架构和制度应恪守的基本原则还存在争议。所以当前社会保障制度改革的迫切任务是要凝聚共识，明确各类社会保障制度的功能作用和范围界限，明确社会保障制度包括与不包括哪些。通常来看，社会保障的一级制度包括社会保险、社会救助、社会福利、优抚安置等，有时候补充保障制度包括企业年金、商业保险等也算作社会保障范围，当然慈善作为第三次分配有时也被纳入进来，还有“五险一金”中的住房公积金也算是一个组成部分。图 5-1 是我国社会保障制度体系框架，进一步看二级制度或三级制度则包括几十个，每个制度的运行逻辑都存在很大差异。如果按层次来划分，社会救助是兜底性制度，社会保险是基本性制度，年金和商业保险是补充性制度。总的来看，我国社会保障体系多元化特征明显，观察理解社会保障制度在助力共同富裕的作用时，这个差异性和分散性是非常重要的考量因素。

总体看，我国社会保障制度体系不断健全，目前已逐步建立起以社会救助、社会保险、社会福利为主要手段的政策体系，包括五险一金、企业年金、职业年金、补充医疗保险、城乡居民最低生活保障等社会制度，各种专项救助、临时救助、老年人福利、残疾人福利体系也已建立，就救济数量、福利层次、参保人员、基金规模和覆盖体系而言，我国目前已经建立了全世界最大的社会保障网络（见图 5-2）。

在促进共同富裕的背景下，如何进一步改革完善社会保障制度，离不开对社会保障制度历史沿革的回顾，也就是说现行制度是怎么一步步走到现在的。总的来看，我国现行社会保障制度发展到今天非常不容易，当前推进改革也不是在一张白纸上绘画美好蓝图，只能是在现行制度基础上逐步地加以改革完

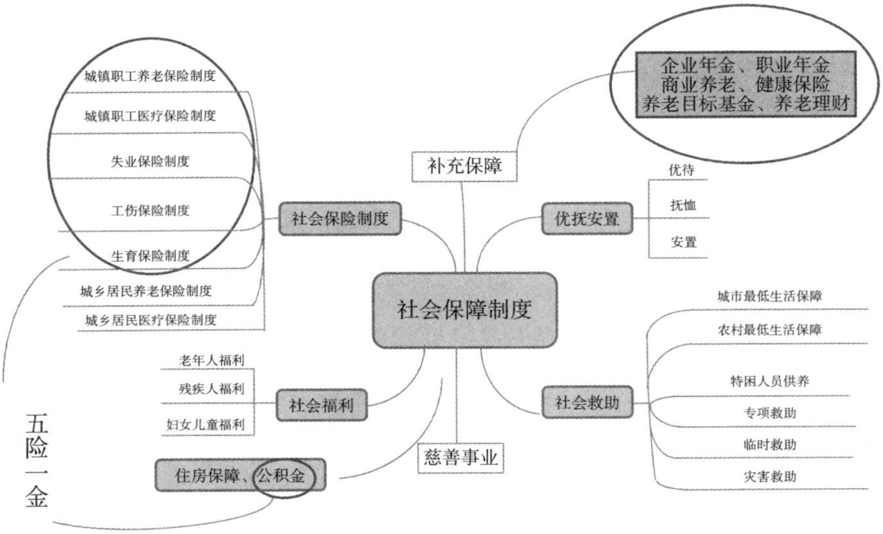

图 5-1　我国社会保障制度体系框架

资料来源:笔者根据相关资料归纳整理。

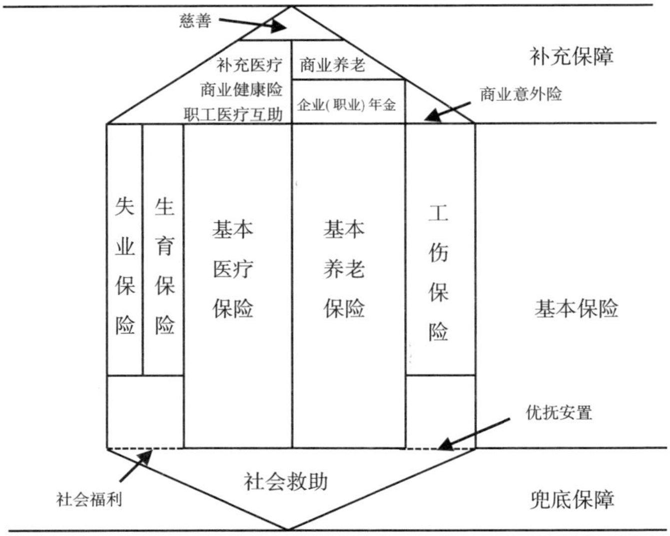

图 5-2　多层次视角下社会保障制度体系

资料来源:笔者根据相关资料归纳整理。

善。应该说，发端于新中国成立初期的工资激励和国有企业政策调整，启动了我国社会保障政策不断前进的改革道路。从统筹工资计划到保障个体基本生活，从建立早期商品生产分配体系到完善劳动力市场，从适应社会主义商品经济到建立现代市场经济体系，由此才建立了比较完整的现代社会保障制度调节体系，并在促进共同富裕方面发挥了积极作用。①

1954 年，新中国第一部宪法诞生并颁布实施，在第三章“公民的基本权利和义务”中，第 93 条明确规定“中华人民共和国劳动者在年老、疾病或者丧失劳动能力的时候，有获得物质帮助的权利。国家举办社会保险、社会救济和群众卫生事业，并且逐步扩大这些设施，以保证劳动者享受这种权利”，并在其他条款就劳动就业、婚姻家庭、妇女儿童保护、青年健康发展等方面作出明确规定。这是对国民社会保障权益比较系统的论述，涵盖了社会成员所面临诸多重要风险的保障项目：贫困风险、就业风险、疾病风险、老年风险等，为社会救助、社会保险和老人妇女儿童以及军人福利制度建立提供了宪法依据。

1978 年以后，国家逐步实行以市场化为导向的经济体制改革，原先与计划经济体制相适应的社会保障制度表现出种种不适应，影响到部分社会成员的社会保障权益。为此，国家在社会保障领域进行了一系列改革，旨在更有效实现国民的社会保障权益。经过长期探索，逐步实现了社会保障制度转型，并使国民社会保障权益得到扩展。1982 年宪法（即现行宪法）对国民社会保障权益增加了新的内容：一是明确社会保障权益为国民基本权益，保障群体由劳动者扩展到全体国民；二是对特殊群体的社会保障权益表述更加明确，为老年人、妇女儿童、军人军属还有残疾人的社会保障权益提供了宪法依据。随着改革开放的不断推进，1982 年宪法关于国民社会保障权益的规定也逐步得到落实。

从最近二十多年来国家关于社会保障事业发展方针表述的变化，也可以

---

① 万海远：《走向共同富裕之路》，人民出版社 2022 年版，第 57 页。

清晰地看到社会保障理念的变化。20 世纪 90 年代，关于社会保障改革发展的方针表述是“低水平、广覆盖、多层次”。进入 21 世纪，表述更为完整：“广覆盖、保基本、多层次、可持续”。2012 年，党的十八大关于社会保障发展方针的表述是“全覆盖、保基本、多层次、可持续”。五年后党的十九大再次强调社会保障要“覆盖全民”。从“广覆盖”到“全覆盖”，虽仅一字之差，但意义非凡。这是社会保障理念的重大转变，是对国民社会保障权益的进一步确认，表明我国社会保障制度逐步走向成熟（见表 5-1）。2022 年党的二十大再次专段提出要“健全社会保障体系”，下面将重点阐述社会救助、社会保险和社会福利制度及其主要演进历史。

表 5-1　1989—2021 年我国主要社会保障制度参保人数（单位：万人）

年份	城镇职工养老	城镇（乡）基本医疗	失业保险	工伤保险	生育保险	新农合	新农保	城居保	城市低保	农村低保
1989	5710	—	—	—	—	—	—	—	—	—
1990	6166	—	—	—	—	—	—	—	—	—
1991	6740	—	—	—	—	—	—	—	—	—
1992	9456	—	—	—	—	—	—	—	—	—
1993	9848	—	—	—	—	—	—	—	—	—
1994	10574	400	7968	1822	916	—	—	—	—	—
1995	10979	746	8238	2615	1500	—	—	—	—	—
1996	11117	856	8333	3103	2016	—	—	—	85	—
1997	11204	1762	7961	3508	2486	—	—	—	88	—
1998	11203	1878	7928	3781	2777	—	—	—	184	—
1999	12485	2065	9852	3912	2930	—	—	—	266	—
2000	13617	3607	10408	4350	3002	—	—	—	403	—
2001	14183	7286	10355	4345	3455	—	—	—	1171	305
2002	14737	9401	10182	4406	3488	—	—	—	2065	408
2003	15507	10902	10373	4575	3655	—	—	—	2247	367

续表

年份	城镇职工养老	城镇(乡)基本医疗	失业保险	工伤保险	生育保险	新农合	新农保	城居保	城市低保	农村低保
2004	16353	12404	10584	6845	4384	8000	—	—	2205	488
2005	17488	13783	10648	8478	5409	17900	—	—	2234	825
2006	18766	15732	11187	10269	6549	41000	—	—	2240	1593
2007	20137	18020	11645	12173	7775	72600	—	—	2272	3566
2008	21891	31698	12400	13787	9254	81500	—	—	2335	4306
2009	23550	40147	12716	14896	10876	83300	—	—	2346	4760
2010	25707	43263	13376	16161	12336	83600	10277	—	2311	5214
2011	28391	47343	14317	17696	13892	83200	32644	357	2277	5306
2012	30427	53641	15225	19010	15429	80500	48370	—	2144	5345
2013	32212	57073	16417	19917	16392	80200	49750	—	2064	5388
2014	34124	59747	17043	20639	17039	73627	50108	—	1877	5207
2015	35361	66582	17326	21433	17771	67000	50472	—	1701	4904
2016	37930	74392	18089	21889	18451	58800	50847	—	1480	4587
2017	40293	117681	18784	22724	19300	—	51255	—	1261	4045
2018	41902	134459	19644	23874	20434	—	52392	—	1007	3519
2019	43488	135407	20543	25478	21417	—	53266	—	861	3455
2020	45621	136131	21690	26763	23567	—	54244	—	805	3621
2021	48075	136424	22958	28284	23851	—	54797	—	738	3474

注:(1)数据主要来源于历年《中国统计年鉴》《中国劳动统计年鉴》和《中国人口和就业统计年鉴》;(2)城镇职工养老:1997年,统一了全国城镇企业职工基本养老保险制度,之前数据为各地试点情况;(3)城镇基本医疗:1998年,颁布《国务院关于建立城镇职工基本医疗保险制度的决定》,建立了统一的职工医保制度。2007年,城镇居民医保制度建立后,“城镇基本医疗保险”包括城镇职工和城镇居民两项制度;(4)失业保险:1999年,国务院颁布《失业保险条例》,建立了相应制度;(5)工伤保险:1996年,原劳动部颁发《企业职工工伤保险试行办法》,2003年,国务院出台《工伤保险条例》;(6)生育保险:1994年,原劳动部颁发《企业职工生育保险试行办法》,建立了相应制度;(7)新农合:2003年开始建立。新农保:2009年开始建立;(8)城市低保:1999年,国务院颁布《城市居民最低生活保障条例》,制度建立;(9)农村低保:2007年8月,下发《国务院关于在全国建立农村最低生活保障制度的通知》,制度建立;(10)2012年8月起,新型农村社会养老保险和城镇居民社会养老保险合并为城乡居民社会养老保险;(11)2016年1月,国务院出台文件要求合并城镇居民基本医疗保险和新型农村合作医疗保险。

二、社会救助制度概述及其演进

社会救助是民生保障的底线,也是实现共同富裕最坚实的底部支撑。中国是一个自然灾害频发的国家,灾害救助是历史上最为悠久的社会救助项目。新中国成立之后,人民政府总结历史经验和教训,奉行“救急不救穷”的理念,提出“不许饿死人”的口号和“节约救灾、生产自救、群众互助、以工代赈”的救灾方针,把救灾救济与发展生产结合起来,有效应对了各类自然灾害,并促进了经济发展。由于国民经济基础薄弱和长期战乱,新中国成立之初我国城市失业问题十分严峻。1949 年,全国大中城市失业人员有 470 多万人,失业率高达 23%。为此,1950 年 4 月,发布了《中共中央关于举行全国救济失业工人运动和筹措救济失业工人基金办法的指示》。1950 年 6 月,政务院颁布了《救济失业工人暂行办法》,这是一项兼具失业保险和社会救助性质的社会保障政策。在提供食物、资金和各类生活用品的同时,国家还通过各级组织采取了以工代赈、生产自救、转业训练、还乡生产等措施,有效保障了失业者及其家庭的基本生活,并使他们走上新的劳动岗位,实现他们的劳动权益。

在农村,1956 年中央提出了《1956 年到 1967 年全国农业发展纲要草案》(简称“农业 40 条”),对农村社会保障工作提出了若干意见,主要是针对困难群体和特殊群体由集体经济提供帮助,其中第 3 条就是五保供养制度,即由农村集体经济组织(农业生产合作社)对缺乏劳动力、生活无依靠的鳏寡孤独者和残废军人提供基本生活保障,包括吃、穿、燃料、安葬和少年儿童的教育。

改革开放之后,随着城乡社会保险制度的健全和完善,国家针对社会成员的各类风险,逐步增加了更多社会救助项目,形成了一个具有兜底功能的社会救助体系(见图 5-3)。1999 年,在总结上海等地经验的基础上,颁布了《国务院城市居民最低生活保障条例》;2007 年,在总结浙江等地经验基础上,国务院发出了《关于在全国建立农村最低生活保障制度的通知》;2003 年,国家把流浪乞讨人员收容遣送制度,改为城市生活无着落的流浪乞讨人员救助管理制度;2010年,在总结几千年来灾害救助经验教训的基础上,国务院颁布了《自然灾害救助条例》;2014年,国务院发布《社会救助暂行办法》,将农村五保供养制度和城镇“三无”人员保障制度统一为特困人员供养制度,进一步完善以最低生活保障为代表的城乡社会救助体系,针对老人、儿童、残疾人等特殊群体的福利制度也不断完善。国家通过实施医疗救助、教育救助、就业救助、住房救助、司法救助、临时救助等专项救助,旨在确保国民社会救助权益的落实。

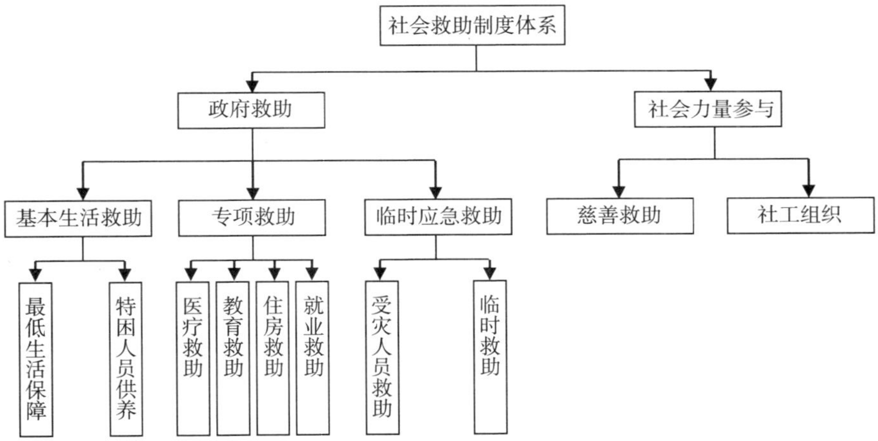

图5-3　中国社会救助制度体系框架

资料来源:笔者根据相关资料归纳整理。

党的十八大以来,国家实施精准扶贫、兜底脱贫,到2020年年底解决了绝对贫困问题,有效地保障了困难群众的基本权益。党的十九届五中全会后,中央提出将促进全体人民共同富裕摆在更加突出的位置。这需要以低收入人口为重点,巩固拓展脱贫攻坚兜底保障制度,统筹发展城乡社会救助制度,健全低收入人口动态监测和常态化救助帮扶机制,完善分层分类的社会救助体系,切实兜住、兜牢、兜好基本民生保障底线。其中包括切实找准、摸清低收入人口底数,明确低保边缘人口与生活困难人口,及时预警低收入人口潜在风险,强化分层分类救助,建好低收入人口救济保障体系,为低收入人口救助帮扶提供制度化保障。

三、社会保险制度情况及其演进

社会保险是社会保障的主体制度，也是发挥社会保障促进共同富裕的主要制度支撑。如在2019年社会保障制度的财政支出为24287亿元，其中社会保险的财政支出为19104亿元，仅此一项的占比就达到79%，由此表明社会保险在社会保障制度中的绝对主体地位。社会保险制度最早出现于德国，被认为是处理劳动者基本风险的有效方法，因而很快被世界上多数国家所采用，并成为社会保障权益的重要实现方式，被认为是现代社会保障体系的核心。我国目前已建立了覆盖城乡全民包括基本保险与补充保险，涵盖养老、医疗、失业、工伤等在内的系统性社会保险体系，对促进全体人民共同富裕提供了坚实的制度保障（见图5-4）。

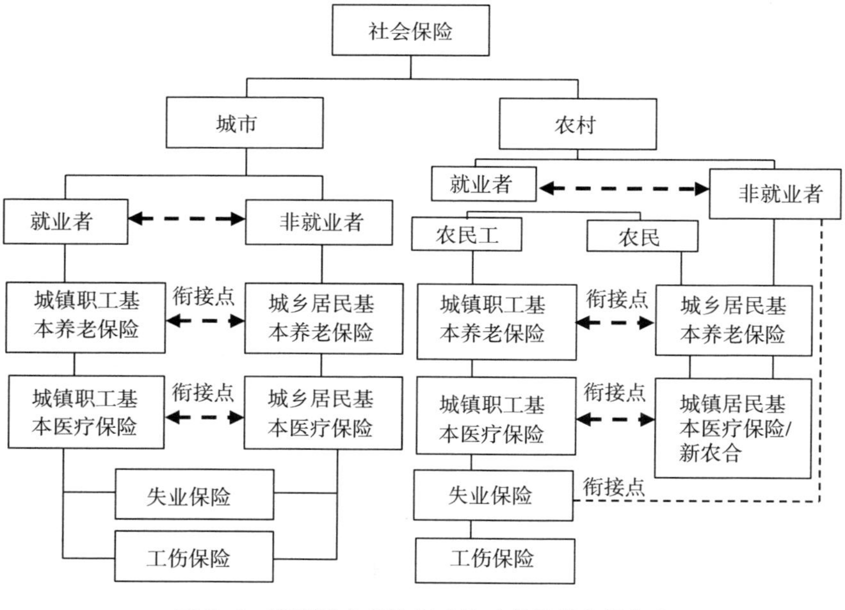

图5-4　我国社会保险制度和政策统筹衔接框架

资料来源：笔者根据相关资料归纳整理。

早在1922年,中国共产党第二次全国代表大会就提出了关于社会保险的一系列主张。20世纪30年代,中华苏维埃临时中央政府在江西中央苏区专设劳动部门,内设失业工人介绍局、社会保险局等机构,办理社会保险事宜。解放战争后期,在东北地区全面试行劳动保险制度。中华人民共和国成立后,我国开始建立劳动保险制度。1949年9月29日通过的《中国人民政治协商会议共同纲领》(以下简称《共同纲领》)第32条对工薪劳动者权益做了规定,包括劳动者参与企业管理、劳动合同、劳动时间、最低工资、安全生产等,其中特别提到"逐步建立劳动保险制度"。

1951年,政务院颁布了《中华人民共和国劳动保险条例》,对企业职工面临的工伤、医疗、病假、养老、生育、死亡等基本风险作出了明确的保障待遇规定,标志着新中国社会保险制度的诞生,企业职工的社会保险权益得到全面确立。在劳动保险制度实施之后,国家逐步颁布了一系列单项政策,形成了公职人员社会保障制度体系,这其中包括从1951年开始陆续为公职人员退休退职建立的退休金制度、在1952年建立的公职人员公费医疗制度和职业伤害保障制度、在1955年建立的生育保障制度等。

改革开放后,为适应城市经济体制改革的需要,经过艰辛的探索,逐步明确了工薪劳动者社会保障制度改革的方向,其主要特征是管理服务社会化、资金来源多元化。20世纪80年代中期开始,部分地区开始探索企业养老金、生育医疗费用地区统筹的方法。90年代后期,改革逐渐深入、范围不断扩展,国家逐步建立起一套新的社会保险制度以及新的管理体制和运行机制,主要包括职工生育保险(1994年)、工伤保险(1996年)、基本养老保险(1997年)、职工基本医疗保险(1998年)、失业保险(1999年)等项目。再之后,过去只有工薪劳动者才能享受的社会保障项目开始逐步向农民扩展。2002年,国家正式提出为农民建立基本医疗保障制度,并于2003年开始逐步试点。2009年,国务院决定开展新型农村社会养老保险试点,这就意味着基本医疗保险权益和基本养老金权益由工薪劳动者扩展到全体公民。由此开始,保险方式更多地被用于社会保障领域，社会保险逐步成为我国社会保障体系中惠及范围最广、所需资金量最大、技术性最强的项目，社会保障模式则由国家福利型逐步转变为社会保险型。鉴于养老保险和医疗保险制度在我国社会保障体系中的核心地位，下面对这两项制度作进一步介绍。

一是基本养老保险制度。1951 年，《中华人民共和国劳动保险条例》颁布，建立职工退休养老保障制度。20 世纪 80 年代中期，我国实行经济体制改革，企业开始自主经营、自负盈亏，养老金负担不平衡矛盾逐渐暴露出来，迫切要求进行养老保险的社会统筹。各地区探索以退休费用社会统筹为主要内容的改革，以适应经济体制改革的需要。1991 年，国务院颁布《关于企业职工养老保险制度改革的决定》，明确建立多层次养老保险体系的目标，养老保险由国家、企业、个人三方共同负担。1993 年，中共中央十四届三中全会提出，城镇职工养老和医疗保险金由单位和个人共同负担，实行社会统筹和个人账户相结合。1995 年，印发《国务院关于深化企业职工养老保险制度改革的通知》，进一步明确社会统筹与个人账户相结合的基本养老保险模式，同年国务院批准了两套养老保险制度方案供各地选择并组织开展试点。在随后的两年时间里，各地区根据实际情况制订了养老保险改革方案，但在社会统筹与个人账户比例、缴费率等方面存在差异。为解决制度不统一问题，进一步提高统筹层次以及完善管理制度，于 1997 年颁布《国务院关于建立统一的企业职工基本养老保险制度的决定》，进一步明确了社会统筹与个人账户相结合的养老保险模式。其中，用人单位缴费的基本养老保险费进入统筹基金，用于支付基础养老金、体现社会互助共济；个人缴纳的基本养老保险费进入个人账户（其余部分从企业缴费中划入），用于负担退休后个人账户养老金支付，体现个人责任。至此，覆盖企业的统一职工基本养老保险制度建立起来。2005 年，为解决制度运行中存在的个人账户没有做实、计发办法不尽合理和覆盖范围不够广泛等问题，国务院在总结东北地区三省完善城镇社会保障体系试点经验的基础上，发布了《国务院关于完善企业职工基本养老保险制度的决定》。其中核心的改革措施包括:将非公有制企业、城镇个体工商户和灵活就业人员作为扩大覆盖面的重点;逐步做实个人账户;改革基本养老金计发办法等,该文件明确缴费率为“单位20%+8%”,并决定在更大范围“逐步做实缴费基数”,改革养老金计发办法(基本养老金由基础养老金和个人账户养老金共同组成),从此该制度基本定型,并执行至今。之后政策上又陆续出台了若干改革措施,以不断发展完善养老保险制度。例如,2009年9月,出台《国务院关于开展新型农村社会养老保险试点的指导意见》,在农村建立养老保险制度;2011年6月,印发《国务院关于开展城镇居民社会养老保险试点的指导意见》,针对城镇无固定工作居民建立了养老保险制度;2014年2月,印发《国务院关于建立统一的城乡居民基本养老保险制度的意见》,统一了城乡居民养老保险制度,至此实现了养老保险制度的全民覆盖;2015年1月,又发布《国务院关于机关事业单位工作人员养老保险制度改革的决定》;2017年11月,发布了《划转部分国有资本充实社保基金实施方案》的通知;2018年5月,又进一步提出《关于建立企业职工基本养老保险基金中央调剂制度的通知》,由此不断完善新形势下的养老保险制度,促进制度更加公平和可持续。

二是基本医疗保险制度。20世纪50年代,各地开始探索建立劳保医疗制度和公费医疗制度,覆盖国有、集体企业职工和机关事业单位群体。《中华人民共和国劳动保险条例》明确规定了4项疾病、非因工负伤和残废待遇。劳动保险基金主要支付病伤6个月以上的救济费及残废退职后补助费),该条例还明确了职工供养的直系亲属患病的合规费用,由单位负担一半(即“家属半费医疗”待遇)。这一时期,还有部分农村地区开始探索“社办合作医疗”“统筹医疗”“集体保健医疗”等,由此显露出农村合作医疗的雏形。到20世纪70年代,公费、劳保医疗制度覆盖了全国75%以上的职工及离退休人员,而农村合作医疗也形成快速推进之势。

到20世纪80年代,不少地区对坚持医疗制度和经费管理有所放松,存在严重的医疗资源浪费现象。为引导职工提升医药费用节约意识,抑制过度医疗服务需求,国家相继出台了一些办法(如《关于制止把医药费全部发给职工个人包干使用的通知》《享受公费医疗、劳保医疗人员自费药品范围规定》等)。尽管如此,由于医疗费用增长过快,财政和企业不堪重负;长期以来统筹互济机制的劳保医疗此时已退化为单位自我保障,新老企业负担不平衡,苦乐不均,各地从强化管理、控制供需双方等方面,对劳保医疗制度和公费医疗制度进行改革。部分地区开展大病统筹试点,将职工医疗费用由国家全部包揽的做法改变为国家和职工个人共同负担。1988 年,国务院批准成立了医疗制度改革方案研究小组。各地开始在国营企业范围内,探索不同范围的大病医疗费用社会统筹,并加强对医院的医疗费用控制改革。1989 年,国家实行《公费医疗管理办法》,对公费医疗的保障范围、经费开支等进行了规范。80 年代以后,由于普遍实行家庭联产承包责任制,农村集体经济逐步瓦解,合作医疗制度逐渐失去了生存发展的土壤,合作医疗覆盖率急速下降(据相关资料统计,到 1989 年全国行政村中仅剩下 5%仍在坚持实行合作医疗)。

1993 年,党的十四届三中全会决定指出,城镇职工养老和医疗保险金由单位和个人共同负担,实行社会统筹和个人账户相结合。1994 年,国家决定在江苏省镇江市、江西省九江市开展职工医保制度改革试点(以下简称“两江试点”)。试点的核心精神就是要适应社会主义市场经济要求,建立统账结合的基本医疗保险制度。1996 年,国务院办公厅决定扩大职工医疗保障改革试点,各地在探索统账结合模式的过程中,对于采取“通道式”还是“板块式”引起不少讨论(“通道式”即按照个人账户支付、个人自付、统筹基金支付的顺序使用医保基金;“板块式”即统筹基金用于支付大病住院医疗费用支付,个人账户用于支付门诊、小病等费用)。这一问题的讨论,事实上是对个人账户功能的界定存在认识不一致的问题。之后“两江试点”和 50 多个城市的试点取得了初步效果,证明统账结合的模式可以推广。1998 年 12 月,国务院颁布《关于建立城镇职工基本医疗保险制度的决定》,确定了职工基本医疗保险制度的基本框架。这对实行多年的公费、劳保医疗制度来说,是一项根本性的制度变革。在这一规定中，完全采纳了地方试点总结出的“板块式”结构，明确统筹基金和个人账户要划定各自支付范围，分别核算，不得互相挤占。①

进入新世纪，面对农村医疗卫生工作存在的诸多问题，国家决定逐步建立新型农村合作医疗制度，采取农民个人缴费、财政补助的方式，主要补偿参合居民的住院费用。2003 年，国务院办公厅印发《关于建立新型农村合作医疗制度的意见》明确新农合坚持以大病统筹为主，但在试点实践中有农民反映基本不得病，白白缴了一年费。因此，在 2004 年进一步扩大新农合试点文件中，提出“合理设置统筹基金与家庭账户”的思路，允许用个人缴费的一部分建立家庭账户，用于支付门诊医疗费用；家庭账户结余资金，可以结转到下一年度使用。2006 年，党的十六届六中全会明确提出要建立以大病统筹为主的城镇居民医疗保险。2007 年，印发《国务院关于开展城镇居民基本医疗保险试点的指导意见》，使社会医疗保险从城镇职工、农村居民向城镇居民拓展，为建立覆盖全民的基本医疗保险体系打下了坚实基础。城镇居民基本医疗保险基金重点保障住院和门诊大病，到 2009 年实现制度全覆盖。尽管实现了新农合和城镇居民基本医疗保险制度的整合，但在中央层面仍属于两个部门管理，在数据统计、预算安排和政策管理方面存在诸多矛盾。2016 年，又发布《国务院关于整合城乡居民基本医疗保险制度的意见》。2018 年，组建国家医疗保障局，统管职工基本医疗保险、城乡居民基本医疗保险和医疗救助，彻底解决了困扰多年的体制纠葛。

四、社会福利制度概述及其演进

目前，世界各国的社会福利制度存在广义和狭义之分。广义社会福利制

① 从 1998 年到 2001 年，各地职工基本医疗保险制度进入全面实施阶段，陆续发布了定点医疗机构和定点零售药店管理、信息系统建设的政策文件。全国 300 多个统筹地区组织实施了职工基本医保制度改革。当然，部分企业由于无力承受 6%左右的费率，采取了“先建统筹”的办法，主要解决职工和退休人员住院大额医疗费负担。

度包含一切促进和实现人类共同福利的制度；狭义社会福利制度仅指为帮助特殊的社会群体、疗救社会病态而建立的制度，我国的社会福利制度正是后者。

1949 年颁布的《共同纲领》第 25 条就革命烈士、革命军人的家属、残废军人和退伍军人的保障待遇做了规定，这是军人保障、社会优抚制度的基本依据；第 48 条对国民健康权和妇女儿童权益作出了规定。随着经济持续增长和社会全面进步，国家持续加强军人保障和对妇老幼残等群体的福利，逐步落实特殊群体的社会保障权益，1992 年，国家颁布了《中华人民共和国妇女权益保障法》，并陆续制定了旨在保障妇女权益的一系列制度和政策。1996 年，国家颁布了《中华人民共和国老年人权益保障法》，并于 2012 年做了较大修订，据此各部门完善了保障老年人权益的各项制度和政策。1991 年，国家颁布了《中华人民共和国未成年人保护法》，制定了一系列有关未成年人健康、教育和其他福利制度。1990 年，国家颁布了《中华人民共和国残疾人保障法》，据此在残疾人康复、教育、就业、托养、文化体育等方面出台了一系列帮扶政策，并实施无障碍战略，使残疾人的生活状况在整体上有了显著改观。2015 年，国家建立了困难残疾人生活补贴和重度残疾人护理补贴制度。总的来看，我国社会福利体系日益健全，更加重视对低收入群体、特殊群体的保障需求，最早从社会优抚支出开始，建立病故/牺牲抚恤金、伤残抚恤金、烈军属、复员军人退伍生活补助费以及义务兵优抚金的转移制度，同时进一步完善社会福利支出体系。

近年来，我国财政转移力度不断加大，社会福利、社会救助和抚恤等转移支付支出总规模不断升高，享受转移支付的群体不断增加。在支出结构上，财力更多瞄准基础教育、医疗卫生等基本公共服务与社会保护，倾斜性增加了与民生紧密相关的各种社会福利支出，尽可能安排对低收入群体的转移性支出，加大对社会保障和就业等民生领域的支出，增加对农村和落后地区的教育和医疗投入，使在“提低”方面具有坚实的财力保障。总的来看，我国社会福利制度走过了七十多年的历程，取得了伟大的成就，社会福利理念的不断更新为国民社会福利制度扩展奠定了思想基础，经济持续发展为国民社会保障权益扩展奠定了物质基础，充分体现出中国特色社会主义的文明进步。

第二节　共同富裕视角下社会保障制度的主要问题

实现共同富裕是一个长期过程，社会保障是基础性制度安排，但现行社会保障体系仍存在一些缺陷，难以充分有效担当这一重要职责。从促进共同富裕视角看，我国社会保障发展面临的问题主要有：群体分类、制度分设、地方分治；部分政策设计与目标冲突、执行连贯性差，不同社会保障项目间、与其他经济社会政策关系间、与其他风险保障方式间缺乏统筹与协调。这些问题共同导致了社会保障资源在需求、代际、空间和行动主体等多个维度上的配置不尽合理，对风险的全方位保障还有不足，在群体、地区之间的收入分配调节作用发挥不合理，在一定程度上制约了共同富裕目标的有效实现。

一、我国宏观经济环境发生变化，给社会保障制度带来重大挑战

随着经济社会发展，我们现行以社会保险为主体的社会保障制度面临较多挑战。

一是人口结构变化。近年来我国老龄化趋势明显加速，15—64 岁劳动年龄人口占比快速下降，从 2012 年的 74.1%迅速降低至 2020 年的 68.6%（见图 5-5）。与此同时，0—14 岁和 65 岁以上人口抚养比一直在明显攀升，从 2012 年的 34.9%提升到 2020 年的 45.9%。应该说，人口红利的快速消减，人口结构的明显变化，使我国经济社会发展面临重要挑战。在社会保障领域，由于现收现付的职工养老保险制度中，维持制度运转的最重要参数就是在职缴费人数与离退休人数之比，由此才能保证在合适缴费率和替代率下能维持制度运

转。在20世纪90年代制度建立之初,我国职工养老保险制度的抚养比是6倍左右,之后一直在下降,到2019年降到了2.5倍左右,在2020年略有上升,但也不到2.6倍。

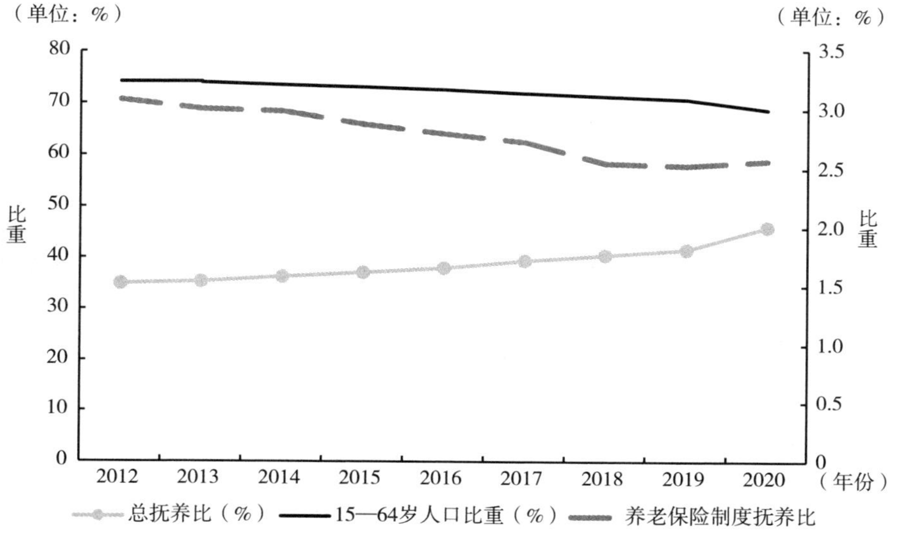

图5-5 2012—2020年我国职工养老保险制度抚养比情况

资料来源:笔者根据国家统计局数据整理计算。

二是经济发展方式转变和增速下降。过去新建社会保障项目、大幅扩面和显著提高社会保障待遇水平,在很大程度上依赖于经济持续处于高速增长阶段,财政和全社会经济资源在社会保障制度上的投入持续增加,但近几年经济增长由高速转向中高速(见图5-6),社会保障的资源投入能力和财政补贴能力都受到一定程度制约,特别是2020年后新冠疫情影响和超预期外生冲击,使2022年经济增速进一步下滑,中央和地方财政收入增速都明显降低,这也是影响社会保障制度运转的重要原因。

三是就业方式变化。近年来新就业形态、平台就业和灵活就业等不断兴起,对现行以劳动关系为依托的职工保险制度带来了很大挑战,新就业形态劳动者无法享有各类职业关联的经济权益,在面临失业、孕产、重特大疾病、工伤

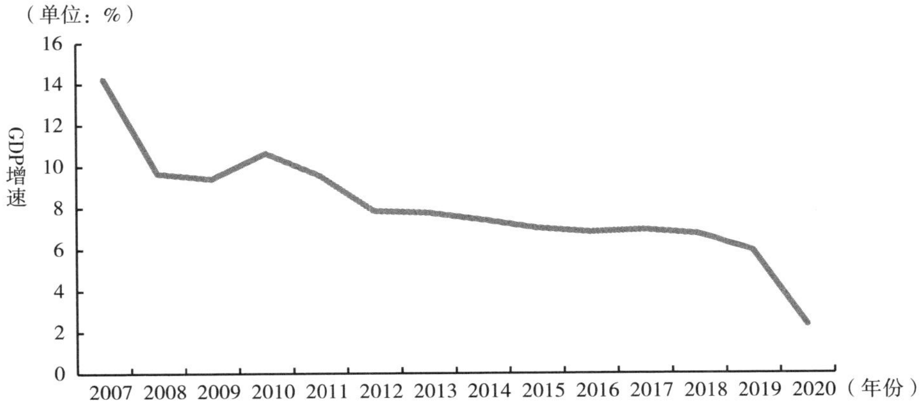

图 5-6　2007—2020 年我国经济增速变化情况

资料来源：笔者根据国家统计局数据整理计算。

等离开劳动就业岗位和劳动能力恢复时，缺少对应的社会化补偿和单位福利机制，无法获得相应的收入代偿。而且在新就业形态下，劳动者流动更加频繁，异地就业情况明显增加，对社会保障制度灵活性提出了更高要求。我国目前大部分社会保险项目还是地市级统筹或者县级统筹，只有职工基本养老保险在部分省份实现了完全统收统支。即使在同一统筹单元内部，普遍是通过调剂金机制实现调盈补亏，也并没有实现制度规定、经办管理、基金运行等方面的一体化。

四是技术进步影响。就业形式变化很大程度上受技术进步影响，如交通便捷化带来对人口流动的影响等，进而影响到社会保障制度运行的基础环境。在此背景下，社会保障异地转移接续面临较多经办方面的障碍，制约了劳动者频繁转换职业和异地就业的需要。如何进一步调整社会保险制度，将高流动从业人员合理纳入社会保障体系，成为当前面临的重要制度问题。

以上这些主要是外部环境变化给社会保障制度带来的挑战，与此同时我国现行社会保障制度运行多年，自身很大程度上面临多种问题和挑战，制度自身的科学性、合理性、公平性、可持续性，也需要进行深入的改革完善，甚至一定程度的重塑。

二、项目设置未完全对应风险保障需求，促进共同富裕作用发挥不到位

满足参保人员风险保障需求是社会保障的主要功能，也是实现共同富裕的重要路径。这要研究参保人员的风险保障需求类型及其优先顺序，以社会保险为例，虽然当前人人能够享有社会保险，但由于制度是分险种、分人群设计实施，实际存在单位与个人的选择性参保①，社会保障资源配置的多寡往往与参保人员身份相关联，导致项目设置与保障需求不完全匹配，这主要体现在三个方面。

一是配置过少甚至缺失。从项目看，除养老、医疗、失业、工伤和生育保险制度，许多国家和地区还建立起长期照护保险制度。随着中国人口老龄化程度加深和非健康期望寿命延长，老年人失能照护服务需求日益上升，长期照护成为社会潜在风险②，故护理保险的重要性会持续提升。③ 从人群看，与公职人员和企业职工相比，农民社会保险水平还不高，职业伤害风险保障制度缺失；农民和城镇非工薪居民由于生育导致的收入中断及医疗费用补偿风险，也没有得到充分保障。④

二是配置过度。在社会保险基金"进口"端，失业、工伤和生育保险费率明显偏高，造成过高的基金结余，既加重了用人单位负担，又降低了资金使用

① 实际上5个职工保险险种参保人数存在差异。2019年职工基本养老保险、职工基本医疗保险在职参保人数分别31177.5万人和24224.4万人，而失业、工伤和生育保险参保人数仅分别为20542.7万人、25478.4万人和21417.3万人。

② 张盈华：《老年长期照护的风险属性与职能定位：国际的经验》，《西北大学学报》2012年第5期。

③ 郑功成：《面向2035年的中国特色社会保障体系建设》，《社会保障评论》2021年第1期。

④ 何文炯、杨一心、王璐莎、徐琳：《中国生育保障制度改革研究》，《浙江大学学报（人文社会科学版）》2014年第4期。

效率。而在社会保险基金“出口”端，由于基础理念不清，某些政策的实施造成社会保险资源浪费，部分社会保险项目有偏离“保基本”的征兆。比如养老金的功能本为保障职工个人退休后的基本生活，对于退休人员身故后一次性发放抚恤金的规定实属道义，但在实际操作中，各地政策规定不一，有的对于没有供养、赡养或抚养义务的身故人员依然发放抚恤金，且标准高者可达数万元（见表5-2），部分地区丧葬补助金远高于基本殡葬服务水平，这就扭曲了养老金的功能定位。① 又如，虽然1998年就建立了职工基本医疗保险制度，但时至今日，仍有部分机关和事业单位继续执行保障水平更高的公费医疗制度，造成群体间待遇差距悬殊。②

表5-2　我国部分省份职工基本养老保险一次性抚恤金标准

省份	抚恤金标准	所依据政策文件
天津	全市上一年职工月平均工资，供养亲属1人，6个月；2人，9个月；3人及以上，12个月	《关于建立全市职工平均工资发布及工资保险福利待遇正常调整制度暂行办法的通知》
黑龙江	6000元（缴费满15年）	《关于参加基本养老保险人员死亡丧葬补助金和抚恤金标准有关问题的通知》
浙江	参保缴费年限1年（含）至15年（含）的为10000元，超过15年，每满1年增发1000元，最多增发15000元	《关于企业职工基本养老保险参保人员因病或非因工死亡丧葬补助金和抚恤金有关问题的通知》
江西	企业职工死亡时上年度全省全口径城镇单位就业人员10个月平均工资；退休人员死亡时上年度全省企业退休人员10个月平均基本养老金	《关于统一全省企业职工和退休人员因病或非因工死亡抚恤金标准的通知》
重庆	死亡前一个月工资或养老金为基数，一次性发放15个月	《关于调整企业职工死亡一次性救济金标准的通知》
陕西	死亡前月基本养老金为基数，一次性发放20个月（缴费满10年）	《关于参加企业职工基本养老保险的个人死亡后遗属待遇发放有关问题的通知》

资料来源：笔者根据国家统计局数据整理计算。

① 郭林：《中国殡葬服务：核心问题与发展思路》，《社会保障评论》2020年第3期。

② 1998年建立职工基本医疗保险制度时，就明确机关事业单位都要参加基本医疗保险。

三是配置优先顺序不当。不同个体在生命周期各阶段有一定的风险保障需求优先顺序,但目前的部分政策设计并不能与之匹配。以农民工为例,根据对其社会保险需求的调查,工伤保险和医疗保险排在靠前,工伤和疾病成为其融入城市面临的最大风险,但社会保险管理部门却把农民工的养老保险问题作为重中之重,而其工伤和医疗保险水平提高相对不够,这对保障农民工基本生活产生负面影响。现实中由于职工保险的高费率,非正规就业农民工更多选择参加居民社会保险。① 从以上可以发现,诸多社会保障资源配置的多寡与参保人员身份相关联,实践中社会保障再分配功能受到抑制,成为促进共同富裕的重要掣肘。

三、资源代际分配不均衡,造成人群间分配不够公平

社会保障资源在同代内和代际间的合理分配,关系着人群间收入分配的公平性和共同富裕目标的实现。养老保险最为典型,在现收现付模式下,在职职工缴费以供养当期退休人员,参保人员在职期间缴费可看作一种权益积累,当参保人口年龄结构较为年轻时,基金往往有结余,而随着人口老龄化程度加深,基金支付压力就会明显增大。因此,制度初建时期积累的基金结余,是为应对人口老龄化高峰而作的准备,盲目以结余过多为借口来提高待遇水平,是典型的代际间配置不合理。从表 5-3 中看出,2005—2015 年企业退休人员养老金每年至少以 10%的速度上调②,2016 年以来虽然养老金增幅有所下调,但仍会对未来基金安全产生重大潜在影响。③ 将非公有制企业纳入现行制度体系,虽然能够在短期内缓解支付危机,但不过是支付责任的推迟,到这些职

---

① 汪润泉、金昊:《高费率对农民工参加职工社会保险的挤出效应——基于就业类型选择的分析》,《人口与发展》2020 年第 6 期。

② 根据审计署 2012 年的审计结果,2005—2011 年职工基本养老保险待遇比同期 CPI 平均上涨幅度高出 10.03 个百分点。

③ 何文炯:《论社会保障制度的代际均衡》,《社会保障评论》2021 年第 1 期。

工退休后支付压力将会更大。①

表 5-3　我国各省份企业退休人员人均基本养老金及其替代率等比较

省份	人均养老金（元/月）	人均缴费工资（元/月）	替代率（%）	城镇居民人均可支配收入（元/月）	人均养老金占可支配收入比重（%）
北京	3872	6255	61.90	5201	74.45
天津	2912	4735	61.50	3356	86.76
河北	2516	3434	73.27	2546	98.84
山西	3127	4263	73.35	2428	128.81
内蒙古	2360	4553	51.83	2973	79.39
辽宁	2344	4008	58.48	2916	80.38
吉林	2097	3790	55.33	2360	88.86
黑龙江	2284	3751	60.89	2287	99.86
上海	3587	6427	55.81	5216	68.77
江苏	2352	3310	71.06	3635	64.70
浙江	2437	3613	67.45	4272	57.05
安徽	2234	3811	58.62	2637	84.73
福建	2451	2798	87.60	3250	75.41
江西	2125	3292	64.55	2600	81.74
山东	2608	3507	74.37	3066	85.07
河南	2400	3333	72.01	2463	97.44
湖北	2601	3481	74.72	2657	97.88
湖南	2266	3513	64.50	2829	80.10
广东	2524	3585	70.40	3415	73.92
广西	2384	4155	57.38	2542	93.79
海南	2219	3739	59.35	2568	86.41
重庆	2000	4282	46.71	2683	74.55
四川	1991	3736	53.29	2561	77.76
贵州	2393	3385	70.69	2423	98.75
云南	2475	4447	55.66	2583	95.82

① 国务院发展研究中心课题组:《中国养老保障制度改革》,中国发展出版社 2001 年版,第 12 页。

续表

省份	人均养老金（元/月）	人均缴费工资（元/月）	替代率（%）	城镇居民人均可支配收入（元/月）	人均养老金占可支配收入比重（%）
西藏	4327	6628	65.28	2556	169.29
陕西	2778	4439	62.58	2568	108.20
甘肃	2419	4614	52.43	2314	104.55
青海	3344	5248	63.72	2431	137.57
宁夏	2846	4105	69.33	2456	115.88
新疆	2853	4284	66.60	2565	111.25

注：笔者根据国家统计局 2017 年数据整理计算。

医疗保险也有类似问题。在近年来参保覆盖面持续扩大的作用下，医疗保险基金也积累了较多结余，但由于缺乏代际均衡的视角，医疗保险基金存在高额结余是很大浪费。① 部分地区甚至以结余过多为由盲目扩大支付范围或提高待遇，比如划出部分资金用以支付照护费用、健康体检费用或者大病保险费用。事实上，这些做法已超出了基本医疗保险基金的特定使命和用途，容易对未来基金安全和长期可持续性带来潜在隐患。另外，医疗保险也有“系统老龄化”问题，不能简单地视这一制度为短期保险制度。②

四、资源空间配置不平衡，使区域之间分配不够公平

由于社会保障政策在区域间不完全统一，特别是社会保险实际统筹层次低，城乡发展不平衡，使国家统一的法定制度容易沦为地方性安排，③影响了共同富裕实现过程中的区域平衡性。这主要体现在以下两个方面：

一是统筹地区间的配置不平衡。虽然中央确立了社会保险制度基本框架

① 顾昕：《中国城乡公立医院医疗保险的基金结余水平研究》，《中国社会科学院研究生院学报》2010 年第 5 期。

② 何文炯、徐林荣、傅可昂、刘晓婷、杨一心：《基本医疗保险“系统老龄化”及其对策研究》，《中国人口科学》2009 年第 2 期。

③ 郑功成：《深化中国养老保险制度改革顶层设计》，《教学与研究》2013 年第 12 期。

和政策，但各统筹地区对于部分制度参数的规定并不相同。不同省份的社会保险缴费工资下限、用人单位缴费率存在明显差异（见表 5-4）。制度和政策的不统一，造成参保人员社会保险关系转移接续难，从而影响劳动力自由流动，导致地区间用人单位劳动力基础成本差异，直接影响劳动力市场一体化。①

表 5-4　我国各省份基本养老保险费率情况

省份	缴费基数	费率（%）							
		养老		医疗		失业		工伤	生育
		企业	个人	企业	个人	企业	个人	企业	企业
北京	参加基本养老保险、基本医疗保险、失业保险、工伤保险、生育保险的职工按照本人上一年月平均工资确定缴费基数，范围为社会平均工资的 40%—300%。企业缴费以职工工资总额为缴费基数	16	8	9	2	1	0.2		0.8
天津	企业缴费以职工工资总额为基数，职工个人缴费基数为职工本人上年度月平均工资，范围为社会平均工资的 60%—300%	16	8	9	2	1	1		0.5
河北	企业缴费以职工工资总额为基数，职工个人缴费基数为职工本人上年度月平均工资，范围为社会平均工资的 40%—300%	16	8	6	2	1.5	0.5		0.5
山西	山西企业职工应当参加的养老保险、医疗保险、工伤保险、生育保险和失业保险共五种社会保险费一并征收。企业缴费以职工工资总额为基数，职工个人缴费基数为职工本人上年度月平均工资，范围为社会平均工资的 40%—300%	16	8	6	2	1.5	0.5		0.5
内蒙古	参保单位以本单位职工工资总额为基数缴纳基本养老保险费。职工个人以上年度本人月平均工资为基数缴纳社会保险费，范围为社会平均工资的 60%—300%	16	8	6	2	1.5	0.5		0.5
辽宁	企业基本养老保险费社会统筹部分、基本医疗保险费单位缴费部分、企业失业保险费、工伤保险费和生育保险费以上月工资总额作为缴费基数。职工个人以上年度本人月平均工资为基数缴纳社会保险费，范围为社会平均工资的 60%—300%	16	8	6	2	1	0.5		0.5

① 朱玲：《中国社会保障体系的公平性与可持续性研究》，《中国人口科学》2010 年第 5 期。

续表

省份	缴费基数	费率(%)							
		养老		医疗		失业		工伤	生育
		企业	个人	企业	个人	企业	个人	企业	企业
吉林	参保单位以本单位职工工资总额为基数缴纳社会保险费。职工个人以上年度本人月平均工资为基数缴纳社会保险费,范围为社会平均工资的60%—300%	16	8	6	2	1.5	0.5		0.5
黑龙江	参保单位以本单位职工工资总额为基数缴纳社会保险费。职工个人以上年度本人月平均工资为基数缴纳社会保险费,范围为社会平均工资的60%—300%	16	8	6	2	1.5	0.5		0.5
上海	上海社保单位缴费基数按单位内职工月缴费基数之和确定。职工个人以上年度本人月平均工资为基数缴纳社会保险费,范围为社会平均工资的60%—300%	16	8	9	2	1.5	0.5		1
江苏	参保单位以本单位职工工资总额为基数缴纳社会保险费。职工个人以上年度本人月平均工资为基数缴纳社会保险费,范围为社会平均工资的60%—300%	16	8	6	2	1.5	0.5		0.5
浙江	浙江省用人单位以全部职工工资总额为缴费基数,个人以上年度月平均工资为缴费基数参加养老保险,范围为社会平均工资的60%—300%	14	8	6	2	1.5	0.5		0.3
安徽	职工以本人上年度月平均工资为社会保险费的基数,企业按照全部职工缴费工资基数之和为职工缴纳社会保险费。范围为社会平均工资的60%—300%	16	8	6	2	1.5	0.5		0.5
福建	用人单位应当按国家规定的单位职工工资总额的规定比例缴纳社会保险费,职工个人按国家规定的本人工资总额的规定比例缴纳社会保险费,企业、职工以及城镇个体劳动者缴纳基本养老保险费的基数,不得低于省政府公布的当地职工最低工资标准;达到省上一年度职工月平均工资300%以上的,按300%作为缴纳基本养老保险费的基数,300%以上部分不缴纳基本养老保险费	16	8	6	2	1.5	0.5		0.5
江西	用人单位应当按国家规定的单位职工工资总额的规定比例缴纳社会保险费,职工个人按国家规定的本人工资总额的规定比例缴纳社会保险费,范围为社会平均工资的50%—300%	16	8	6	2	1.5	0.5		0.5

续表

省份	缴费基数	费率(%)							
		养老		医疗		失业		工伤	生育
		企业	个人	企业	个人	企业	个人	企业	企业
山东	山东省社会保险费企业以工资总额为基数，按照一定的比例，由企业和职工个人共同缴纳。职工个人统一按本人缴费工资缴纳社会保险费，范围为社会平均工资的60%—300%	16	8	6	2	1	0.5		0.5
河南	参保单位以上年度本单位工资总额作为缴费基数，单位工资总额低于本单位职工个人缴费基数之和的，应按照豫政〔2007〕63号规定，以职工个人缴费基数之和作为缴费基数。职工个人统一按本人缴费工资缴纳社会保险费，范围为社会平均工资的60%—300%	16	8	6	2	1.5	0.5		0.5
湖北	企业职工“五险”个人缴费基数统一按照年度职工本人月平均工资申报核定。职工月平均工资在申报核定区间内的，按本人实际月平均工资申报核定。企业退休人员基本医疗保险未达到最低缴费年限的，缴费基数按本企业在职职工平均缴费基数申报核定。企业职工“五险”单位缴费基数。企业职工基本养老保险单位缴费基数，按本单位月平均工资总额申报核定，单位月平均工资总额低于参保职工个人缴费基数总额的，按职工个人缴费基数总额核定；高于的按单位工资总额核定。企业职工基本医疗、失业、工伤、生育保险单位缴费基数均按参保职工个人缴费基数总额核定。职工个人统一按本人缴费工资缴纳社会保险费，范围为社会平均工资的60%—300%	16	8	6	2	1.5	0.5		0.5
湖南	参保人员个人缴纳基本养老保险费的基数为本人上年度月平均工资收入。范围为社会平均工资的60%—300%。单位缴费基数为本单位参保人员参保缴费基数之和，参保人员个人缴费基数之和小于单位统计年报工资总额的，以统计年报数为单位缴费基数	16	8	6	2	1.3	0.7		0.5
广东	参保单位以上年度本单位工资总额作为缴费基数。职工按本人缴费工资缴纳社会保险费，范围为社会平均工资的60%—300%	14—16	8	5—7	2	1.5	0.5		0.5
广西	参保单位以上年度本单位工资总额作为缴费基数。职工按本人缴费工资缴纳社会保险费，范围为社会平均工资的60%—300%	16	8	6	2	1.5	0.5		0.5

续表

省份	缴费基数	费率(%)							
		养老		医疗		失业		工伤	生育
		企业	个人	企业	个人	企业	个人	企业	企业
海南	用人单位按本单位从业人员月工资总额缴纳社会保险费,用人单位从业人员按本人月工资总额缴纳社会保险费,范围为社会平均工资的45%—300%	16	8	6	2	1	0.5		0.5
重庆	城镇职工基本养老、基本医疗、失业、工伤和生育五项社会保险单位缴费基数为本单位职工个人缴费基数之和,职工个人缴费基数为上年度本人月平均工资,范围为社会平均工资的45%—300%	16	8	8	2	1	1		0.5
四川	企业按全部职工缴费工资总和作为缴费基数,职工个人缴纳社会保险费,按本人上月工资(或上一年月平均工资)作为缴费基数。范围为社会平均工资的40%—300%	16	8	6	2	1.5	0.5		0.5
贵州	参保单位以上年度本单位工资总额作为缴费基数。职工按本人缴费工资缴纳社会保险费,范围为社会平均工资的40%—300%	16	8	6	2	1.5	0.5		0.5
云南	用人单位以上年度本单位工资总额为基数缴纳社会保险费,个人缴费基数合计数大于单位工资总额时,以个人缴费基数合计数作为单位缴费基数;从业人员个人以上年度本人月平均工资为基数缴纳社会保险费,范围为社会平均工资的45%—300%	16	8	5—8	2	1.4	0.6		0.5
西藏	职工个人缴纳社会保险费基数为上年度本人月平均工资,范围为社会平均工资的60%—300%。用人单位以上年度本单位工资总额为基数缴纳社会保险费	16	8	7	2	1.5	0.5		0.5
陕西	用人单位按本单位职工工资总额缴费。职工个人以本人上年度月平均工资收入作为缴费工资,范围为社会平均工资的40%—300%	16	8	6	2	1.5	0.5		0.5
甘肃	职工按本人上一年度月平均工资为个人缴费工资基数,范围为社会平均工资的60%—300%。月平均工资应按国家统计局规定列入工资总额统计的项目计算,其中包括工资、奖金、津贴、补贴等收入。企业按全部职工缴费工资总和作为缴费基数缴纳基本养老保险费	16	8	6	2	1.5	0.5		0.5

续表

省份	缴费基数	费率(%)							
		养老		医疗		失业		工伤	生育
		企业	个人	企业	个人	企业	个人	企业	企业
青海	职工按本人上一年度月平均工资作为个人缴费工资基数,范围为社会平均工资的60%—300%。企业按全部职工缴费工资总和作为缴费基数缴纳基本养老保险费	16	8	6	2	1.5	0.5		0.5
宁夏	企业缴费基数以上年企业发放的工资总额确定。个人缴费基数为上年本人月平均工资。范围为社会平均工资的40%—300%	16	8	6	2	1.3	0.7		0.5
新疆	新疆企业缴费基数为本企业工资总额,职工个人缴费基数为本人月平均工资,范围为社会平均工资的50%—300%	16	8	6	2	1.5	0.5		0.5
新疆建设兵团	企业应以上年度职工个人缴费基数之和为基数,按兵团和师(局)确定的比例缴纳社会保险费。职工应以本人上年度月平均工资为基数。范围为社会平均工资的50%—300%	16	8	6	2	1.5	0.5		0.5

资料来源:笔者根据2019年各省份人力资源社会保障局等部门公布情况整理而得。

二是城乡间的配置不平衡。主要体现在城镇和农村社会保险资源投入和获取的不平等,城镇居民获得的人均基金支出显著高于农村(见表5-5)。农村居民工伤、生育保障制度缺失,养老保险和医疗保险水平都还不高。与企业退休人员养老金"十七连涨"(2005—2021年)相比,农民最低基础养老金自2009年以来仅调整过三次(由55元提高至70元、88元、93元);参加新型农村合作医疗的老人和未参保老人,在医疗服务利用和健康结果方面未呈现显著差异。① 机关事业单位和企业职工基本养老保险个人账户记账利率每年由国家统一公布,但城乡居民养老保险个人账户计息一般以一年期银行利率为基础设定,与另外两项保险制度个人账户记账利率相比,水平则明显偏低。

① 刘晓婷、黄洪:《医疗保障制度改革与老年群体的健康公平——基于浙江的研究》,《社会学研究》2015年第4期。

表 5-5　2017 年我国各省份医保基金支出和医疗保险消费支出比较

省份	城镇			农村		
	职工医保人均支出(元)	医疗保健人均支出(元)	倍数	居民医保人均支出(元)	医疗保健人均支出(元)	倍数
北京	5722.66	3088.00	1.85	1092.98	1699.30	0.64
天津	4333.15	2599.50	1.67	638.22	1407.20	0.45
河北	3094.54	1737.30	1.78	527.63	1072.60	0.49
山西	2808.31	1741.40	1.61	534.24	937.50	0.57
内蒙古	3284.19	1907.30	1.72	633.10	1288.40	0.49
辽宁	2730.50	2380.10	1.15	480.33	1251.40	0.38
吉林	2489.58	2164.00	1.15	386.38	1399.60	0.28
黑龙江	3077.74	1966.70	1.56	623.26	1551.20	0.40
上海	4439.17	2734.70	1.62	1906.56	1456.40	1.31
江苏	3114.07	1573.70	1.98	676.17	1395.00	0.48
浙江	3132.14	1871.80	1.67	1041.10	1370.20	0.76
安徽	2508.65	1274.50	1.97	511.20	1006.80	0.51
福建	2686.44	1235.10	2.18	550.30	906.50	0.61
江西	2353.68	1044.30	2.25	499.80	718.20	0.70
山东	3137.45	1780.60	1.76	635.21	1129.30	0.56
河南	2159.26	1611.50	1.34	532.21	909.00	0.59
湖北	3125.92	2165.50	1.44	565.03	1438.30	0.39
湖南	2805.90	1693.00	1.66	526.24	1171.80	0.45
广东	2188.46	1503.60	1.46	590.09	921.70	0.64
广西	2647.75	1254.20	2.11	253.87	931.00	0.27
海南	2361.64	1505.10	1.57	524.06	629.50	0.83
重庆	3765.42	1882.50	2.00	579.33	883.90	0.66
四川	2944.84	1595.60	1.85	506.11	1093.60	0.46
贵州	2936.16	1244.00	2.36	385.85	602.50	0.64
云南	3912.07	1786.60	2.19	540.21	681.50	0.79
西藏	4575.00	639.70	7.15	1170.57	147.50	7.94
陕西	3293.00	2140.80	1.54	665.40	1260.40	0.53
甘肃	2954.40	1741.20	1.70	593.52	890.60	0.67
青海	4744.68	1948.60	2.43	156.04	1270.40	0.12
宁夏	3991.90	1936.60	2.06	737.67	1131.20	0.65
新疆	3971.19	2065.60	1.92	532.67	970.70	0.55

资料来源:《中国统计年鉴 2018》,中国统计出版社 2018 年版。

五、行动主体缺乏有效协调，影响共同富裕目标下制度的良性运转

在现代社会保障体系中，需要全社会建立一个公共计划来共同分担损失，由政府、用人单位、个人等多个行动主体协调与合理分工。当前我国社会保障资源配置涉及的行动主体还缺乏有效协调。

一是政府、用人单位和个人责任有失衡之处。居民基本养老保险、基本医疗保险名义上虽为社会保险制度，但事实上是以公共财政为基础支撑的泛福利化项目。与参保人员个人相比，用人单位负担也相对较重，与此同时各主体的责任也不够清晰。由于历史欠账等原因，政府要承担对社会保险基金的补助责任，在“基金出现支付不足时，政府给予补贴”的规定下，财政实际承担了基金兜底的无限责任。

二是政府部门内部管理不够协调。过去城镇居民基本医疗保险和新型农村合作医疗，分属人力资源社会保障部门和卫生部门管理，其带来的直接后果是重复参保、重复补贴和社会资源浪费，增加政府管理成本（据统计重复参保人数超 1 亿人，财政每年无效补贴 200 亿元）。① 2018 年党和国家机构改革进一步理顺了社会保障体制，但部分环节还有完善空间。过去各地社会保险费征缴模式呈现碎片化状态，存在社会保险部门独立征收、地税部门代征以及地税部门全责征收等多种模式②，原定于 2019 年开始的将企业养老保险征收职能移交至税务部门，但由于种种原因，后明确留待有关配套政策和制度完善后再行移交，并直到 2021 年才正式移交税务部门征收。部分领域不可避免地存在部门利益，进而可能影响社会保障体系的高效协同推进。③ 在我国政策实

---

① 金维刚：《依法推进城乡居民医保整合》，《中国劳动保障报》2016 年 2 月 5 日。《医保重复参保人数超一亿，财政每年无效补贴 200 亿》，《经济参考报》2014 年 8 月 15 日。

② 刘军强：《资源、激励与部门利益：中国社会保险征缴体制的纵贯研究（1999—2008）》，《中国社会科学》2011 年第 3 期。

③ 郑功成：《面向 2035 年的中国特色社会保障体系建设》，《社会保障评论》2021 年第 1 期。

践中，财政部（社会保障司）负责社会保障补助资金，而国家发展改革委（就业收入分配和消费司）负责宏观层面协调，人社部（养老保险司、失业保险司、工伤保险司）则具体负责职工养老、居民养老、失业、工伤保险管理等。对于医疗保障来说，国家医疗保障局（所有业务司）负责职工医疗、居民医疗、生育、护理保险，医疗救助管理等；民政部（救助司、慈善司、老人福利司、儿童福利司）则具体经办低保等社会救助、慈善、老人和儿童福利管理事宜。另外，国家税务总局（社会保障费司）又负责社会保险费征收，近年来退役军人部（优待抚恤司）还专门负责军人、军属优待抚恤。对于市场化业务，我国银保监会（人身险部）负责商业养老和商业健康保险监管，而证监会（机构监管部）则负责养老目标基金等（见图 5-7）。

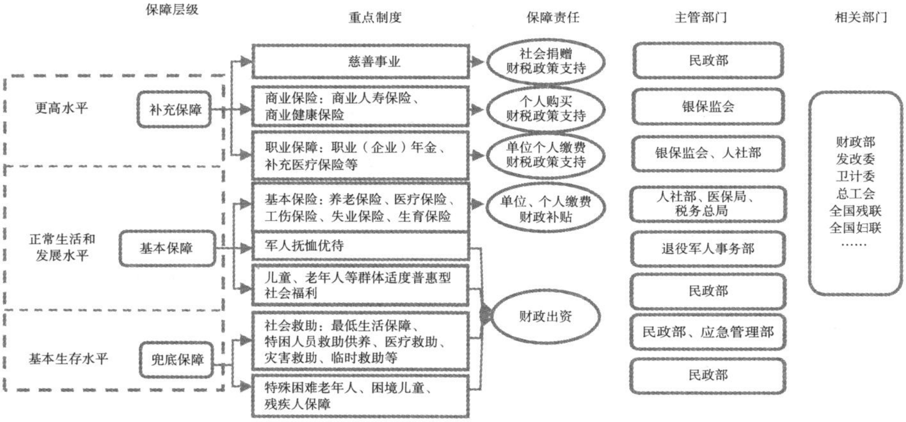

图 5-7　我国社会保障制度多头管理情况

资料来源：笔者根据国家统计局数据整理计算。

三是不同层级政府间的社会保险职责不清。基金困难省份可以得到中央财政的转移支付，因而可能出现待遇支付积极而社会保险费征缴动力不足的情况，使中央和地方存在博弈空间，引发基金状况较好地区的逆向选择行为。做实职工基本医疗保险，是中央深化医疗保障制度改革的重要任务，但在财政省直管县地区，由于不同层级间政府责任分担机制不明确，这项改革面临诸多困境,导致部分省份出现支付困难,对低收入群体的保障力度不足,且难以长期持续,限制了社会保险制度助力共同富裕的作用。

六、中央和地方职能不清,影响中央统筹推进共同富裕的手段能力

通过前面对我国社会保障制度改革的逻辑分析可以看到,自 20 世纪 80 年代开始的社会保障改革在很大程度上是由经济体制改革推动的,具有典型的“生产型福利”特征。[①] 进入 21 世纪后,国家对民生保障的重视进一步推动了社会保障事业发展。这与其他国家和地区社会保障发展的驱动因素并不完全一致[②],由此也是造成社会保障治理碎片化的重要原因。此外,导致社会保障治理碎片化,并制约推进共同富裕的另外两个重要原因是:

一是长期以来对社会主义市场经济条件下社会保障制度的功能定位和技术原理认识不到位。比如保险是舶来品,社会保险的历史更短,因而国人对保险这一机制使用不够熟练,对社会保险运行规律研究少,更多的是被动适应其他项目改革的要求。[③] 学界对此研究不够透彻,各方对基本问题理解不完全一致,对中国特色的央地关系认识不足。20 世纪 50 年代初建立的劳动保险制度以计划经济体制为背景,80 年代以来社会保险领域的改革带有很强的探索性,试图建立与社会主义市场经济体制相适应的社会保险制度。随着形势变化,传统的治理理念已表现出不适应,理论准备不足的弊端越发显现。与其他社会政策相比,社会保险的“技术含量”较高,在时间和空间两个维度上都有丰富的操作空间。比如,精算是社会保险的核心技术[④],但目前对社会保险

---

① Ian Holliday,“Productivist Welfare Capitalism:Social Policy in East Asia”,*Political Studies*, Vol.48,No.4,2000,pp.706-723.

② 以韩国为例,政治民主化在健康保险的蓬勃发展中起了重要作用。参见 Wong J., *Healthy Democracies:Welfare Politics in Taiwan and South Korea*,New York:Cornell University Press, 2006,p.187。

③ 何平:《企业改革中的社会保障制度》,经济科学出版社 2000 年版,第 9 页。

④ 日本、德国、美国等国建立了中长期精算平衡计划,诸多国家社会保障财政预算方案的制定有赖于这一原则。

精算的重要性认识不足，部分制度设计本身难以实现精算平衡，因此不能仅强调通过“开源”来促进制度可持续运行。① 现行《中华人民共和国社会保险法》没有关于建立精算平衡机制的条款，直到党的十八届三中全会才提出社会保险精算平衡的原则。需要指出的是，由于社会保险由国家、单位和个人多方筹资，在考虑精算平衡时自然要将财政补贴考虑在内，特别是要区分中央和地方的职能和权责匹配，这也有利于更加清晰地落实中央和地方政府的责任。

二是受到行政体制和财税体制的影响。世界上多数国家都是在全国层面执行统一的社会保险政策，但是我国从 20 世纪 80 年代以来逐步形成“分灶吃饭”的财政体制，中央政府更有动力将涉及与群众利益相关的事务交给地方政府。② 而且社会保障制度改革之初，中央财政拮据，决定社会保障制度框架全国统一，但赋予各地在具体制度设计和政策调整方面较大的自主权。在地区经济社会发展水平差距较大的背景下，这种做法的弊端逐渐显现。各地有机会、有条件并且在一定程度上被鼓励试验创新、自成一套，这必然导致地区间的制度政策差异，直接造成地区间社会成员社会保障权益的不公平和劳动力基础成本的巨大差距，并且事实上中央要对地方承担大部分责任。③ 与之相关的另一弊端是存在部门利益。社会保障制度整合性差的一个重要原因是“部门各行其是、各记其功”。④ 部门间存在政绩的竞争和博弈，致使每个部门都希望能掌握更多的资源，导致社会保障政策的部门主义色彩较浓，缺乏整体协调机制。由于制度存在地区分割，社会保障被作为地区间福利竞赛的工具使用，这对原有的制度规则体系产生了一定的破坏作用。

---

① 杨一心、何文炯：《养老保险缴费年限增加能够有效改善基金状况吗？——基于现行制度的代际赡养和同代自养之精算分析》，《人口研究》2016 年第 3 期。

② 曹正汉、周杰：《社会风险与地方分权——中国食品安全监管实行地方分级管理的原因》，《社会学研究》2013 年第 1 期。

③ 1998—2008 年，财政对基本养老保险资金补助中，中央占 90%以上。参见张弘力、许宏才：《分税制财政管理体制的调整完善情况及进一步改革的思路》，《预算管理与会计》2004 年第 3 期。

④ 王思斌：《当前中国社会保障制度的断裂与弥合》，《江苏社会科学》2004 年第 3 期。

第三节　面向共同富裕的社会保障制度体系发展方向

扎实推进共同富裕是一项系统工程,核心目标是要缩小城乡、区域和收入差距。社会保障在这三大差距方面都有不同的功能作用,基于共同富裕的目标需要进一步加强社会保障的整体性治理。事实上单纯讨论某项社会保障制度的某个问题具有明显的工具主义色彩,难以揭示社会保障制度的复杂性。仅就某项社会保障制度的完善或者几个制度参数的讨论是不够的,需要对诸如社会保障项目协调、社会保障与其他政策之间的相互作用等进行研究。要发挥社会保障制度在促进共同富裕中的作用,需重新认识全体国民的基本风险保障需求,科学定位社会保障各项目及其功能,解决行政体制、财税体制与社会保障全国统一性要求之间的矛盾。在整体性视角下,要强调公共政策的跨部门性和跨政策性,统筹好各类资源以形成制度合力。从促进共同富裕的总体目标出发,要重点考虑从以下几个政策视角来推动社会保障制度改革。

一、加强社会保障项目协调,织密兜牢共同富裕的风险保障底线

个体风险保障需求是复合型的①,人在不同生命阶段对风险保障的需求存在差异,社会保障制度应按照人在生命历程中的不同阶段、不同需求来设置,用以支持生命周期的完整过程,从而兜牢共同富裕目标的风险保障底线。② 在 20 世纪 50 年代,劳动保险的综合费率只相当于当时工资总额的3%,远低于目前社会保险 30%以上的费率。作为综合性的制度安排,职工可

---

① Christopher T. Whelan, Bertrand Maitre, "'New' and 'Old' Social Risks: Life Cycle and Social Class Perspectives on Social Exclusion in Ireland", *Economic and Social Review*, Vol. 39, No. 2, 2008, pp.131-156.

② 郭于华、常爱书:《生命周期与社会保障——一项对下岗失业工人生命历程的社会学探索》,《中国社会科学》2005 年第 5 期。

享受《中华人民共和国劳动保险条例》规定的养老、疾病、伤残、生育等全部待遇，而现行社会保险制度分险种设计和实施，资金不能互相调剂使用，加之统筹层次低，由此成为费率居高不下的重要原因。① 在这一制度模式下，单纯完善某个险种难以满足参保人员复合型的风险保障需求。由于养老保险所需资金量大，无论是社会保险主管部门还是部分学者都强调养老保险的重要性。事实上，从分工来看，养老金主要保障退休人员衣食等基本生活，正是由于医疗和照护保障不到位，才迫使养老保险要承担更多的职责，从而加大了养老保险基金的支付压力。应当承认，从劳动保险到社会保险，有进步意义，险种分开运行使管理精准化水平有所提高，但与此同时，也对寻求各险种责任边界、实现项目间的合理分工提出了更高要求。因此，要从参保人员生命周期出发，动态匹配其风险保障需求组合；统筹协调各险种，重点是联动优化养老、医疗、长期照护等保障项目。这里需要指出的是，长期照护保险的专业性较强、对经办服务能力要求较高。在服务能力不足的情况下，若要做到不加重用人单位负担，可考虑先用补助的办法帮助最有照护需求的困难老年人（与残疾人护理补贴制度衔接），待时机成熟后再通过合适方式向长期照护保险制度过渡。②

二、加强基本保障与补充性保障融合，更好满足共同富裕目标下的多层次保障需求

社会保障是提供风险保障的方式，但仅是其中的方式之一，根据风险管理理论，风险处理的最佳方案通常是多种风险处理措施的组合，“多层次”应是风险保障体系建设的基本取向，养老和医疗保障更应重视这一思路，这也是实现共同富裕目标的内在要求。以养老保险为例，为应对养老金财务危机，世界银行提出了“三支柱”理论；中国从 20 世纪 90 年代开始就提出

① 高书生：《社会保障改革何去何从》，中国人民大学出版社 2006 年版，第 10 页。

② 何文炯、杨一心：《失能老人照护服务补助制度研究》，《社会政策研究》2020 年第 2 期。

要“逐步建立基本养老保险与企业补充养老保险和职工个人储蓄型养老保险相结合”的制度①，在这一制度安排下，基本养老保险承担“保基本”之责，而补充性养老保险承担改善退休生活之责。但我们看到，过去40多年来对基本养老保险待遇高增长的诉求有增无减，而补充性养老保险却发展缓慢，往往有购买能力者无意购买而有购买需求者却无力购买。② 事实上，政府的社会保障治理无法从根本上完全规避社会风险，提供的资源只能是“保基本”。③单纯增加社会保障资源供给，超越基本保障水平，只会拖垮社会保障制度，最终带来参保群体整体利益的下降。我国是人口大国和疆域大国，人们养老需求和养老金投资需求存在多维的差异化，发展补充养老保险有其必要性。在人口快速老龄化、经济增长开始放缓、基本养老保险支付逐年增大、政府财力有限的背景下，发展补充养老保障的紧迫性也日益凸显。政府通过政策设计来扶持发展补充养老保障体系，可以提高覆盖率进而提高社会效益，不过在政策设计上，需要明确补充养老保障的定位和目标。

从1993年提出建立多层次社会保障体系以来，我国多元社会保障制度逐步建立。一是托底性救助和福利制度不断建立健全（见表5-6）。城乡最低生活保障制度分别于1999年和2007年建立，2014年国务院发布《社会救助暂行办法》，以法规形式规范了社会救助制度，目前各项救助制度已基本实现应保尽保。与此同时，覆盖老人、儿童、残疾人等特殊群体的福利制度也逐步建立健全。二是承担“基本保障”的城镇职工保险和城乡居民保险制度体系全面建立，覆盖面持续扩大。到2017年年底，养老保险法定参保人员覆盖率超过85%，医疗保险覆盖率多年稳定在95%以上。三是“补充保障”体系正在逐渐形成。《企业年金办法》《机关事业单位职业年金办法》先后出台，个人税

---

① 参见《国务院关于企业职工养老保险制度改革的决定》，《中华人民共和国国务院公报》1991年第27号。

② 到2020年年末，全国仅有10.5万家企业建立了企业年金，参加职工人数为2718万人。

③ 王增文：《中国社会保障治理结构变化、理念转型及理论概化——范式嵌入与法治保障》，《政治学研究》2015年第5期。

收递延型养老保险政策抓紧制定，大病保险制度全面覆盖，个人税收优惠型健康险制度有序推进。四是养老等社会保障服务供给不断增加。国家出台了《国务院关于加快发展养老服务业的若干意见》等政策文件，使以养老服务为主的社会保障服务体系不断健全，以居家为基础、社区为依托、机构为补充的养老服务体系基本形成，未来要进一步完善兼具基本保障和补充性保障的社会保障体系，由此更好地助推共同富裕目标。

表 5-6　我国多层次社会保障制度体系框架

<table>
<tr><th>保障层次</th><th colspan="2">主要保障项目</th><th>保障人群</th><th>保障目标</th><th>政府责任</th></tr>
<tr><td rowspan="3">托底保障</td><td>社会救助</td><td>城乡低保；受灾人员、医疗、住房、就业、教育、临时救助；特困人员供养</td><td rowspan="3">低收入群体</td><td rowspan="3">保障基本生活所需，克服灾难性致贫风险</td><td rowspan="3">完善保障体系，织密扎牢保障服务网</td></tr>
<tr><td>社会福利</td><td>老年人高龄津贴、养老服务补贴、护理补贴；孤儿基本生活保障、困境儿童保障；困难残疾人生活补贴、重度残疾人护理补贴</td></tr>
<tr><td>保障服务</td><td>幸福院、敬老院等托底保障服务</td></tr>
<tr><td rowspan="3">基本保障</td><td>城镇职工保险</td><td>养老、医疗、失业、工伤、生育</td><td rowspan="3">全民</td><td rowspan="3">减轻养老医疗支出压力，获得一定质量公共服务</td><td rowspan="3">确保制度可持续，合理配置公共资源</td></tr>
<tr><td>城乡居民保险</td><td>养老、医疗、大病保险</td></tr>
<tr><td>保障服务</td><td>普通养老机构和社区保障服务等</td></tr>
<tr><td rowspan="3">补充保障</td><td>年金</td><td>企业年金、职业年金</td><td rowspan="3">中高收入群体</td><td rowspan="3">满足多样化、多层次服务需求</td><td rowspan="3">做好基础性制度供给，实施鼓励引导政策，充分发挥市场作用</td></tr>
<tr><td>商业保险</td><td>个人储蓄养老保险、个人税收递延型养老保险；个人税优健康险</td></tr>
<tr><td>保障服务</td><td>高端养老、医养结合机构</td></tr>
</table>

资料来源：笔者根据相关资料归纳整理。

总体上，制度目标是要建立一个可持续的、体现社会公平的（有再分配）、充分的（充足替代率）、保基本的同时满足多样化需求的多层次（三支柱）的社会保险体系，各个层次可以针对不同的目标，各负其责、相辅相成、共同发展。从中国目前所处的经济社会发展阶段来看，在社会保障领域亟须树立底线公平的理念，强调国民在底线面前基本权利一致。其实质是重点保障大多数人的利益，重在雪中送炭，而非锦上添花。① 在此基础上，要积极争取补充性保险的发展空间，鼓励市场主体与社会力量参与多层次风险保障体系建设，从而助力共同富裕的远景目标。②

三、加强社会保障制度与其他政策互动，助力共同富裕目标

社会保障不是一项孤立的社会政策，在运行中需要与其他政策配套实施（如劳动就业、收入分配、人口政策等），由此更有效地发挥促进共同富裕的作用。因此，仅完善社会保障制度难以实现政策的既定目标，应加强与其他相关制度改革的互动。这里以与社会保障制度紧密相关的三个制度为例进行说明。一是户籍管理制度。部分社会保险制度与户籍制度捆绑，进城务工人员在养老、医疗、失业保险方面均遭受户籍歧视③，机会公正的缺失，使不同群体没有处在同一起跑线上。④ 下一步要先将进城落户农民完全纳入社会保险体系，保障符合条件的外来人员与本地居民平等享有社会保险权利，并继续做好社会保险关系转移接续和医疗保险异地就医结算工作。二是收入分配制度。国家"十四五"规划提出要扎实推进共同富裕，加大社会保障等再分配机制调节力度和精准性。与其他国家相比，社会保障在调节收入分配方面所发挥的作用有限，尤其是近期居民收入差距可能高位徘徊，且部分社会保险项目甚至存在逆向调节效应。⑤ 这里的关键是要淡化多缴多得激励，改进筹资和待遇计发办法，处理好参保激励与再分配功能发挥的关系。三是工资统计调查制度。目前绝大部分地区在统计平均工资时，未将私营企

① 景天魁：《创新福利模式优化社会管理》，《社会学研究》2012 年第 4 期。

② 郑功成：《多层次社会保障体系建设：现状评估与政策思路》，《社会保障评论》2019 年第 1 期。

③ 姚先国、赖普清：《中国劳资关系的城乡户籍差异》，《经济研究》2004 年第 7 期。

④ 李强：《社会分层与空间领域的公平公正》，《中国人民大学学报》2012 年第 1 期。

⑤ 李实、朱梦冰、詹鹏：《中国社会保障制度的收入再分配效应》，《社会保障评论》2017 年第 4 期；蔡萌、岳希明：《中国社会保障支出的收入分配效应研究》，《经济社会体制比较》2018 年第 1 期。

业纳入统计范围，导致统计结果高于真实平均值。养老金以当地统计的平均工资为基础计发，征缴基数却是实际的平均工资水平，这一差异是引发基金缺口的原因之一。建议进一步完善工资统计政策，为做实社会保险缴费基数创造条件。四是医药卫生制度。近年来，我国医疗保险事业取得长足发展，但"看病贵、看病难"问题持续成为舆论焦点，群众获得感不强直指医疗保障制度运行效率不高。事实上，医疗问题涉及医院、病患、医疗保险机构、药商等多个行动主体，医疗费用的持续增长还与各主体的微观行为有关。① 因此，在深化"医保"改革的同时，更需加快"医疗"和"医药"两个领域的改革，加强与医疗救助制度的衔接，通过医保、医疗、医药三医联动更好地发挥医疗保险作用。

四、加强行动主体整合，实现制度更好运转

行动主体整合是整体性治理框架下的重要内容，加强各主体整合可以减少集体行动的障碍。近年来，财政对社会保险的支持力度连年加大，在表 5-7 中，2017—2019 年企业职工基本养老保险财政补贴投入分别达到 4955. 13 亿元、5355. 43 亿元和 5825. 59 亿元；财政投入已成为城乡居民医保筹资的主要来源，部分地区财政补贴标准甚至达到个人缴费的 3—4 倍，但政府并非是全部福利的提供者。一味强调财政责任，带来的后果将是税负增加，影响整个社会的福利改进程度。根据福利三角理论，国家和市场、家庭一样，是福利的部分提供者②，过度地把筹资责任赋予单独行动主体，都将可能带来社会保障制度的不可持续。

---

① 刘军强、刘凯、曾益：《医疗费用持续增长机制——基于历史数据和田野资料的分析》，《中国社会科学》2015 年第 8 期。

② 彭华民：《福利三角：一个社会政策分析的范式》，《社会学研究》2006 年第 4 期。

表 5-7　2010—2019 年我国重点社会保障制度财政支出情况

（单位：亿元）

年度	财政支出合计	社会保险									社会救助			社会福利				优抚安置		
		基金收入	基金支出	基金累计结余	财政补助															
					合计	职工养老	居民养老	新型农村合作医疗	城镇（乡）居民医疗	其他	合计	最低生活保障	其他救助	合计	老年人福利	儿童福利	其他	合计	退役安置	抚恤
2010	7281	19276	15019	23408	4207	1910	240	1042	194	821	2277	986	1291	148	30	18	99	649	260	389
2011	9269	25153	18653	30233	5631	2192	649	1739	358	693	2660	1341	1319	233	50	49	133	745	297	448
2012	10752	30739	23331	38107	6719	2527	1041	2035	469	647	2814	1365	1449	302	92	47	163	917	364	553
2013	12491	35253	27916	45588	7860	2851	1235	2429	578	767	3185	1624	1561	338	107	46	184	1108	427	681
2014	13787	29828	33003	52462	8972	3295	1349	2732	676	920	3231	1606	1624	415	145	48	222	1169	474	695
2015	16577	46012	38988	59533	11282	4162	1853	3096	986	1185	3368	1665	1703	567	190	53	323	1360	596	763
2016	18288	53563	46888	66350	12780	4703	1908	3025	1397	1747	3446	1658	1789	617	230	57	331	1445	590	855
2017	20278	67155	57146	77312	14640	4971	2296	573	3943	2857	3285	1476	1809	682	270	57	355	1671	737	934
2018	22125	79255	67793	89776	17655	9377	2776	5374	128	2027	1462	565	738	738	1754	1005	749			
2019	24287	83550	75347	96978	19104	10329	2881	5796	108	2075	1453	622	844	844	2264	1197	1067			

资料来源：笔者根据国家统计局、财政部统计数据整理。

随着经济发展从高速转向中高速，财政收入增速也逐步放缓，在强调政府责任的同时，还需要加强与参保者、参保单位等行动主体的整合，调整各行动主体的效能搭配，从而促进资源配置效率的进一步提高。① 过去在讨论养老保险问题时，常把老年人与“被供养的人”画等号，现在需转换思路，重新定位老年人的社会角色，使其树立自立自强观念，帮助其更好地参与社会发展，降低制度运行成本。② 因此，应强化“人人享有”与“人人尽力”并重的政策取向③，特别是要让广大参保人员增强责任意识，在“参与”和“共享”这两个角色中找到平衡。同时还要加强政府内部部门的整合，特别是经办服务资源的整合，减少因政府行政治理效能低下带来的制度问题，生育保险与基本医疗保险合并实施正是体现了这一思路。

第四节　优化社会保障制度设计助力共同富裕目标实现

为适应共同富裕的目标和推进过程，社会保障制度必须深化改革，优化社会保障项目体系，改进具体社会保障制度的政策设计。具体来说，社会救助、社会保险、社会福利等关键制度，要各自发挥好与制度属性相匹配的功能，社会救助制度要更加精准有效，社会保险要更加体现效率促进公平，社会福利要不断健全完善。

一、全方位提升民生保障要求，提升全体人民底线富裕标准

随着经济发展水平的提高，人民对共享发展的诉求日益提升，现在确实有

---

① 郑秉文：《多点试错与顶层设计：中国社保改革的基本取向和原则》，《中国经济报告》2016 年第 2 期。

② 彭希哲、胡湛：《公共政策视角下的中国人口老龄化》，《中国社会科学》2011 年第 3 期。

③ 《中共中央关于制定国民经济和社会发展第十三个五年规划的建议》提出，要按照人人参与、人人尽力、人人享有的要求保障基本民生。

必要明显提高各级保障水平，从各个维度增加居民的实际获得感。尤其是，当前我国已进入民生保障体系建设的关键时期，已到了提升保障标准的发展阶段，特别是要在发展中逐渐改善民生，在现有制度基础上不断提高居民保障水平。从底线思维角度出发，如果人人都享有相对较高的最低生活保障标准，那么相对收入差距的重要性就会下降，故需要持续提升底线富裕应该包含的民生保障内涵，明确最基本的底线富裕标准。

社会保障主要面向中低收入群体，也是政府财政支出的主要去向，这种瞄准性较强的公共政策的托底作用，能有效助推共同富裕目标。在市场经济条件下，财政职能应更多转向民生领域，并为社会保障提供充分支撑。倾斜性增加与民生紧密相关的各种支出，尽可能安排对低收入群体的转移性支出，逐渐提高社会保障支出占财政支出的比重。进一步提高财政资金使用效益，更多地将财政资金用于保障和改善民生，更多地向欠发达地区、薄弱环节和关键领域倾斜，缩小城乡地区之间由于财政收入差异造成的社会保障能力差异。在政府支出结构上，财力应适当向社会保障再分配倾斜，更多地瞄准基本养老、医疗卫生、社会救助等，进一步提高医疗救助、社会保险等方面的保障力度，使在“提低”方面具有坚实的财力保障。

要继续改善社会保障供给机制，适度提高养老、医疗卫生等标准。建议进一步扩大居民享有的福利范围，提升全体人民获得的底线保障标准。进一步增强对特殊困难群体的倾斜，完善低保标准动态调整机制，落实社会救助标准与物价上涨挂钩的联动机制，强化低保与专项救助标准联动、社会救助与社会保险及慈善事业衔接的制度安排。建立与城乡低保、儿童福利等标准联动的家庭供养标准调整机制。将低保边缘群体、符合条件的常住人口纳入专项救助范围，提升职业病和重特大疾病医疗救助、职业教育和高等教育救助标准。增加对落后地区的转移支付，缩小低保标准的地区间差异，发挥低保制度的兜底作用。

二、改革社会保障不平衡不充分问题,助力推进共同富裕

社会保障是共同富裕的基本途径与制度保证。事实上,社会保障与每一个社会成员息息相关,推动社会保障事业高质量发展、可持续发展,对于提升全民福祉、维护国家长治久安、实现共同富裕具有重要意义。当前社会保障制度完善的重点方向是,既要增加社会保障资源的投入,更要实现资源的优化配置。要推进共同富裕取得实质性进展,需要健全更加公平、更有效率、更可持续的社会保障体系。

近年来,西方国家在构建福利国家体系中面临重大挑战,我们还是要坚持从国情出发,以实事求是为准则,努力构建具有中国特色的更高标准的民生保障体系。社会保障制度是一个分层次的复杂体系,重点制度各自运行的逻辑和改革思路也有很大差异,需要从更宏观的角度来思考改革的共性问题。“十四五”规划纲要指出“坚持应保尽保原则,按照兜底线、织密网、建机制的要求,加快健全覆盖全民、统筹城乡、公平统一、可持续的多层次社会保障体系”,这在一定程度上指出了未来很长一段时期的制度改革方向。这些相对宏观的表述,需要落在重点的二级、三级制度上来承接。比如“应保尽保”,我国现在的医疗保险覆盖率已经达到95%以上,养老保险达到91%,显然从95%到100%不应该是一个特别关键的大问题,但像养老保险、医疗保险这两个最重要的社会保障制度,虽然总体覆盖率很高,但职工保险覆盖率还很低,很多农民工、灵活就业人员还在职工保险制度之外,下一步应该在这方面多开展工作。比如“统筹城乡”的要求虽然一直在提,但在不同阶段有不同具体内容,落在具体制度上的载体也有差异,2003 年新农合制度建立之前,“统筹城乡”的重点是在农村建立医疗保险和养老保险制度,但在农村建立这两个制度之后,再提“城乡统筹”就是农村制度和城镇居民制度的整合,在 2014 年和 2016 年我国又分别建立了城乡统一的居民养老保险制度和居民医疗保险制度。那么现在这个阶段再提“城乡统筹”,其重点就应该

发生变化，就应该考虑推进居民保险制度和职工保险制度在制度模式上的完全统一。

“十四五”规划关于社会保障制度改革中，总的考虑是每一个宏观层面的要求需要在具体制度上得以落实和对接。要求更高质量的“覆盖全民”，这需要让全体人民都能享有基本的社会保护，获得最起码的最低富裕水平，特别是要扩大社会保障覆盖面，建立覆盖城乡所有劳动者的社会保障体系。对于养老保险、医疗保障实现全民覆盖，这要求改变当前不同群体所享有的社会保障制度差异，要求织密网、兜底线同行，做到覆盖全体城乡居民。进一步从“公平统一”看，社会保障制度体系应逐步推进职工与居民保险制度模式统一，实现不同区域群体制度逐步统一，实现城乡居民制度统一，逐步消除城乡间、区域间和群体间的制度覆盖与保障差异，增强社会保障内部均等性，尤其是要加大农村社会保障制度投入，逐步建立起统一的保障标准。总体上，就是要建立与经济发展水平相适应的、覆盖全国的多层次社会保障体系，提高城乡居民的最低保障水平，真正助力全体人民共同富裕。

三、推动社会救助更加精准更有效率，发挥对共同富裕的兜底作用

社会救助是历史最悠久的基本民生保障项目。要促进实现共同富裕，未来要在原有的基础上更加科学、更加规范、更加精细，可从以下几个方面考虑政策措施。

一是要健全民政牵头、部门协同、社会力量参与的社会救助工作机制，健全统一的社会救助信息平台，升级智慧救助平台，有效统筹最低生活保障制度和特困救助、自然灾害救助、医疗救助、教育救助、住房救助、就业救助、临时救助等各专项救助，并鼓励支持社会力量参与。在制度设计上，要与扶贫脱贫、社会保险、特殊群体福利和优抚安置政策配套衔接，使整个民生保障体系形成整体，尤其要进一步加强与扶贫工作的有效衔接，在落实“两线合一”工作

的基础上，实现低收入农户即农村低保、低边（低保边缘）和特困对象信息数据与相关部门共享，督促各地落实低保、低边渐退期制度，确保社会救助对象实现稳定增收后再退出救助范围，有效发挥社会救助制度的兜底保障作用。

二是要着手解决相对贫困问题，全面开展支出型贫困救助制度，对符合条件的支出型贫困对象，纳入低保或低边家庭范围，给予最低生活保障或临时救助，实施医疗、教育等专项救助，加强社会力量帮扶，通过多途径叠加措施有效减缓困难程度，最大限度减缓因病、因学、因残致贫返贫等现象。要健全临时救助机制，充分注意“急难”的偶发性、突发性和紧迫性特点，进一步明确急难事件的发现机制、判定标准和救助机制，简化临时救助办理程序。完善生活无着落的流浪乞讨人员救助管理体系，规范救助程序，加大寻亲力度，完善站外托养工作监督管理长效机制。

三是在救助对象方面，要采用更加有效的办法确定其实际困难，不断健全家庭收入核对机制，使之行之有效，既要做到应助尽助，也要做到应退尽退；同时要积极创造条件，把救助对象由户籍人口向常住人口拓展，可以先从某些特定的项目开始逐步扩展，这也是城市化、市民化的本质要求。

四是在救助标准方面，要坚持经济发展和群众生活成本提高相适应的原则，进一步健全自然增长机制，确保救助资金的购买力不下降，同时要根据社会进步尤其是生活项目的增加，适度考虑增加生活成本的因素，从而适度提高社会救助标准。

四、促进社会保险更加公平更可持续，发挥好促进共同富裕的主体社会保障制度作用

社会保险制度是社会保障制度的主体，有效发挥社会保障制度在促进共同富裕中的作用，关键是要发挥好社会保险制度的根本作用，兼顾效率与公平、短期和长远，实现社会保险制度更加公平更可持续发展。

一是优化社会保险体系安排。从目前所处的经济社会发展阶段来看，在民生保障领域亟须树立底线公平的理念，强调国民在底线面前所具有权利的一致性，实质是重点保障大多数人的基本利益，重在雪中送炭，而非锦上添花。因此，基于群众风险保障需要和现代政府基本职责，要区分好基本保障与补充性保障，构建多层次风险保障体系，并明确社会保险“保基本”的功能定位。在实现社会保险“保基本”目标的基础上，要积极争取补充性保险的发展空间，鼓励市场主体参与多层次风险保障体系建设，进一步优化项目分工，重点方向是提高医疗、工伤和照护保障水平。

二是推进社会保险全员参保。虽然国民社会保险权益在法律上已经得到确立，但当前离社会保险全民参保还有距离。以职工基本养老保险为例，仍有1亿多适龄劳动人口未被制度覆盖。推进社会保险全员参保，是促进公平的重要举措，同时这也有利于更好发挥社会保险本身的比较优势。保险是基于利己目的，进而达到利他效果的制度安排，其最本质特征是互助共济（包括代内与代际间）。在这一制度安排下，大量独立同质风险单位因保险而集中起来，风险的不确定性得以“相互抵消”，其背后所蕴含的机制是保护每一个个体，并提高效率。由于个体风险损失规律难以把握，而特定时期特定范围内社会总体损失规律可根据经验获得，因此要将更多的人员纳入社会保险制度，更好发挥社会保险的互助共济作用。

三是改进社会保险制度设计。面向高质量、可持续发展的更高目标，特别针对现行制度存在的突出问题。首先，改革要突出“保基本”，重视补短板。以代际均衡为目标，健全正常待遇调整机制，合理控制高保障群体待遇水平，逐步缩小群体间差距。重点保障农民、资源匮乏地区人员和低收入群体，满足参保人员各生命阶段风险保障基本需求。其次，完善“统账结合”政策。有观点提出，应减小统筹账户比例，做大个人账户，甚至实行“全账户制”。可以判断，这会导致互助共济减弱，部分人员可能因准备不足而缺乏保障，部分人员则可能准备过多而降低效率；因而难以缩小初次分配差距，使保险本身的比较优势难以发挥。事实上，在“统账结合”设计模式下，个人账户强调激励，更多带有“缴费确定型”（Defined Contribution）的性质。多年实践表明，统筹基金和个人账户基金“混账”管理导致账户权益不清晰，个人账户运营责任被弱化，带来基金亏空的巨大隐患。因此，应优化个人账户制度，动态调整个人账户计发月数；实行分账管理，做实个人账户，努力提高资金收益回报率。最后，要改进筹资机制。根据精算分析，参保对于个体有利，为何还有如此多人游离于制度之外？究其原因，一个重要障碍是社会保险名义费率过高。在一些统筹地区，用人单位无力承受近 40%的社会保险费率，致使本应参加职工基本养老保险和医疗保险的人员，只能选择参加保障水平较低的城乡居民基本养老保险和医疗保险制度。改革筹资机制，并降低名义费率是下一步社会保险制度改革的重要内容。

四是改善社会保险制度运行环境。社会保险制度的健康可持续运行，除了自身制度的科学设计外，还需要营造良好的外部社会环境，即与其他经济社会政策的完善结合起来。比如，要继续深化医药卫生体制改革，增进医、保、患三方的良性互动；完善工资统计政策，做实缴费基数；调整人口生育政策和退休年龄政策，减轻人口老龄化的影响。此外，还要逐步培育社会成员对社会保险水平的理性预期，推进国民参与社会保障政策制定机制的建立，使各行动主体“各司其职、各尽其力”，实现多元协作。

五、优化社会福利制度，发挥好在促进共同富裕中的独特作用

我国社会福利制度主要是保障低收入群体，是共同富裕“一个都不能少”政策目标的重要支撑。在社会福利制度中，要更好地发挥公共财政的撬动效应和级数效用，鼓励和支持更多社会资源投入社会福利事业中。其一，要采取更多形式的“政社合作”方式，通过政府购买、民办公助等方式，加强与社会组织的合作，并且通过与社会组织的合作提高其专业能力。其二，要加强与市场主体的合作，在企业登记注册、税收、土地使用等方面，吸引具有竞争力的优质

企业,尤其是大型国有企业参与到福利提供中。相关行业也可以向国际资本开放,但需要通过价格管控等方式将其利润率控制在合理范围之内。其三,要通过慈善事业更好调动民间资源。此次新冠疫情防控中,慈善捐赠额再创新高,充分说明了我国群众“有善心、有善举”,要进一步简化慈善捐赠的免税程序,支持群众的慈善义举;要更好地发挥慈善信托的作用,不断壮大慈善资源,争取在 2035 年时所募款物的折合价值达到 GDP 的 1.5%左右。其四,进一步扩大福利彩票的销售规模和彩票公益金规模,作为社会福利事业发展的有效补充,在具体社会保障领域,要更多聚焦老年人、儿童和残疾人等群体,要提供更加精细化的社会福利服务。

养老服务方面。要健全居家为基础、社区为依托、机构充分发展、医康护养融为一体的养老服务体系,创新体制机制,扩大并优化配置资源,全面提高养老服务规范化、标准化、信息化水平。一是深入推进医养康养有机融合,建立“以健康养老为核心、以适度医疗为支撑、以功能康复为重点”的养老服务新模式,打造多层次康养联合体,增加康养服务供给,加强照护保障制度建设,提高康养消费能力。二是切实加强居家养老服务,支持多元主体举办面向居家老人的生活照料、家政服务、安全援助、社区日间照料、物品代购、服务缴费等服务;积极实施社区和困难家庭适老化改造,推进居家养老服务中心(照料中心)标准化运行,完善助餐配送餐长效运行机制,适时推进智能化养老社区建设。三是提升机构养老服务水平,推进公办养老机构改革,明确公办、公建民营养老机构重点是为经济困难失能失智老年人、计划生育特殊家庭老年人提供无偿或低收费托养服务。四是健全老年照护服务补助制度,整合民政、医保、卫生健康、残联等部门资源,加大财政支持力度,扩大补助范围、提高补助标准,并建立科学规范的评估机制。五是进一步提高养老服务数字化水平,加快建设智慧养老服务平台,提升养老服务的精细化和精准度。六是加强专业化养老服务队伍建设,健全养老服务队伍人力资本长效投资机制。

儿童福利方面。一是建立适度普惠的儿童福利制度,加大对未成年人的关爱和保护力度。特别是探索建立儿童津贴制度,作为生育政策调整的重要支持措施。二是健全儿童福利标准自然增长机制,确保孤残儿童和困境儿童的基本生活养育标准增长与经济社会发展同步,并根据生活方式转变适当考虑更多的成本因素,以分享社会进步成果。三是加强儿童福利基础设施建设,优化儿童福利机构布局,加快未成年人救助保护中心和“儿童之家”建设,推动儿童福利机构转型发展,拓展其综合服务功能,并促进各类儿童福利机构的规范化建设。四是健全农村留守儿童和困境儿童关爱服务体系,建立动态跟踪机制。五是加强儿童福利队伍建设,选优配强乡镇(街道)儿童督导员和村(居)儿童主任并加强业务培训。

残疾人福利方面。一是深化残疾人友好环境建设。持续推进无障碍社会、无障碍社区、无障碍家庭建设,牢固树立无障碍理念,强化无障碍系统建设。健全残疾人基本公共服务设施,充分考虑残疾人基本公共服务需求,推动基本公共服务供给改革。二是提升残疾人托养庇护服务质量。完善残疾人托养庇护服务体系,进一步健全“以居家照护为基础、乡镇(街道)机构托养庇护为主体、市县寄宿制专业托养为依托”的残疾人托养庇护网络,为符合条件的残疾人提供集中照护、日间照料、居家服务、邻里照护等多种形式的社会化照护服务。三是多渠道促进残疾人社会融合。完善政府、社区、家庭等多元主体共同参与的助残支持体系,建立残疾人增权赋能多渠道实现机制。推进特殊教育融合常态化,促进教育公平,保障残疾人能进入普通幼儿园、学校接受教育。积极发挥就业在残疾人社会融合中的作用,关怀残疾人文体需求。四是加强残疾人事业的数字支撑。深化残疾人事业数字化改革,优化残疾人公共服务,以数字化带动残疾人事业发展信息化、智慧化建设。五是大力推进残疾预防工作,构建政府主导、部门联动、社会参与的残疾预防体制机制。

第五节　改革社会保障制度重点问题扎实推进共同富裕

一、合理确定基本保障水平和各方责任

进一步加强农村低保制度与扶贫政策有效衔接，对接基数认定、信息录入等工作程序，健全信息共享和比对制度，确保建档立卡贫困人口全部享有低保托底。完善低收入家庭认定办法，确保贫困人口“脱贫不脱政策”。全面取消重特大疾病住院救助病种限制，探索将覆盖范围延伸至全部低收入家庭，根据其收入情况、负担能力和医疗支出规模实施阶梯化救助。健全老人、儿童、残疾人等福利保障制度，适当提高保障标准，扩展覆盖范围，确保符合条件的各类群体应保尽保。进一步加强对社会救助、社会保险、社会福利、企业（职业）年金、商业养老（医疗）保险，以及相应保障服务的统筹设计。全面梳理各项保障制度之间和制度内部存在的缺位、重叠、矛盾等各类问题，明确各类社会保障各自的制度定位、保障人群、筹资标准、保障水平，切实推动多层次社会保障体系的有序、有效衔接。

要坚持基本养老和基本医疗保险“保基本”原则不动摇，充分考虑生产力发展水平和社会可承受能力，保持适度待遇水平，兼顾公平与效率，合理确定并优化基本养老、基本医疗保险和各种补充保障的比例结构和关系。合理确定政府补助资金和企业、个人缴费资金的比例结构，根据经济社会发展和人口老龄化负担变动及时调整负担水平，避免发生财务失衡。建立社会保险长期收支精算平衡机制。建立起国家基本养老和基本医疗保险长期收支精算平衡制度。落实划转部分国有资本充实社会保障基金政策，建立养老保险中央调剂金制度，通过增加调剂金比例方式，逐步向全国统筹过渡，2030 年前实现基础养老金全国统筹。进一步明确中央和地方政府的社会保障责任，健全央地

共管社会保障事项转移支付机制，规范地方调整待遇的频次和幅度，明确中央财政对于人口老龄化等系统性风险的兜底责任。

二、构建多层次社会保障体系满足多元化就业需求

新技术和新运营管理方式的出现，对就业形态产生了重要影响，大量人群从事不同于以往传统形态的工作，其人群特征、收入水平等存在较大差别，对社会保障的要求也存在很大差异。现行社会保障制度，特别是养老保险制度，由于基本养老保险所占比重过高，造成保障方式单一、政府责任过重、参保人员灵活性较小等问题，已难以适应就业形态日渐多元化的需求。因此，应构建多层次养老保障体系，加快发展第二支柱的企业年金、职业年金和第三支柱的个人储蓄养老保险，重点解决覆盖面窄、待遇水平低的问题，通过税收优惠、强制实施等制度安排，实现第二支柱覆盖大部分企业、机关事业单位工作人员，科学设定三支柱之间的替代率水平。

促进基础养老金全国统筹，形成公平流动就业市场。当前我国职工养老保险地区分割统筹的特征，使不同地区社会统筹账户实际缴费率、做实个人账户的规模都存在较大差异，成为劳动力流动障碍。同时，现行转移接续办法流程复杂、手续烦琐，在劳动力流动性偏高的情形下，也给劳动者带来较大的时间和经济成本。实行基础养老金全国统筹，能真正实现职工群体平等的基本养老保险权益，并且保障这种权益不因为职业身份的变化和就业地点的变化而受到损害，这有利于维护社会公平、促进社会流动，形成全国统一的就业市场，同时劳动者也有了稳定安全的预期。

完善失业保险制度，充分发挥其防失业、促就业功能。失业保险制度设计，从消极的保生活转变为积极的促就业。通过各种有效措施，将失业保险制度与促进就业结合起来。如将失业人员领取失业救济金的待遇标准与领取时间长短挂钩，缩短失业救济金发放期限；要求失业人员接受职业指导和职业介绍等就业服务，并积极参加职业培训和主动寻找工作；对领取失业救济金期间

找到工作以及自主创业的人员，政府给予一定的补贴或奖励；对企业不断创造新的就业岗位、吸纳更多失业人员或长期未裁员等，给予相应补贴。同时，在确保失业保险金发放到位、基金收支平衡的基础上，适度降低失业保险费率或实行浮动费率制。

加强对补充养老和医疗保险制度的支持引导。支持有条件的企业单位建立企业年金和补充医疗保险制度，机关事业单位按规定建立职业年金制度并为职工足额缴费，鼓励有经济负担能力的个人购买具有养老、健康保障功能的商业保险产品，满足人们更多层次、多样化的保障需求。同步推进“基本保障”降费和“补充保障”扩面。在适当降低“基本保障”制度费率的同时，将减少的缴费部分转为强制性年金或建立年金自动纳入机制。落实企业年金、补充医疗的税收优惠政策，适当提高税收优惠比例，鼓励更多企事业单位建立企业年金和补充医疗保险制度。到2050年，争取补充养老保险（企业年金和职业年金）覆盖60%以上的职工。健全完善税收递延型养老保险制度，鼓励商业保险公司开发相应保险品种，充分发挥商业养老保险的保障作用。

三、统筹城乡社会保障发展以适应城镇化趋势

随着我国新型城镇化和户籍制度改革等工作的推进，大量人口从农村流向城市，其中相当比例的人员在城市长期居住就业。按照我国新型城镇化规划，到2025年我国常住人口城镇化比例将增加到65%以上，同时就业流动化趋势也不断加强，据统计每年有7000多万人跨省流动就业，要将这部分人群全部纳入城镇社会保障体系，实现其在农村参加的社会保障关系向城镇规范转续，就需要大力推进城乡统筹社会保障的发展。

促进财政补助资金优化配置，加大对社会办养老机构护理床位的补助力度，规范公建民营、民办公助等养老机构服务价格水平，扩大养老服务的有效供给，提升中等养老机构服务水平和质量层次。提升养老服务“兜底线、保基本”的服务功能。推进公办养老机构改革，创新管理体制和运行机制，建立健

全公办养老机构入住评估制度,重点为农村五保、城镇“三无”老年人及“三低”失能(失智)老年人、高龄老年人,提供无偿或低收费的供养、护理服务。加快商业保险发展,补充商业养老保险与养老服务衔接。

具体要在几个方面重点推进:一是完善财政补贴政策,探索部分补贴项目按常住人口计算,科学确定社会保障事项的地方财权事权,提高地方政府将常住人口全部纳入城镇社会保障的积极性。二是进一步强化管理部门、用工企业对社会保障关系转续的责任,加快推进城乡医疗保险制度整合,完善城乡居民养老保险与城镇职工养老保险转续政策,全面清除地方阻碍社会保障转续的不合理规定。三是将农民工随迁家属、子女纳入常住地城镇居民养老、医疗保险,进一步放开灵活就业人员社会保险户籍限制。四是将符合条件的农民工纳入常住地救助、福利保障范围,逐步推进社会救济的城乡一体化进程。

四、健全职工保险费用征缴和待遇确定调整机制

科学确定社会保障缴费费率和基数。一是适当降低社会保障费率,减少就业人员负担。社会保险缴费率过高可能会导致企业减少劳动需求,造成新增就业人员难以找到工作从而失业,同时也可能导致企业和个人想方设法逃避缴纳社会保险费。虽然我国养老保险制度转轨尚没有结束,企业视同缴费年限养老金的计发还将延续 20 年左右,人口老龄化高峰又接踵而至,总费率没有较大下调的空间。但若财政仍按现行政策进一步加强扩面征缴、规范缴费工资基数、实行全国统筹解决基金分布结构性矛盾、提高资金使用效率等,在精算平衡的基础上,也可以做到适当降低养老保险单位缴费比例。二是合理确定社会保障缴费基数,引导就业人员积极参保。健全职工工资统计范围和口径,尽快公布包括私营单位在内的全社会职工平均工资,真实反映社会平均工资情况,合理确定社会保障缴费基数。

完善职工保险待遇确定和调整机制。职工保险待遇调整重点是养老保险。近年来,为缩小企业职工与机关事业单位人员养老金待遇差异,已连续

11年提高企业职工养老保险待遇，在筹资水平保持基本稳定的情况下，这可能会增加养老保险统筹基金当期发放的压力，加大个人账户空账运营的风险。为保持职工养老保险制度的长期健康运行，基本养老金的确定和调整应主要依据物价变动情况和职工工资增长情况进行，调整的幅度应综合考虑工资增长率和物价指数，并兼顾基本养老保险基金、财政负担能力确定。为遏制缴费满15年后即停止缴费及千方百计提前退休等行为，应在基本养老金调整时延伸多缴多得的激励机制，突出缴费年限、缴费水平等因素。通过科学设定职工保险费缴费标准，完善待遇确定调整机制，加强参保缴费的宣传执法，将更多的就业人群纳入职工保险范围，保障其生活。

五、提升低保和社会救济制度的保障有效性

在低保标准的制定上，应加强对基层民政机构的专业指导，统一标准的计算方法和计算过程，防止地方政府“量体裁衣”和“看米下锅”，防止生活成本接近的区域出现低保标准分割，防止低保标准差距复制和扩大财政支出能力差距。建议将最低生活保障标准划分为食物贫困线和非食物贫困线，食物贫困线在于满足生存底线要求，非食物贫困线在于保障穷人共享社会发展成果，保持有尊严生活的社会贫困线，这可以根据恩格尔系数法计算得到。

基于收入的家庭经济核查应更科学、更细致、更量化、更动态。针对收入和资产的核定方式、豁免标准和统计方法，应制定统一的操作章程。对于收入端的监管应通过建立广泛的信息网络来实现，信息交互不仅局限在政府职能部门内部，还应广泛来自金融机构、劳动用工机构、市场中介机构和基层社区。托底对象的家庭支出情况也应受到关注，家庭消费结构和规模体现出托底对象的实际购买能力和所处的需求层次，既是对托底对象家庭经济状况的印证，也是对其真实需求的了解。

以人民需求为中心，不断完善政策供给。托底对象的需求大致可以分为

三类：现金需求、实物需求、服务需求，从目前各地的救助实际看，现金救助是主要形式，实物救助偶尔提供，服务救助基本缺失。随着救助制度的不断完善和升级，具备劳动能力和资产再生能力的托底对象可以通过动态管理及时退保，被救助制度长期覆盖的人群往往是老年人、残疾人等失能群体，这类人群对服务的需求与对现金、实物的需求同样迫切。社会救助服务主要包括生活帮扶、心理疏导、精神慰藉、资源链接、能力提升、社会融入等多样化、个性化服务，可归纳为三种类型：日常照顾型服务、能力发展型服务、支持融合型服务。根据托底对象的需求进行要素配给，能防止供需错配，提高救助工作效益。进行救助供给侧改革，将经济性因素和社会性因素相结合，提供物质性援助和精神性援助，在具体形式上将现金、实物和服务包含在内，多维度提高托底对象的政策获得感和精神层面的共同富裕。

六、进一步扎牢医疗救助关键短板

扩大救助范围，降低受益门槛。在做好最低生活保障对象、特困供养人员和建档立卡贫困人口医疗救助的基础上，要以边缘群体为重点，进一步扩大救助对象，将低收入家庭重点对象、因病致贫家庭以及其他特殊困难群众纳入救助范围，逐渐将社会特别关注群体，如艾滋病感染者、患有严重精神疾病患者和传染病患者和职业病患者等实施专项救助。根据各地财力状况逐步取消医疗救助起付线和封顶线，适度提高救助标准。对有特殊医疗需求的困难群体，出台专门补偿性规定，适度放宽目录标准，并积极引进商业健康险、慈善力量对接，进行医疗费用的三次报销。

完善救助方式，全方位回应困难人群健康兜底诉求。在坚持住院救助为主的基础上，加大门诊救助力度，把门诊救助和住院救助结合起来，让综合救助成为我国医疗救助模式的发展方向。首先，进一步完善住院救助方式，通过事前预付机制向医疗救助定点医疗机构预先提供一定额的救助资金。其次，规范门诊救助，对门诊治疗的病种和治疗方案作出规定，门诊治疗的病种采取单病种付费等方式进行救助。最后，把两种救助方式结合起来。对既符合门诊救助和住院救助的对象，选取救助比例较高的方式对其进行救助，出现门诊和住院诊疗互转情形的，依据个人医疗费用负担情况和家庭经济情况给予相应救助。积极推进事前、事中救助为主和事后救助为辅的方式，进一步发展事前、事中救助方式，即定期发放医疗救助资金、民政部门向救助对象发放医疗救助证，救助资金直接与定点医疗机构进行结算，救助对象在定点医疗机构就医，不用事先垫付医疗费用。医疗机构对医疗费用的一定额度或比例予以先期垫付，民政部门再与医疗机构进行核算补偿。目前，由于有关医疗救助制度的法律法规不是很完善，救助方式也因地不同，须循序渐进改变救助方式，逐渐推行事前事中为主、事后救助为辅的方式，完善医疗救助制度。

丰富筹资来源，引导社会力量参与健康风险互济，建立政府主导、社会参与的多元筹资机制。重视公共财政在医疗救助资金来源中的基础性地位和保障性作用，不断强化政府责任，进一步扩大医疗救助的筹集规模。提高中央和地方彩票公益金对医疗救助的分配比例，为避免分配的随意性，通过立法对比例进行明确界定。出台并落实鼓励社会捐助的相关政策，为社会捐赠医疗救助行为创造法律政策环境，引导和鼓励慈善捐赠行为。规范捐赠医疗救助资金的管理机构，规范管理机构的管理和运作，加强监督，使资金管理机构做到管理透明化、信息公开化。加大对医疗救助制度的宣传，让更多的人了解这项制度，让热衷于慈善捐赠的社会各界人士参与到医疗救助资金的捐赠中，让医疗救助资金得到有效补充，使社会捐助成为医疗救助资金的重要来源。

支持引导社会力量通过捐赠资金、物资积极参与医疗救助特别是重特大疾病医疗救助，形成对政府救助的有效补充。鼓励各单位、各行业、各单位工会开展团体医疗互助，从单位员工福利费、工会会费中提取一部分费用购买补充医疗保险，并做好困难职工帮扶，化解职工因病致贫风险。鼓励个人和各行各业团体自愿捐赠,建立多种形式医疗救助专项基金,所筹集资金专款专用,主要用于贫困人群的医疗救治。支持发展医疗慈善组织,提供医疗费用补助、心理疏导、亲情陪护等形式多样的慈善医疗服务,帮助困难群众减轻医疗经济负担、缓解身心压力,助力全体人民包括物质和精神在内的全领域共同富裕。

第六章　以基本公共服务均等化推进共同富裕

党中央高度重视基本公共服务，多次强调要保障基本公共服务有效供给，部署基本公共服务均等化工作。2020 年 12 月，党的十九届五中全会把“全体人民共同富裕取得更为明显的实质性进展”作为 2035 年国民经济和社会发展远景目标之一，并将“基本公共服务实现均等化”作为远景目标的重要内容。2021 年 8 月，中央财经委员会第十次会议也把促进基本公共服务均等化作为扎实推进共同富裕的重要任务。2022 年 10 月，党的二十大细化了基本公共服务助推共同富裕的功能作用，基本公共服务被赋予了更加重要的使命。

促进基本公共服务均等化旨在针对城乡之间、地区之间的基本公共服务供给不均等、有效性不足、获得感不够等问题，构筑民生保障的最底线。促进基本公共服务均等化是实现共同富裕的前提条件，是推进共同富裕的坚实基础和关键环节，或者说共同富裕本身就是促进基本公共服务均等化的更高级形态。共同富裕的普惠性和全要素决定基本公共服务均等化既是共同富裕的构成要素，也是实现共同富裕的有效途径。实际上，基本公共服务均等化对于促进共同富裕具有兜底和赋能的双重作用。① 下面讨论以基本公共服务均等

① 刘旭、顾严：《发挥基本公共服务兜底和赋能双重作用》，《经济日报》2021 年 12 月 11 日。

化助推共同富裕的政策实践、进展评估、现实问题和改革建议。

第一节　基本公共服务均等化与共同富裕的逻辑关系

一、作为缩小城乡区域差距重要途径的基本公共服务均等化

基本公共服务均等化，是具有战略意义和全局影响的重要工作。早在2005年，党的十六届五中全会通过的《中共中央关于制定国民经济和社会发展第十一个五年规划的建议》就提出，要“按照公共服务均等化原则，加大国家对欠发达地区的支持力度”。彼时，“公共服务均等化”这个原则出现在“促进区域协调发展”的部分，是作为缩小区域发展差距的重要途径被提出来。

2006年，党的十六届六中全会通过《中共中央关于构建社会主义和谐社会若干重大问题的决定》，将“基本公共服务体系更加完备”作为到2020年构建社会主义和谐社会的目标和主要任务，在“落实区域发展总体战略，促进区域协调发展”的部署中提出“逐步缩小地区间基本公共服务差距”，将“逐步实现基本公共服务均等化”作为“完善公共财政制度”的导向，并将“逐步形成惠及全民的基本公共服务体系”作为“建设服务型政府”的重要任务。基本公共服务均等化是缩小区域差距、促进区域协调的重要途径，但之后被赋予的功能和作用有所拓展。2007年，党的十七大报告提出，“缩小区域发展差距，必须注重实现基本公共服务均等化”“健全政府职责体系，完善公共服务体系”“扩大公共服务，完善社会管理”。相关提法仍然延续了此前的思路，把基本公共服务均等化看作缩小区域差距的重要途径。

2010年，党的十七届五中全会通过《中共中央关于制定国民经济和社会发展第十二个五年规划的建议》，提出“加快发展各项社会事业，推进基本公

共服务均等化”“逐步完善符合国情、比较完整、覆盖城乡、可持续的基本公共服务体系”“推进非基本公共服务市场化改革”。由此基本公共服务均等化开始作为社会建设的重要内容,得到更加具体的部署安排。2011 年,国家“十二五”规划《纲要》提出,“把基本公共服务制度作为公共产品向全民提供”,并安排专章和专栏部署“十二五”时期国家基本公共服务体系建设的重点任务,将中央“十二五”规划的内容进一步细化落实。

党的十八大以来,习近平总书记高度重视基本公共服务,主持审议《关于建立健全基本公共服务标准体系的指导意见》,并且多次部署基本公共服务均等化有关工作。2015 年,党的十八届五中全会通过《中共中央关于制定国民经济和社会发展第十三个五年规划的建议》,在“全面建成小康社会新的目标要求”的第二条“人民生活水平和质量普遍提高”中,明确提出了“基本公共服务均等化水平稳步提高”的目标要求(见表 6-1)。以此为标志,基本公共服务均等化上升到具有国家战略全局意义的重要地位。

表 6-1　近期党中央、国务院重要文件中关于基本公共服务均等化的论述

政策文件来源	关于基本公共服务均等化的具体叙述
党的十八届五中全会关于“全面建成小康社会新的目标要求”	人民生活水平和质量普遍提高。就业、教育、文化、社会保障、医疗、住房等公共服务体系更加健全,基本公共服务均等化水平稳步提高。教育现代化取得重要进展,劳动年龄人口受教育年限明显增加。收入差距缩小,中等收入人口比重上升。我国现行标准下农村贫困人口实现脱贫,贫困县全部摘帽,解决了区域性整体贫困
国务院《“十三五”推进基本公共服务均等化规划》主要目标	到 2020 年,基本公共服务体系更加完善,体制机制更加健全,在学有所教、劳有所得、病有所医、老有所养、住有所居等方面持续取得新进展,基本公共服务均等化总体实现……均等化水平稳步提高。城乡区域间基本公共服务大体均衡,贫困地区基本公共服务主要领域指标接近全国平均水平,广大群众享有基本公共服务的可及性显著提高
党的十九大报告关于第二个百年奋斗目标之第一个阶段的安排	第一个阶段,从二〇二〇年到二〇三五年,在全面建成小康社会基础上,再奋斗十五年,基本实现社会主义现代化。到那时我国经济实力、科技实力将大幅跃升,跻身创新型国家前列……人民生活更为宽裕,中等收入群体比例明显提高,城乡区域发展差距和居民生活水平差距显著缩小,基本公共服务均等化基本实现,全体人民共同富裕迈出坚实步伐;现代社会治理格局基本形成,社会充满活力又和谐有序;生态环境根本好转,美丽中国目标基本实现

续表

政策文件来源	关于基本公共服务均等化的具体叙述
党的十九届五中全会关于2035年远景目标	展望二〇三五年，我国经济实力、科技实力、综合国力将大幅跃升，经济总量和城乡居民人均收入将再迈上新的大台阶，关键核心技术实现重大突破，进入创新型国家前列……人均国内生产总值达到中等发达国家水平，中等收入群体显著扩大，基本公共服务实现均等化，城乡区域发展差距和居民生活水平差距显著缩小；人民生活更加美好，人的全面发展、全体人民共同富裕取得更为明显的实质性进展

资料来源：笔者根据相关资料整理。

2016年，《中华人民共和国国民经济和社会发展第十三个五年规划纲要》也对此进行了重申。作为“十三五”规划《纲要》重要支撑的国家级重点专项规划，国务院印发的《“十三五”推进基本公共服务均等化规划》提出到2020年“基本公共服务均等化总体实现”的主要目标，并且细化了“均等化水平稳步提高”的具体内涵。基本公共服务均等化本身作为一个具体目标，也首次明确了时间节点。2017年，党的十九大报告明确了到2035年“基本公共服务均等化基本实现”。这是按照积极而为、量力而行的原则作出的新的重大部署。

2020年，党的十九届五中全会通过《中共中央关于制定国民经济和社会发展第十四个五年规划和二〇三五年远景目标的建议》。在展望到2035年的远景目标时，明确提出“基本公共服务实现均等化”。基本公共服务均等化成为实现第二个百年奋斗目标的第一个阶段性目标，也是基本实现社会主义现代化的重要子目标。在2021年通过的《中共中央、国务院关于支持浙江高质量发展建设共同富裕示范区的意见》中，更是明确指出基本公共服务均等化不仅是社会主义现代化的直接远景目标，也是推进共同富裕的最核心内涵之一，并在文件中辟单章作详细部署，要求基本公共服务均等化要为缩小城乡区域差距、减少人的发展能力差距、促进高质量社会保障体系，提供最基本的制度保障。2022年党的二十大明确提出，“健全基本公共服务体系，提高公共服务水平，增强均衡性和可及性，扎实推进共同富裕”。

二、作为共同富裕内在要求和先行指标的基本公共服务均等化

2021 年,《中共中央、国务院关于支持浙江高质量发展建设共同富裕示范区的意见》印发,鲜明提出了共同富裕的五个维度,即生活富裕富足、精神自信自强、环境宜居宜业、社会和谐和睦、公共服务普及普惠。其中,公共服务普及普惠是单独设置的重要维度。一般来说,公共服务可以划分为基本和非基本这两个层次。基本公共服务是公共服务中具有基础性和兜底性的层次,基本公共服务均等化是公共服务普及普惠的必要条件,也是共同富裕的应有之义,同时基本公共服务均等化又是共同富裕的基础保障。生活富裕富足需要基本公共就业创业服务、基本医疗卫生服务、基本公共教育服务等作为基础保障,精神自信自强离不开基本公共文化服务作为支撑,社会和谐和睦不能没有基本社会服务、基本法律公共服务等作为基础条件。从这个角度看,共同富裕的几个维度都与基本公共服务均等化有直接关联。

关于支持浙江建设共同富裕示范区的文件明确要求:浙江到 2025 年基本实现公共服务均等化,到 2035 年基本实现共同富裕。两者相比,基本公共服务均等化的实现要比共同富裕的基本实现早 10 年。[①] 回顾党的二十大部署,全国要到 2035 年基本实现基本公共服务均等化,到 21 世纪中叶基本实现全体人民共同富裕,两者相比发现基本公共服务均等化比共同富裕的基本实现也要早 15 年左右。[②] 可见,不论是全国层面还是浙江省域层面,基本公共服务均等化不仅是实现共同富裕的内在要求,也是必须先行完成的重要目标。

三、基本公共服务通过兜底和赋能的双重作用来促进共同富裕

公共服务普及普惠是共同富裕的重要方面,其中基本公共服务是由政府

① 袁家军:《忠实践行“八八战略”奋力打造“重要窗口”扎实推动高质量发展建设共同富裕示范区》,《浙江日报》2021 年 7 月 19 日。

② 顾严:《率先实现基本公共服务均等化的使命与路径》,《浙江日报》2021 年 6 月 21 日。

主导、保障全体人民生存和发展基本需要、与经济社会发展水平相适应的公共服务，它可以发挥兜底和赋能的双重作用，在促进全体人民共同富裕中具有举足轻重的地位。

兜住民生底线是坚持以人民为中心的最基本要求，基本公共服务可以看作保障和改善民生的基础安全网。从兜底的角度看，在先富带动后富的进程中，有一部分社会成员由于所处的自然环境恶劣、所依托的资源匮乏、自身或家人存在重病重残等特殊困难，可能难以跟上经济发展步伐，但他们最基本的生存发展权益应该得到保障。此时基本公共服务中的最低生活保障、特困人员供养、临时救助、残疾人托养等，就要担负起兜底保障的责任，确保这部分群体也能有立命之本和安身之所。

劳动力价值既包括生存型人力资本，也包括发展型人力资本，教育培训和卫生健康支出都是人力资本形成的重要途径。从赋能的角度看，致富需要通过教育和训练形成发展型人力资本。义务教育、职业技能培训等基本公共服务提供了个体可以享有的免费学习机会，让发展型人力资本更加广泛积累。健康维护及改善兼具生存型和发展型人力资本的特征，离不开基本医疗卫生服务。从孕育生命的孕产妇健康服务，到生命之初的预防接种，再到覆盖全民的公共卫生和基本医疗保险服务，共同守护着全生命周期的健康，在不同生存和发展层次上形成人力资本，进而让人们可以走上共同致富之路。

党的十八大以来，两部国家级的基本公共服务规划《国家基本公共服务体系“十二五”规划》和《“十三五”推进基本公共服务均等化规划》先后顺利完成。一方面，不断加强基本公共服务的兜底保障功能。目前我国建成世界上最大的社会保障体系，城乡低保应保尽保，基本养老保险和医疗保险全面覆盖，特困人员救助供养实现城乡统筹，残疾人“两项补贴”制度从无到有，事实无人抚养儿童、困境儿童保障和农村留守儿童关爱保护制度在全国建立起来。另一方面，基本公共服务也在持续发挥赋能效应。九年义务教育持续巩固，优质均衡发展态势明显。“十三五”时期，累计开展政府补贴性培训近 1 亿人次，显著提升了劳动力就业技能。面对突如其来的新冠疫情，公共卫生体系发挥了重要作用，维护了人民生命安全和身体健康，支撑了复工复产和国民经济率先恢复正增长。2018 年，中共中央办公厅、国务院办公厅印发《关于建立健全基本公共服务标准体系的指导意见》。2021 年 3 月，《国家基本公共服务标准（2021 年版）》正式颁布实施，成为政府履行基本公共服务职责和人民享有相应权利的重要依据，以标准化推动基本公共服务均等化开启了新篇章。

2020 年年底，我们历史性地解决了绝对贫困问题，其中基本公共服务兜底和赋能的效应凸显。在兜底方面，实现了基本养老保险、基本医疗保险、大病保险的贫困人口全覆盖以及最低生活保障的应保尽保。在赋能方面，切实解决了义务教育学生因贫失学辍学问题，稳步提升贫困地区义务教育质量；公共就业创业服务、职业技能培训补贴等促进了就业扶贫覆盖面的扩大，赋予了建档立卡贫困户长期发展的自生能力，为脱贫后进一步迈向共同富裕积累了人力资本。2021 年，中央财经委员会第十次会议明确把促进基本公共服务均等化作为扎实推进共同富裕的重要维度，且明确了促进基本公共服务均等化的重点任务——加大普惠性人力资本投入，完善养老和医疗保障体系、兜底救助体系、住房供应和保障体系等。这个重大部署实际上也是从兜底和赋能角度，要求以基本公共服务均等化推进共同富裕。

第二节　推进基本公共服务均等化的政策实践

在“十三五”时期，我国推进基本公共服务均等化的实践，是以国务院《“十三五”推进基本公共服务均等化规划》（以下简称《规划》）这个重要文件为蓝本。各地各部门积极落实《规划》任务要求，各省（自治区、直辖市）印发本地区基本公共服务规划或清单，有关部门印发了数百项配套文件。到 2020 年，《规划》中列明的主要指标中有七成超额完成，省级基本公共服务清单实现全覆盖，省际基本公共服务差距总体在缩小，且均等化程度在稳步提升。

一、各省(自治区、直辖市)全部印发了本地区基本公共服务专项规划或清单

各省级行政区深入贯彻国家《规划》,制定了本地区的基本公共服务“十三五”专项规划或项目清单。在《规划》印发实施后的一年半左右,31个省份和新疆建设兵团都编制并正式印发专门文件(见表6-2)。其中,北京、天津、河北、山西、辽宁、上海、安徽、福建、江西、山东、湖北、海南、云南、西藏、陕西、新疆16个省份的规划或清单,由省级人民政府印发;内蒙古、吉林、黑龙江、江苏、浙江、河南、广西、重庆、四川、甘肃、青海、宁夏12个省份和新疆建设兵团的规划或清单,由省级人民政府办公厅印发;湖南和贵州的规划,经省政府同意、由省发展改革委印发;广东的规划(修编版),由省财政厅办公室印发。

表6-2 各省份基本公共服务专项规划制定情况

省份	专门文件名称	发文日期
北京	《北京市“十三五”时期社会基本公共服务发展规划》	2016年10月21日
天津	《天津市基本公共服务体系“十三五”规划》《天津市“十三五”基本公共服务清单和重点任务分工方案》	2016年9月6日、2017年5月31日
河北	《河北省“十三五”推进基本公共服务均等化规划》	2018年6月3日
山西	《山西省“十三五”基本公共服务均等化规划》	2016年8月1日
内蒙古	《内蒙古自治区“十三五”推进基本公共服务均等化规划》	2018年2月9日
辽宁	《辽宁省“十三五”基本公共服务均等化规划》	2017年12月30日
吉林	《吉林省推进基本公共服务均等化“十三五”规划》	2017年6月29日
黑龙江	《黑龙江省“十三五”基本公共服务清单》	2017年8月9日
上海	《上海市基本公共服务体系“十三五”规划》《上海市基本公共服务项目清单》	2016年12月21日、2017年11月21日
江苏	《江苏省“十三五”基本公共服务均等化规划》《江苏省“十三五”时期基本公共服务清单》《江苏省“十三五”时期基层基本公共服务功能配置标准(试行)》	2016年12月30日、2017年5月4日、2017年7月13日
浙江	《浙江省基本公共服务体系“十三五”规划》	2016年11月18日

续表

省份	专门文件名称	发文日期
安徽	《安徽省"十三五"推进基本公共服务均等化规划》	2017年6月29日
福建	《福建省推进基本公共服务均等化行动计划》	2018年8月27日
江西	《江西省"十三五"推进基本公共服务均等化规划》	2017年5月26日
山东	《山东省推进基本公共服务均等化"十三五"规划》	2017年8月4日
河南	《河南省"十三五"基本公共服务均等化规划》	2017年1月12日
湖北	《湖北省"十三五"推进基本公共服务均等化规划》	2017年12月20日
湖南	《湖南省"十三五"推进基本公共服务均等化规划》	2018年1月10日
广东	《广东省基本公共服务均等化规划纲要(2009—2020年)》(2017年修编版)	2017年6月17日
广西	《广西"十三五"基本公共服务均等化规划》	2017年8月23日
海南	《海南省基本公共服务体系"十三五"规划》	2018年2月6日
重庆	《重庆市"十三五"基本公共服务清单》	2017年12月15日
四川	《四川省"十三五"基本公共服务均等化规划》	2017年2月17日
贵州	《贵州省"十三五"基本公共服务体系规划》	2017年1月18日(2016年10月15日)
云南	《云南省"十三五"基本公共服务体系建设规划》	2017年1月17日
西藏	《西藏自治区"十三五"基本公共服务体系发展规划》	2017年12月14日
陕西	《陕西省"十三五"推进基本公共服务均等化规划》	2018年6月16日
甘肃	《甘肃省"十三五"推进基本公共服务均等化规划》	2017年8月5日
青海	《青海省"十三五"基本公共服务均等化规划》	2016年5月25日
宁夏	《自治区"十三五"推进基本公共服务均等化规划》	2017年3月17日
新疆	《新疆维吾尔自治区"十三五"推进基本公共服务均等化规划》	2017年12月7日
新疆建设兵团	《"十三五"时期兵团基本公共服务均等化规划》	2016年7月8日

资料来源:根据各省份中期评估报告和互联网公开信息整理。

各地区为贯彻落实国家《规划》和地方基本公共服务专项规划及项目清单,还制定了一系列配套文件。例如,江苏以省委名义印发《江苏省"十三五"时期基层基本公共服务功能配置标准(试行)》,通过标准化建设的手段,推动加强基层的基本公共服务供给能力;此外还制定了近80项配套政策文件。湖北为推进"十三五"基本公共服务发展指标、重点任务、保障措施的有效落实,省政府先后印发了12个专项规划、制定了14个政策文件,省直有关部门制定了6个专项规划和84个政策措施。山西在2016—2018年期间,制定与落实《规划》相关的配套文件达330份;其中以省政府及办公厅名义印发文件44份、厅局单独发文92份、厅局联合发文42份、地市发文152份。不少省份还积极推动所辖地市编制基本公共服务规划和清单,如河南所有省辖市、省直管县市都印发了市级规划、行动计划或服务清单,以稳步推进服务清单及区域内均等化措施有效落实。

二、各有关部门按职责分工牵头制定配套文件数百项

为落实《规划》重点任务分工,各有关部门积极谋划制定配套文件。据不完全统计,相关配套文件有258项。相关部门牵头或会同有关部门制定配套文件的情况如下:

——人力资源和社会保障部围绕《规划》实施,牵头制定就业社会保障综合性文件12项、基本劳动就业创业文件2项、基本社会保险文件21项、其他相关文件4项,共计39项。

——国家医疗保障局牵头或会同有关部门出台基本社会保险领域配套文件31项。

——国家药品监督管理局(含原国家食品药品监管总局)牵头或会同有关部门制定《规划》配套文件31项。

——退役军人事务部围绕基本社会服务中涉及退役军人的重点任务和项目,制定42项配套文件。

——住房和城乡建设部牵头或会同有关部门制定基本住房保障配套政策16项,支持基本社会服务的专门配套政策1项,支持残疾人基本公共服务的专门配套政策2项。

——中央宣传部牵头或会同有关部门出台基本公共文化体育领域配套文件5项。

——文化和旅游部牵头或会同有关部门出台基本公共文化体育领域配套文件7项。

——广播电视总局会同有关部门制定《规划》配套文件11项，出台技术标准文件17项。

——中国残疾人联合会围绕残疾人基本公共服务重点任务和项目，牵头或会同有关部门制定《规划》配套文件38项。

——自然资源部牵头制定基本公共服务综合用地保障相关文件7项，会同有关部门围绕基本公共教育、基本劳动就业创业、基本社会服务、基本公共文化体育等专门领域出台配套文件8项。

——国家市场监督管理总局围绕基本公共服务国家标准制定和标准化试点工作，牵头制定2项文件。

——国家统计局办公室印发了《基本公共服务统计监测方案》。

——教育、卫生健康、民政等未报送专门总结评估材料的部门，各有30—50项配套文件出台。为《规划》配套的国家级和部委级文件总计在350—500项。

三、国务院《规划》设定的大部分指标超额完成

国务院《规划》列明的"十三五"时期基本公共服务领域主要发展指标，共计20项（见表6-3）。从有关部门反馈和基于公开统计资料的估计看，有14项指标（占全部20项指标的70%）超额完成，即2020年指标值高于《规划》目标值；有2项指标（占比10%）基本完成，即2020年刚刚达到或十分接近《规划》目标值；有3项指标（占比15%）未能完成，即明显达不到《规划》目标值；有1项指标（占比5%）数据缺失。

表 6-3 “十三五”基本公共服务领域主要发展指标完成情况

指　标	2015 年实际数	2019 年实际数	2020 年实际数	2020 年目标[累计]	目标完成情况
基本公共教育					
九年义务教育巩固率(%)	93	94.8	>95	95	超额完成
义务教育基本均衡县(市、区)的比例(%)	44.48	95.3	>95	95	超额完成
基本劳动就业创业					
城镇新增就业人数(万人)	1312	1352	[6690]	[>5000]	超额完成
农民工职业技能培训(万人次)	967	741	[4350]	[4000]	超额完成
基本社会保险					
基本养老保险参保率(%)	82	89.9%	>90	90	超额完成
基本医疗保险参保率(%)	≥95	≥95	≥95	>95	基本完成
基本医疗卫生					
孕产妇死亡率(1/10 万)	20.1	17.8	<18	18	超额完成
婴儿死亡率(‰)	8.1	5.6	<7.5	7.5	超额完成
5 岁以下儿童死亡率(‰)	10.7	7.8	<9.5	9.5	超额完成
基本社会服务					
养老床位中护理型床位比例(%)	—	48	55	30	超额完成
生活不能自理特困人员集中供养率(%)	26.6	—	35	50	未能完成
基本住房保障					
城镇棚户区住房改造(万套)	601	316	[2351]	[2000]	超额完成
建档立卡贫困户、低保户、农村分散供养特困人员、贫困残疾人家庭等 4 类重点对象农村危房改造(万户)	—	135	[765]	[585]	超额完成
基本公共文化体育					
公共图书馆年流通人次(亿)	5.89	9.01	5	8	未能完成
文化馆(站)年服务人次(亿)	5.07	7.9	4.4	8	未能完成
广播、电视人口综合覆盖率(%)	98.17 98.77	99.13 99.39	99.16 99.41	>99	超额完成
国民综合阅读率(%)	79.9	81.1	81.2	81.6	基本完成
经常参加体育锻炼人数(亿人)	3.65	—	—	4.35	数据缺失
残疾人基本公共服务					
困难残疾人生活补贴和重度残疾人护理补贴覆盖率(%)	—	100	100	>95	超额完成
残疾人基本康复服务覆盖率(%)	—	88.2	>80	80	超额完成

资料来源：教育部、卫健委、民政部、人社部、医保局、住建部、文旅部、广电总局、中国残联相关统计公报。

分领域看,基本公共教育领域的九年义务教育巩固率,2019 年已达 94.8%,比 2015 年提高了 1.8 个百分点,2020 年超额完成《规划》设置的 95% 的目标。义务教育基本均衡县(市、区)的比例,2019 年已达到 95.3%,提前超额完成了《规划》目标,与 2015 年的 44.48%相比翻了一番还多。

基本劳动就业创业领域的城镇新增就业人数,2016—2019 年每年都保持在 1300 万人以上,分别为 1314 万人、1351 万人、1361 万人、1352 万人,累计完成 5378 万人,“十三五”前四年就已超额完成累计 5000 万人的《规划》目标。2016—2019 年,农民工职业技能培训规模分别为 913 万人次、898 万人次、831 万人次、741 万人次,“十三五”时期累计 4350 万人次,显著超过 4000 万人次的《规划》目标。

基本社会保险领域的基本养老保险参保率,2019 年已达到 89.9%,比 2015 年提高了近 8 个百分点,到 2020 年也超额完成《规划》目标。“十三五”时期,基本医疗保险参保率一直在 95%以上,2020 年仍然保持在较高水平,完成《规划》设定的大于 95%的目标。

基本医疗卫生领域的孕产妇死亡率,从 2015 年的 20.1/10 万,下降到 2019 年的 17.8/10 万,提前超额完成了《规划》目标。婴儿死亡率从 2015 年的 8.1‰下降到 2019 年的 5.6‰,5 岁以下儿童死亡率从 2015 年的 10.7‰下降到 2019 年的 7.8‰,也已提前实现《规划》目标要求。实际上,2020 年这三个指标也已超额完成。

基本社会服务领域的养老床位中护理型床位比例,2017 年就已达到 46.4%,2019 年进一步提高到 48%,2020 年实际在 50%以上,明显超过至“十三五”末的目标要求。生活不能自理特困人员集中供养率指标,到 2017 年略高于 27%,完成进度明显慢于预期,到 2020 年实际也只达到 35%,仅相当于规划目标的七成。这个未能完成的指标可能与统计口径不统一有关,各地报送数据质量参差不齐。

基本住房保障领域的城镇棚户区住房改造指标,2016—2019 年分别开工

606万套、609万套、626万套、316万套，累计2157万套，“十三五”前四年就已经提前超额完成《规划》2000万套的目标。建档立卡贫困户、低保户、农村分散供养特困人员、贫困残疾人家庭4类重点对象农村危房改造指标，由于贫困户调整等原因，《规划》目标由585万户提高到760万户。“十三五”时期实际支持765万户，并于2020年6月完成改造任务，超额实现《规划》目标。

基本公共文化体育领域的公共图书馆年流通人次，2019年已超过9亿人，比《规划》2020年的年度目标高出1亿人；但受疫情严重影响，2020年只有5亿多人，未能完成《规划》目标。文化馆(站)年服务人次，2019年达到7.9亿人，接近完成《规划》目标；但同样受到疫情影响，2020年只有4.4亿人左右，也未能完成《规划》目标。按照“十三五”前四年的趋势，如果没有发生疫情，这两个指标都可以超额完成。2019年，广播、电视人口综合覆盖率分别达到99.13%和99.39%，且2020年进一步提高，双双超额完成预期目标。2019年，国民综合阅读率达到81.1%，比2015年提高2个百分点，2020年也基本达到《规划》目标。经常参加体育锻炼人数指标尚未建立年度统计，数据来源于每五年一次的《国民体质监测公报》。截至本章统计时尚未公开发布最新数据，体育总局也未报送专门的总结评估材料及数据。

残疾人基本公共服务领域的困难残疾人生活补贴和重度残疾人护理补贴覆盖率，2017年就已达到100%，2020年仍然保持在100%，提前超额完成了《规划》目标。2019年，残疾人基本康复服务覆盖率达到88.2%，在此基础上2020年还进一步明显提高，超额完成《规划》所设定的政策目标。

四、基本公共服务省级清单实现全覆盖

全部31个省份和新疆建设兵团都制定了本地区的基本公共服务清单，其中天津、上海、江苏在国家《规划》出台以前就印发了本省市的专项规划，在国家《规划》印发后积极对接、调整形成了本省市的服务清单。黑龙江和重庆没有制定专项规划，直接制定了服务清单并行文印发。北京也在国家《规划》出

台以前就印发了本市的专项规划，根据国家《规划》另行制定清单，经市政府审定后向社会公布，并建立动态调整机制。

绝大部分省份能按照《规划》要求，将国家确定的基本公共服务主要领域、服务项目和服务标准纳入本地区的清单（见表6-4）。有约2/3的省份根据本地方特点，调增了项目总数，其中调整较多的有：天津125项、上海96项、浙江114项、山东96项、湖南92项、西藏95项、新疆建设兵团91项。湖南还根据性质将基本公共服务项目分为三类：免费公共服务类有46个项目，面向特定人群补助类有35个项目，政府提供的保障性公共产品类有11个项目。

表6-4　各省份基本公共服务清单制定情况

省份	清单类型	清单大类及项目数	项目总数
北京	单独清单	另行制定	—
天津	单独清单	基本公共教育（9）、劳动就业创业（10）、基本社会保障（10）、基本社会服务（21）、基本公共卫生（23）、人口和计划生育（9）、基本住房保障（4）、公共文化体育（10）、残疾人基本公共服务（16）、基本公共环境（13）	125项
河北	规划清单	基本公共教育（8）、基本劳动就业创业（10）、基本社会保险（7）、基本医疗卫生（20）、基本社会服务（13）、基本住房保障（3）、基本公共文化体育（9）、残疾人基本公共服务（11）	81项
山西	规划清单	基本公共教育（9）、基本劳动就业创业（9）、基本社会保险（6）、基本医疗和公共卫生（20）、基本社会服务（12）、基本住房保障（3）、基本公共文化体育服务（11）、残疾人基本公共服务（12）	82项
内蒙古	规划清单	基本公共教育（8）、基本劳动就业创业（10）、基本社会保险（7）、基本医疗卫生（20）、基本社会服务（13）、基本住房保障（3）、基本公共文化体育（10）、残疾人基本公共服务（11）	82项
辽宁	规划清单	基本公共教育（8）、基本劳动就业创业（10）、基本社会保险（7）、基本医疗卫生（21）、基本社会服务（13）、基本住房保障（3）、基本公共文化体育（12）、残疾人基本公共服务（11）	85项
吉林	规划清单	基本公共教育（8）、基本劳动就业创业（11）、基本社会保险（7）、基本医疗卫生（21）、基本社会服务（13）、基本住房保障（3）、基本公共文化体育服务（11）、残疾人基本公共服务（11）	85项
黑龙江	单独清单	基本公共教育（8）、基本劳动就业创业（10）、基本社会保险（7）、基本医疗卫生（20）、基本社会服务（13）、基本住房保障（3）、基本公共文化体育（10）、残疾人基本公共服务（10）	81项

续表

省份	清单类型	清单大类及项目数	项目总数
上海	单独清单	教育领域(10)、就业和社会保险领域(15)、社会服务领域(16)、卫生领域(27)、养老领域(4)、住房保障领域(4)、文化领域(7)、体育领域(2)、残疾人服务领域(11)	96项
江苏	单独清单	基本公共教育(7)、基本就业创业(9)、基本社会保险(7)、基本医疗卫生(19)、基本社会服务(13)、基本住房保障(3)、基本公共文化体育(10)、基本公共交通(2)、环境保护基本公共服务(5)、残疾人基本公共服务(11)	87项
浙江	规划清单	基本公共教育(9)、基本就业创业(11)、基本社会保障(33)、基本健康服务(24)、基本生活服务(6)、基本公共文化(16)、基本环境保护(6)、基本公共安全(9)	114项
安徽	规划清单	基本公共教育(8)、基本劳动就业创业(10)、基本社会保险(7)、基本医疗卫生(20)、基本社会服务(13)、基本住房保障(3)、基本公共文化体育(10)、残疾人基本公共服务(10)	81项
福建	规划清单	基本公共教育(8)、基本劳动就业创业(10)、基本社会保险(7)、基本医疗卫生(20)、基本社会服务(13)、基本住房保障(3)、基本公共文化体育(10)、残疾人基本公共服务(10)	81项
江西	规划清单	基本公共教育(8)、基本劳动就业创业(10)、基本社会保险(7)、基本医疗卫生(20)、基本社会服务(13)、基本住房保障(3)、基本公共文化体育服务(9)、残疾人基本公共服务(10)	80项
山东	规划清单	基本公共教育(7)、基本劳动就业创业(10)、基本社会保险(7)、基本医疗卫生(22)、基本社会服务(13)、基本住房保障(3)、基本公共文化体育(13)、基本公共安全(7)、基本公共法律服务(4)、残疾人基本公共服务(10)	96项
河南	规划清单	基本公共教育(9)、基本劳动就业创业(10)、基本社会保险(7)、基本医疗和公共卫生(21)、基本社会服务(13)、基本住房保障(3)、基本公共文化体育(9)、残疾人基本公共服务(10)	82项
湖北	规划清单	基本公共教育(8)、基本劳动就业创业(10)、基本社会保险(7)、基本医疗卫生(20)、基本社会服务(13)、基本住房保障(3)、基本公共文化体育(10)、残疾人基本公共服务(10)	81项
湖南	规划清单	免费公共服务类(46)、面向特定人群补助类(35)、政府提供的保障性公共产品类(11)	92项
广东	规划清单	基本公共教育(10)、基本公共医疗卫生(25)、基本公共文化体育(12)、基本公共交通(5)、基本公共安全(7)、基本生活保障(25)、基本住房保障(3)、基本就业保障(10)、基本医疗保障(2)、基本生态环境保障(5)	104项
广西	规划清单	基本公共教育(8)、基本劳动就业创业(10)、基本社会保险(7)、基本医疗和公共卫生(20)、基本社会服务(13)、基本住房保障(3)、基本公共文化体育服务(10)、残疾人基本公共服务(10)	81项

续表

省份	清单类型	清单大类及项目数	项目总数
海南	规划清单	基本公共教育(8)、基本劳动就业创业(10)、基本社会保险(8)、基本医疗卫生(20)、基本社会服务(13)、基本住房保障(3)、基本公共文化体育(10)、残疾人基本公共服务(14)	86 项
重庆	单独清单	基本公共教育(12)、基本劳动就业创业(10)、基本社会保险(7)、基本医疗卫生(20)、基本社会服务(14)、基本住房保障(3)、基本公共文化体育(11)、残疾人基本公共服务(10)	87 项
四川	规划清单	基本公共教育(8)、基本劳动就业创业(11)、基本社会保险(7)、基本医疗卫生(21)、基本社会服务(13)、基本住房保障(3)、基本公共文化体育(12)、残疾人基本公共服务(14)	89 项
贵州	规划清单	基本公共教育(9)、基本劳动就业(7)、基本社会保险(8)、基本社会服务(12)、基本卫生计生服务(22)、基本住房保障(3)、基本公共文化体育服务(12)、残疾人基本公共服务(13)	86 项
云南	规划清单	基本公共教育(5)、基本劳动就业(7)、基本社会保险(0)、基本社会服务(15)、基本医疗卫生(13)、基本住房保障(0)、基本公共文化体育(0)	40 项
西藏	规划清单	基本公共教育服务(9)、基本劳动就业创业服务(10)、基本社会保障服务(30)、基本医疗和公共卫生服务(24)、基本公共文化体育服务(14)、基本公共安全服务(8)	95 项
陕西	规划清单	基本公共教育(8)、基本劳动就业创业(10)、基本社会保险(7)、基本医疗卫生(20)、基本社会服务(13)、基本住房保障(4)、基本公共文化体育(9)、残疾人基本公共服务(10)	81 项
甘肃	规划清单	基本公共教育(9)、基本劳动就业创业(9)、基本社会保险(6)、基本医疗卫生(20)、基本社会服务(12)、基本住房保障(3)、基本公共文化体育服务(11)、残疾人基本公共服务(10)	80 项
青海	规划清单	基本公共教育(9)、基本劳动就业创业(9)、基本社会保险(6)、基本医疗和公共卫生(21)、基本社会服务(12)、基本住房保障(3)、基本公共文化体育(12)、基本公共法律服务(4)、残疾人基本公共服务(12)	88 项
宁夏	规划清单	基本公共教育(8)、基本就业服务(10)、基本社会保险(7)、基本医疗和公共卫生(20)、基本社会服务(13)、基本住房保障(3)、基本公共文化体育(10)、残疾人基本公共服务(10)	81 项
新疆	规划清单	基本公共教育(9)、基本劳动就业创业(10)、基本社会保险(7)、基本医疗卫生(20)、基本社会服务(13)、基本住房保障(3)、基本公共文化体育(11)、残疾人基本公共服务(10)	83 项
新疆建设兵团	规划清单	基本公共教育(9)、基本劳动就业创业(11)、基本社会保险(7)、基本社会服务(11)、基本医药和公共卫生(16)、人口和计划生育服务(9)、基本住房保障(2)、基本公共文化旅游体系(10)、兵团体育服务(2)、基本残疾人服务(14)	91 项

资料来源：根据互联网公开信息整理。

第三节　基本公共服务主要领域的均等化成效

各省份、各有关部门扎实推进国务院《规划》确定的各项重点任务措施，基本公共教育、基本劳动就业创业、基本社会保险、基本医疗卫生、基本社会服务、基本住房保障、基本公共文化体育、残疾人基本公共服务八大领域的工作取得积极进展。

一、基本公共教育领域：义务教育均衡化、高中阶段教育普及化、学前教育普惠化发展

2019 年，党中央、国务院印发《中国教育现代化 2035》，教育现代化加快发展，义务教育、高中阶段教育、学前教育发展取得显著进展，其中九年义务教育普及率已经超过世界高收入国家平均水平。

——义务教育均衡化发展。目前我国已全面建立城乡统一、重在农村的义务教育经费保障机制，按照中西部地区小学年生均 600 元、初中 800 元，东部地区小学年生均 650 元、初中 850 元确定了国家生均公用经费基准定额，统一了城乡义务教育学生"两免一补"政策并实现了相关经费随人流动。贫困地区义务教育薄弱学校基本办学条件全面改善。以居住证为主要依据的随迁子女入学办法得以建立，入学流程和证明手续大幅简化，基本实现"应入尽入"。义务教育发展均衡督导评估工作有序开展，义务教育基本均衡县（市、区）的比例超过 95%。农村义务教育学生营养改善成效显著，实现营养改善计划国家扶贫开发重点县全覆盖。2019 年义务教育巩固率达到 94.8%，比 2015 年提高了 2.8%。

——高中阶段教育普及化发展。将中西部贫困地区、民族地区、边远地区、革命老区等教育基础薄弱、普及程度较低的地区，特别是集中连片特殊困难地区作为攻坚重点，建立了部省协同推进普及高中阶段教育机制。职业教

育东西协作行动计划积极推进，以职业教育和培训为重点，以就业脱贫为导向，瞄准建档立卡贫困人口精准发力。教育基础薄弱县普通高中建设项目扩大实施，普通高中改造计划也在继续实施。2019 年高中阶段毛入学率达到 89.5%，比 2015 年提高了 2.5%。

——学前教育普惠化发展。第二、第三期学前教育行动计划制定出台，发展普惠性幼儿园、理顺学前教育管理体制和办园体制、健全学前教育成本分担机制等政策落地实施，各地逐步建立起与管理体制相适应的生均拨款、收费、资助一体化的学前教育经费投入机制。2019 年学前教育毛入园率达到 83.4%，比 2015 年提高了 8.4%。

二、基本劳动就业领域：公共就业创业服务、职业培训、劳动保障深入开展

近年来，就业优先上升到宏观战略层面，稳就业被列为“六稳”之首，保居民就业被列为“六保”之首，城镇新增就业“十三五”已提前超额完成《规划》目标。在主要经济体中，我国劳动参与率和就业率始终处于较高水平，就业更加充分。

——公共就业服务平台建设得到强化。到 2019 年年底，全国县（区）以上政府普遍设立了公共就业服务机构，98.8%的街道和 98.7%的乡镇设立了基础服务平台，92%的社区和 78.6%的行政村配备了专职或兼职工作人员。失业登记全国统一服务平台正式开通，中国公共招聘网保持日均有效招聘岗位信息约 10 万条、招聘人数约 100 万人。

——公共就业服务内容不断丰富。就业政策法规咨询、信息发布、职业指导和职业介绍等服务免费向各类劳动者提供，就业援助月、春风行动、民营企业招聘周、高校毕业生就业服务月等公共就业服务专项活动定期开展。2016—2019 年，各级公共就业服务机构累计为用人单位办理登记招聘超过 1.5 亿人次，为劳动者登记求职约为 2.2 亿人次，为 6900 多万人次提供了职业指导服务。

——创业服务水平明显提升。“多证合一”“一照一码”“先照后证”等改革持续实施，创业担保贷款政策全面落实，高效毕业生创业引领行动全面实施，累计有850万名农民工等人员返乡创业。

——就业困难人员得到重点帮扶。对就业困难人员实行动态管理和分类帮扶，确保零就业家庭至少一人就业。仅“十三五”前四年就累计帮扶困难人员就业706万人，共帮助22.7万户零就业家庭中26.8万人实现就业，基本实现动态清零。

——职业技能培训深入开展。职业技能提升行动持续实施，重点群体职业技能培训得到加强，劳动者职业技能水平和就业创业能力显著提升。截至2019年年底，全国共支持建设了182个国家级公共实训基地，总投入160.93亿元，其中中央投入43.5亿元，地方配套117.43亿元。2016—2019年，组织开展职业技能培训6993万人次，其中农民工职业技能培训4350万人次。

——劳动关系协调和劳动权益保护建立新机制。最低工资标准评估机制逐步建立，工资支付保障长效机制不断健全，劳动人事争议多元处理机制日益完善。劳动保障监察综合执法能力显著提升，劳动保障监察举报投诉案件省级联动处理机制全面建立，在各省级行政区域内基本实现“一点举报投诉、全网联动处理”。

三、基本社会保险领域：养老、医疗、失业、工伤、长期护理保险改革取得新突破

目前社会保险制度改革深入推进，养老、医疗、失业、工伤保险全面升级，长期护理保险启动两批试点，建成世界上最大的养老保险和医疗保险体系。

——多层次养老保险体系逐步建立。全面参保计划稳步实施，法定人员全覆盖基本实现，国家全民参保库建设不断加强，2019年年底已有13.7亿人的基础信息。城乡居民养老保险制度体系更加健全，26个省份实现企业养老保险基金省级统筹，参保缴费激励约束机制不断健全，个人账户制度得到完

善,基金运行监测能力显著加强。2019 年全国参加基本养老保险人数达到 96754 万人,比 2015 年增长了 12. 72%。职业年金和企业年金管理日益完善,包括年金和商业保险的补充养老保险覆盖范围不断扩大。

——大病保险制度全面建立。“十三五”时期,基本医保参保率始终保持在 95%以上。城乡居民基本医保制度基本整合,2019 年人均财政补助标准提高到 520 元。农村贫困人口大病专项救治病种范围扩大至 25 种。跨省异地就医费用实现直接结算。

——医保支付方式改革成效显著。全国 97. 5%的统筹地区开展了医保总额控制,17%的统筹地区探索了总额控制点数法,86. 3%的统筹地区实现了按病种付费,30 个城市开展了(按照病例的病情和治疗过程综合计算)(DRG 付费)国家试点。基于大数据的按病种分值付费积极推进,病种分值付费(DIP)技术规范初步形成,按床日、人头等支付方式同步推进。

——失业保险政策更加积极。失业保险逐步实现省级统筹,基金互助供给能力显著增强,全国统一的失业保险待遇申领入口全面建立。2019 年,全国参加失业保险人数达到 20543 万人,比 2015 年增长了 18. 57%。

——工伤保障质量提升。工伤预防工作稳步推进,工伤和劳动能力鉴定便民化服务有序开展,待遇水平实现动态调整。2019 年,全国参加工伤保险人数达到 25478 万人,比 2015 年增长了 18. 88%。

——长期护理保险试点稳步推进。自 2016 年起,组织 15 个试点城市和 2 个重点联系省开展长期护理保险试点。2019 年参保人数达到 9815 万人,累计享受待遇人数 11 万人;长期护理保险定点机构超过 3700 个,护理机构人员约 15 万人。

四、基本医疗卫生领域:公共卫生、医改、妇幼健康、中医药、食品和医药安全等工作持续加强

2016 年,党中央、国务院印发《“健康中国 2030”规划纲要》,健康中国战

略深入实施。我国人均预期寿命突破77岁,“十三五”时期累计提高近1岁,已接近发达国家平均水平。

——重大疾病防治和基本公共卫生服务进一步强化。国家基本和重大公共卫生服务项目继续实施,人均基本公共卫生服务经费补助标准从2015年的40元提高至2020年的74元,基本公共卫生服务项目从12项增至14项,传染病报告率及报告及时率均实现预期目标。

——医药卫生体制改革取得突破。公立医院综合改革取得阶段性成效,2017年实现全国所有公立医院取消药品加成政策,2018年近半数省份启动现代医院管理制度试点、绝大多数省份实行按病种收费和医疗服务价格改革。基层首诊、双向转诊、急慢分治、上下联动的分级诊疗模式逐步形成,全国超过98%的县(市、区)开展了分级诊疗试点,组建各类医联体超过1.3万个,84%的县级医院达到二级及以上医院水平。药品供应保障制度不断健全,《国家基本药物目录(2018年版)》发布,基本药物数量由原来的520种增加到685种。

——妇幼健康服务能力有效提升。中央预算内投资累计安排100多亿元支持妇幼保健机构建设,妇幼保健服务机构基础设施条件全面改善。全国近90%的妇幼保健机构达到建设标准,90%以上的妇幼机构设有专门场地、设施和专业设备提供公共卫生和基本医疗服务。建立危重孕产妇和新生儿救治中心6400余个,基本实现省地两级全覆盖,94%的县(市、区)建立危重孕产妇救治中心,91%的县(市、区)建立危重新生儿救治中心。2015—2019年,我国孕产妇死亡率从20.1/10万人下降到17.8/10万人,婴儿死亡率从8.1‰下降到5.6‰,5岁以下儿童死亡率从10.7‰下降到7.8‰。

——中医药传承创新步伐加快。“十三五”时期,中央预算内投资累计安排285.3亿元,全国中医类医院硬件设施条件得到有力改善。2019年年底,中医类医院数量增加到5232所、床位数增加到109.2万张、中医类别执业(助理)医师增加到62.5万人、中药师(士)增加到12.7万人。

——食品药品安全保障进一步加强。由32个省级(含新疆建设兵团)、344个地市级监测技术机构组成的食品污染物和有害因素监测网络全面覆盖,全国2808个县(区)设立了风险监测点,全部二级以上综合医院均已纳入食源性疾病监测网。

五、基本社会服务领域:低保救助、"一老一小"、优抚安置等服务体系进一步健全

社会服务进一步聚焦重点人群,最低生活保障、特困人员救助和临时救助、养老和儿童福利、优抚服务和安置等制度框架及政策体系不断健全。

——最低生活保障制度持续完善。社会救助家庭经济状况核对机制建设全面推进,民政部门与住房城乡建设、公安、银保监、证券监管、市场监管、自然资源等部门信息进行比对,实现了申请人家庭经济状况精准核对。2019年全国共有城乡低保对象4316.6万人,城市低保平均标准达7488元/人·年(624元/人·月),比2015年提高2086.8元;农村低保平均标准达5336元/人·年,比2015年提高2153.7元。

——特困人员救助供养得到强化。《关于进一步健全特困人员救助供养制度的意见》印发,明确了特困人员救助供养的对象范围、办理程序以及救助供养内容、标准和形式等。印发《特困人员认定办法》,特困人员资格条件、申请审批流程进一步细化和实化,确保"应救尽救、应养尽养"。2019年全国共有特困人员468.7万人,其中生活不能自理特困人员118.3万人,全年累计支出特困人员救助供养资金381.2亿元。

——临时救助力度加大。各地深入贯彻落实《国务院关于全面建立临时救助制度的通知》,及时将遭遇突发性、紧迫性、临时性基本生活困难的困难群众纳入救助范围。临时救助在解决"两不愁"问题中的兜底作用和解决"三保障"问题中的支持作用更加充分。2019年全国共实施临时救助917.7万人次,累计支出救助资金128亿元,平均救助水平1395元/人次。

——积极应对人口老龄化的战略地位进一步提高。党中央、国务院印发《国家积极应对人口老龄化中长期规划》，明确从5个方面进行了部署。基本养老服务制度探索发展，进一步聚焦兜底保障，特困老年人救助供养制度进一步建立健全，社会服务兜底工程深入实施。“十三五”时期养老服务体系建设已累计安排中央预算内投资超134亿元。高龄津贴制度和经济困难老年人服务补贴、失能老年人护理补贴制度全面建立，基本实现省级全覆盖，惠及3000多万老年人。养老服务供给能力明显增强，社会力量在政策引导下积极投资养老服务。养老服务领域“放管服”改革深入推进，养老服务质量显著提升。2019年全国养老机构和设施总数为19.6万个，床位754.6万张；其中，民办养老机构占比54.5%、床位数占比55.8%（护理型床位占比达到48%）。

——儿童关爱保护工作迈上新台阶。“十三五”时期，幼有所育作为重要内容纳入新时代的基本方略，新中国成立以来首个专门负责儿童福利和保护工作的司局级机构、国家检察机关内设的首个专门负责未成年人司法保护的厅级机构正式设立，首部反家庭暴力法开始实施，未成年人保护法通过修订。国务院先后印发了《关于加强农村留守儿童关爱保护工作的意见》《关于加强困境儿童保障工作的意见》，建立了农村留守儿童关爱保护和困境儿童保障工作部际联席会议制度。对孤儿、事实无人抚养儿童等特殊儿童群体的保障力度不断加大。截至2019年，全国共有儿童督导员4.8万余名、儿童主任66.3万余名，初步实现了全覆盖。2019年全国共有未成年人救助保护机构1806个，基本覆盖全国地级以上城市和重点县（市）；全国农村留守儿童643.6万名，比2016年下降了28.6%；儿童福利机构集中养育儿童基本生活费标准达到每人每月1470元，社会散居孤儿基本生活费标准达到每人每月1050元。

——优抚服务不断提升。优抚政策进一步完善，《关于加强军人军属、退役军人和其他优抚对象优待工作的意见》列出基本优待目录清单，树立贡献越大优待越多的鲜明导向。重点优抚对象抚恤补助标准连续以年均10%左右的幅度提高，重点优抚对象集中供养得以加强，优抚医院和光荣院建设力度加大，养老优待新举措及时推出。

——安置工作稳步推进。国家和省、市、县、乡、村各级建立退役军人服务中心（站），基本实现了从国家到村庄的全覆盖。《中华人民共和国英雄烈士保护法》《中共中央 国务院 中央军委关于加强新时代退役军人工作的意见》颁布实施。安置渠道不断拓展，首次将中央企业全覆盖纳入年度退役士兵安置计划。安置办法持续改进，就业培训服务积极推进。

六、基本住房保障领域：范围扩大、改革突破、重点项目超额完成任务

“十三五”时期，我国基本住房保障范围明显扩展，保障方式进一步优化，各类棚户区改造和农村危房改造大力实施，惠及数以亿计城乡居民。2019年，我国城镇居民人均住房建筑面积近40平方米，比2015年增加7平方米，居民住房条件持续改善。

——住房保障范围进一步扩大。居住证持有人纳入城镇住房保障范围，公租房保障范围由城镇低收入住房困难家庭扩大到中等偏下收入住房困难家庭，由城镇户籍家庭扩大到新就业无房职工以及外来务工人员等新市民群体。截至2019年年底，已有3800多万困难群众住进公租房，累计近2200万困难群众领取了租赁补贴，低保、低收入住房困难家庭基本实现了应保尽保，中等偏下收入家庭住房条件得到有效改善。

——住房制度改革取得重大突破。2016年中央经济工作会议明确提出坚持“房子是用来住的、不是用来炒的”的定位，2017年党的十九大提出“加快建立多主体供给、多渠道保证、租购并举的住房制度，让全体人民住有所居”。按照坚持分类调控、因城因地施策的原则，实施限购、限贷、限商等“五限”政策在内的一系列措施，投资投机性需求得到有效遏制，2021年10月启动个人房产税试点，房地产市场平稳健康发展。

——城镇棚户区改造和农村危房改造任务超额完成。2016—2020 年 8 月，全国棚户区改造开工 2329 套，提前超额完成了规划明确的 2000 万套目标任务。2016—2020 年，中央累计安排 1251 亿元，共支持贫困农户改造危房 765 万套，超额完成“十三五”时期建档立卡贫困户、农村分散供养特困人员、低保户和贫困残疾人家庭等 760 万户的目标任务。

七、基本公共文化体育领域：公共文化和群众体育活动丰富开展、服务能力持续增强

文化体育领域的公共服务设施不断完善，多层次服务体系不断建立健全，为丰富群众生活提供了重要支撑。

——中华优秀传统文化得到大力传承和弘扬。中共中央办公厅、国务院办公厅印发《关于实施中华优秀传统文化传承发展工程的意见》，首次以中央文件形式专题阐述中华优秀传统文化传承发展工作。中华文化资源普查工程、中华文化电视传播工程、非物质文化遗产传承发展工程、中华老字号保护发展工程等一系列重点项目扎实开展，优秀传统文化逐渐融入人民生产生活，非物质文化遗产保护传承不断加强。

——公共文化服务法律体系建设迈出坚实步伐。“十三五”时期，《中华人民共和国公共文化服务保障法》《中华人民共和国公共图书馆法》相继施行，明确了各级政府在公共文化服务中的主导地位，为公共文化服务体系建设提供了法制保障。

——公共文化服务体系建设扎实推进。2019 年全国群众文化机构（文化馆、综合性文化中心、群众艺术馆、文化站）数量达到 4.4 万个，比 2015 年增长了 15%；全国图书馆总流通人次达 9.01 亿次，各级文化馆（站）服务群众达 7.9 亿人次，均比 2015 年增长 50%以上；全国免费开放博物馆 4929 个，占全国博物馆总数的 89.05%，免费开放博物馆观众量达 10.22 亿人次，占全国博物馆参观总人数的 83.29%。

——新闻出版和广播影视基本公共服务持续加强。“全民阅读”“书香中国”活动广泛开展，加强了残疾人等特殊群体的基本阅读权益保障工作，并加大力度扶持实体书店，拓宽了数字化传播渠道。推动数字广播电视提高覆盖率、增强可及性，加快实现全覆盖、户户通。2019 年全国广播、电视人口覆盖率达 99.13%、99.39%，比 2015 年分别提高 0.93 和 0.69 个百分点。

——城乡公共文化服务协调发展。2019 年，全国 1649 个县（市、区）建成文化馆总分馆制、1711 个县（市、区）建成图书馆总分馆制、2633 个县（市、区）出台了县级公共文化服务目录或清单、553575 个行政村（社区）建成综合性文化服务中心。

——全民健身条件显著改善。2019 年全国人均体育场地面积超过 2 平方米，各类体育场地数量达到 310 万个，农民体育健身工程覆盖到全国近 90% 的行政村。经常参加体育锻炼的人数超过 4 亿人，占总人口的比例达到 35%，城乡居民达到《国民体质测定标准》合格以上的人数比例达 90% 以上。

八、残疾人基本公共服务领域：基本生活、就业发展、康复教育等服务以及权益保障全方位改善

“十三五”时期，残疾人事业加快发展，残疾人在基本生活、就业发展、康复服务及各项权益保障等方面，均享有更加广泛、更高质量的发展成果。

——残疾人基本生活保障更加有力。“两项补贴”制度在全国普遍建立，截至 2019 年年底，实际享有困难残疾人生活补贴、重度残疾人护理补贴的残疾人分别超过 860 万人和 1000 万人。参加城乡社会养老保险的残疾居民超过 2630 万人，其中 60 岁以下参保重度残疾人享受代缴比例达到 97.2%。近 270 万生活困难、靠家庭供养且无法单独立户的成年无业重度残疾人，按照单人户纳入最低生活保障。超过 20 万残疾人在机构中托养，近 100 万残疾人接受居家服务。

——残疾人就业更加充分。全国城乡持证残疾人就业超过 855 万人，残

疾人自主就业创业方式日趋多样化，党政机关招录残疾人公务员取得新突破，就业保障金制度进一步健全，残疾人职业技能提升计划扎实推进，残疾人公共就业服务质量更高。

——残疾人康复等服务体系进一步健全。残疾儿童康复救助制度全面建立，20多项康复服务纳入医保支付范围，残疾人基本辅助器具配适补贴制度逐步建立、社区租赁服务试点加快探索，2019年，全国残疾人康复机构达9775个，有1043万残疾儿童及持证残疾人得到基本康复服务。《残疾人教育条例》适时修订，先后实施两期特殊教育提升计划，高校残疾人融合教育试点圆满完成，全国范围实现经济困难家庭残疾学生12年免费教育，国家通用手语和盲文正式实施。文化进残疾人家庭“五个一项目”持续实施，“残疾人文化进社区”项目、盲文图书馆和有声读物阅览室建设、盲人数字阅读推广工程、残疾人自强健身工程和康复体育关爱工程等扎实推进。

——残疾人权益保障持续加强。残疾预防和残疾人康复条例等一系列政策法规实施，残疾人保障法修订和监督检查工作开展。残疾人参政议政比较成效，人大代表和政协委员提案建议充分体现残疾人权益。无障碍环境建设取得新进展，相关法规和标准进一步完善，2019年为136万残疾人家庭实施了无障碍改造，为47.4万残疾人发放了机动轮椅车燃油补贴。

第四节　基于指标的基本公共服务均等化进程评估

尽管政策进展比较明显，但对于基本公共服务均等化，特别是对于基本公共服务能否、是否均等化等问题尚有争论。有研究认为，基本公共服务均等化只能是过程，而不是目标；有的甚至认为，即便是过程也不可能实现。实际上如果笼统地讲公共服务，而忽视了公共服务内部各领域的差异，以及各领域内部不同层次公共服务需求的差异，就很难达成一致意见。另外，对公共服务、基本公共服务指标定义的研究不足，是争论产生的技术性原因。

下面使用定量指标来考察“十三五”时期基本公共服务进展及均等化趋势。由于基本公共服务在一些方面是可以也应该均等化的，在可预见的将来甚至能实现完全均等；然而在有的方面，均等化也只是一定阶段的努力方向，并不绝对；同时在其他一些方面，既没有可能，也没有必要均等化。例如，在《“十三五”推进基本公共服务均等化规划》的主要发展指标中，九年义务教育巩固率、基本养老保险参保率、基本医疗保险参保率、广播和电视人口综合覆盖率、困难残疾人生活补贴和重度残疾人护理补贴覆盖率、残疾人基本康复服务覆盖率等指标，不论在各省份之间、各地市之间还是在各县区之间，差距就可以也应该逐步消除，最终实现完全均等。另外，孕产妇死亡率、婴儿死亡率、5 岁以下儿童死亡率、养老床位中护理型床位比例、生活不能自理特困人员集中供养率、国民综合阅读率等指标，受自然规律、偶然因素及人文环境等影响，地区间差异可在一定时期内出现缩小态势，但不一定能完全均等。城镇新增就业人数、农民工职业技能培训、公共图书馆年流通人次、文化馆（站）年服务人次等指标，取决于地区经济总量、人口总量等因素，不可能实现地区间的完全均等，甚至连缩小差距都比较困难。不过，若对指标进行转换，情况就会发生变化，如平均每万人或每千人的图书馆年流通人次数、文化馆（站）年服务人次等指标，在一定时期就可能出现地区间差异的缩小。

可见，利用指标来表征和评价基本公共服务的均等化是可能的。由于基本公共服务涉及领域甚广，过于宽泛的研究边界不利于指标选取，因此本章“基本公共服务”概念严格限定为国家明确提出的 9 大类基本公共服务，即按照中共中央办公厅、国务院办公厅 2018 年印发的《关于建立健全基本公共服务标准体系的指导意见》以及 2021 年国务院批复的《国家基本公共服务标准（2021 年版）》中的划分，基本公共服务包括幼有所育、学有所教、劳有所得、病有所医、老有所养、住有所居、弱有所扶、优军服务保障、文体服务保障 9 大类。现行基本公共服务包括 80 个具体的项目。这些项目之间，在服务对象、服务指导标准、支出责任等方面差异较大，在每个大类中又可以进一步划分为若干子领域。下面仅选取涉及人数多、触及最底线的子领域进行分析。从指标角度看，不求全面，但求明确。对于均等化的空间尺度，主要以省、自治区、直辖市为单元，由此测算省际的基本公共服务均等化水平及变化趋势。

一、按内涵层次筛选核心指标

下面以国家统计局社会科技和文化产业统计司、国家发展和改革委员会社会发展司编纂的《国家基本公共服务统计指标 2016》《国家基本公共服务统计指标 2017》《国家基本公共服务统计概览 2020》中列明的指标，作为基本公共服务均等化的单项备选指标。由于住有所居和优军服务保障的相关指标只涉及部分人群，这里暂不考虑这两类指标，备选指标只涵盖幼有所育、学有所教、劳有所得、病有所医、老有所养、弱有所扶、文体服务保障 7 个领域。在每个领域，又可以进一步筛选出具体的分项指标（见表 6-5）。

表 6-5　2019 年核心指标及其均等化水平

核心指标	平均值	中位数	最大值	最小值	极差	变异系数
孕产妇产前检查率	96.4	97.3	99.1	77.3	21.8	4.2
孕产妇产后访视率	93.6	94.8	98.1	71.4	26.7	5.0
7 岁以下儿童保健管理率	93.4	93.7	99.5	73.4	26.1	4.7
新生儿访视率	93.7	94.8	99.0	71.1	27.9	5.2
小学学龄儿童净入学率	99.9	100.0	100.0	99.3	0.7	0.2
九年义务教育每千学生拥有教师数	69.2	65.4	93.5	57.1	36.3	14.3
九年义务教育学历合格高一级教师占比	94.0	93.3	99.6	88.9	10.7	3.2
初中升学率	95.0	95.4	110.2	79.4	30.8	7.1
中等职业教育每千学生拥有教师数	60.6	61.3	103.1	30.2	72.9	32.9
中等职业教育双师型教师占比	23.2	24.2	36.2	11.7	24.5	25.9
社区行政村配备劳动就业和社会保障工作人员覆盖率	79.1	86.7	100.0	13.2	86.8	28.9
劳动保障监察举报投诉案件结案率	99.9	100.0	100.0	99.0	1.0	0.2
劳动人事争议仲裁结案率	95.8	96.5	99.2	89.6	9.6	2.8

续表

核心指标	平均值	中位数	最大值	最小值	极差	变异系数
城乡居民健康档案建档率	82.7	82.5	104.1	54.0	50.1	11.6
每万人口专业公共卫生机构人员数	6.3	6.4	10.1	3.4	6.6	23.2
每万人口全科医生数	2.5	2.3	5.9	1.4	4.5	38.7
基本医疗保险粗参保率	95.4	94.6	110.5	76.1	34.4	8.4
居民基本医疗保险年人均财政补助水平	641.8	526.0	2241.0	445.0	1796.0	54.7
基本养老保险粗参保率	67.9	67.9	89.2	57.3	31.9	10.2
企业退休人员月人均基本养老金	2878.8	2681.0	4873.0	2151.0	2722.0	21.9
每千老年人口养老床位数	28.7	27.9	53.7	11.1	42.6	31.1
城市居民最低生活保障平均标准与城镇人均消费支出之比	0.3	0.3	0.4	0.2	0.2	13.4
农村居民最低生活保障平均标准与农村人均消费支出之比	0.4	0.4	0.7	0.3	0.3	19.3
残疾人文化活动参与率	4.6	2.9	20.3	0.2	20.1	109.1
每十万人口康复专业人才数	13.5	12.9	23.1	1.6	21.5	37.6
广播节目综合人口覆盖率	99.1	99.2	100.0	94.6	5.4	1.0
电视节目综合人口覆盖率	99.3	99.4	100.0	97.0	3.0	0.6
人均拥有公共图书馆藏量(册)	0.8	0.6	3.3	0.4	3.0	66.5
每万人口拥有公共文化设施建筑面积	481.4	403.4	1365.4	242.3	1123.1	52.5
有线广播电视用户覆盖率	49.8	43.4	109.1	20.6	88.5	42.2

资料来源：国家统计局社会科技和文化产业统计司、国家发展和改革委员会社会发展司编纂的《国家基本公共服务统计指标 2016》《国家基本公共服务统计指标 2017》《国家基本公共服务统计概览 2020》。

第一，排除或转化“非基本”和不可能实现均等化的指标，如九年义务教育在校生数、城镇单位就业人数、最低生活保障人数、公共图书馆总流通人次等可以直接排除；基本养老保险参保人数、专业公共卫生机构人员数可以分别转化为基本养老保险粗参保率、每万人拥有专业公共卫生机构人员数。指标转化中用到的常住人口数据来源于国家统计局网站。

第二，抽取绝对均等导向的指标，即以实现绝对均等为目标导向的指标，比如小学学龄儿童净入学率，不论是哪个省份，都应该尽可能达到 100%；又如，基本养老保险和城镇基本医疗保险粗覆盖率，在城乡、地区、群体之间也应该没有明显差异。

第三，筛选相对均等导向的指标，即在一段时期或范围内应促进均等化的指标，比如义务教育阶段的生师比，过高会导致服务质量的过低，但又不可能所有地区都趋向于完全相同的水平；又如最低生活保障平均标准，差距过大不正常，完全没有差别也有失公平。

此外，有一些指标绝对水平越高，反映基本公共服务的水平越低，比如生师比指标，这里取倒数处理，转换为每千名学生拥有教师数指标。这样所有筛选出来的核心指标，都是绝对水平越高，反映基本公共服务的水平就越高。筛选出的核心指标（绝对均等导向指标和相对均等导向指标）如下：

幼有所育大类有 4 个指标，分别为孕产妇产前检查率、孕产妇产后访视率、7 岁以下儿童保健管理率、新生儿访视率，都是绝对均等导向的指标。

学有所教大类有 6 个指标，分别为小学学龄儿童净入学率、九年义务教育每千名学生拥有教师数、九年义务教育学历合格教师占比、初中升学率、中等职业教育每千学生拥有教师数、中等职业教育双师型教师占比。其中小学学龄儿童净入学率，是绝对均等导向的指标，其他都是相对均等导向的指标。

劳有所得大类有 3 个指标，为社区行政村配备劳动就业和社会保障工作人员覆盖率、劳动保障监察举报投诉案件结案率、劳动人事争议仲裁结案率，都是绝对均等导向指标。

病有所医大类有 5 个指标，分别为城乡居民健康档案建档率、每万人口专业公共卫生机构人员数、每万人口全科医生数、基本医疗保险粗覆盖率、居民基本医疗保险年人均财政补助水平，其中城乡居民健康档案建档率和基本医疗保险粗覆盖率是绝对均等导向的指标，其他指标都是相对均等导向。

老有所养大类有 3 个指标，分别为基本养老保险粗覆盖率、企业退休人员月人均基本养老金、每千老年人口养老床位数，其中基本养老保险粗覆盖率是绝对均等导向的指标，其他 2 个指标是相对均等导向。

弱有所扶大类有 4 个指标，分别为城市居民最低生活保障平均标准与城镇居民人均消费支出之比、农村居民最低生活保障平均标准与农村居民人均消费支出之比、残疾人文化活动参与率、每十万人口康复专业人才数，都是相对均等导向的指标。

文体服务保障大类有 5 个指标，分别为广播节目综合人口覆盖率、电视节目综合人口覆盖率、人均拥有公共图书馆藏量、每万人口拥有公共文化设施建筑面积、有线广播电视用户覆盖率，其中前 2 个为绝对均等导向的指标，其他 3 个为相对均等导向的指标。

二、单项指标的均等化水平

从变异系数看，2019 年均等化水平最高的 5 个指标由高到低（即省际变异系数由小到大），依次是小学学龄儿童净入学率、劳动保障监察举报投诉案件结案率、电视节目综合人口覆盖率、广播节目综合人口覆盖率、劳动人事争议仲裁结案率；均等化水平最低的 5 个指标由低到高（即省际变异系数由大到小），依次是残疾人文化活动参与率、人均拥有公共图书馆藏量、居民基本医疗保险年人均财政补助水平、每万人口拥有公共文化设施建筑面积、有线广播电视用户覆盖率（见表 6-5）。

总体上看，绝对均等指标的变异系数明显小于相对均等指标的变异系数。小学学龄儿童净入学率的变异系数仅为 0.2%，可以看作已经率先完全实现了省域间的均等化。残疾人文化活动参与率的变异系数超过 109.1%，省域间差距过大。

“十二五”时期，基本公共服务的省际差距呈总体缩小态势。在 30 项核心指标中，2019 年比 2015 年变异系数降低的有 23 项。其中，每十万人口康复专业人才数的变异系数降低了近 36 个百分点，降幅最大；此外，每万人口全科医生数的变异系数降低 30 个百分点，基本养老保险粗参保率的变异系数降低 23 个百分点，人均拥有公共图书馆藏量的变异系数降低 17 个百分点，社区行政村配备劳动就业和社会保障工作人员覆盖率的变异系数降低 16 个百分点,这几个指标的均等化程度明显上升。从单项指标看,“十三五”时期基本公共服务均等化延续了此前的趋势。在30项核心指标中,2019年比2015年变异系数降低的有22项,有8项指标的均等化水平有所下降。

三、基本公共服务综合指标合成及省际间差距

基于30个基本公共服务指标,下面合成总体的基本公共服务指数。第一步,对单项指标进行标准化(无量纲)处理。将不同量纲的各单项指标进行转换,以各自指标对应2010年的全国平均水平为100,全部转换为无量纲指标。第二步,对单项指标加总形成各领域综合指标。每个领域内部的无量纲指标,按照各单项指标均分权重的策略,形成每个领域的综合指标,即二级综合指标。第三步,对各领域按照平均权重加总形成“基本公共服务总指数”。即每个大类的权重均为1/7,二级综合指标汇总形成基本公共服务总指数就是基本公共服务的一级综合指标。

从表6-6结果看,2019年基本公共服务一级综合指数排名第一位至第五位的省份分别是上海、北京、浙江、江苏、天津;排名倒数第一位至倒数第五位的省份分别是海南、云南、江西、新疆、河南。除了上海、北京直辖市外,浙江是排名第一的省份,体现了共同富裕示范区的积极引领作用。浙江率先建立起覆盖城乡居民的社会养老保险制度,率先实现了全民医疗保障制度统一。此外,浙江全省公共体育设施已全部向社会开放,基本达到了免费或低收费开放的要求。浙江基本公共服务的城乡和区域差距最小,浙江率先统筹了城乡最低生活保障制度,实现城乡低保标准一致。分领域看,浙江全省基本就业创业服务效率较高,还率先将基本环境保护、基本公共安全作为基本公共服务向居民提供。① 从地方试点示范看,海盐基本公共服务均等化试点、青田加快社会事业发展试点等,都已发挥出明显的辐射带动效应。

① 袁家军:《扎实推动高质量发展建设共同富裕示范区》,《人民日报》2021年7月9日。

表 6-6　2019 年各省份基本公共服务综合指数

省份	二级综合指数							一级综合指数
	幼有所育	学有所教	劳有所得	病有所医	老有所养	弱有所扶	文体服务保障	
北京	106	150	117	424	278	230	193	214
天津	109	140	123	284	199	185	182	175
河北	105	119	105	244	209	142	90	145
山西	104	128	88	229	215	195	109	153
内蒙古	107	139	128	251	242	156	126	164
辽宁	107	136	123	226	193	183	135	158
吉林	108	147	125	262	191	190	122	163
黑龙江	107	131	127	221	199	120	112	145
上海	110	148	124	517	234	262	280	239
江苏	108	131	128	339	223	149	196	182
浙江	110	140	120	343	247	212	229	200
安徽	105	123	125	239	221	129	100	149
福建	107	121	125	238	200	144	153	156
江西	106	100	125	235	193	123	111	142
山东	105	127	119	235	213	177	121	157
河南	101	109	123	251	201	129	87	143
湖北	107	115	116	248	223	118	124	150
湖南	108	112	120	254	198	128	104	146
广东	107	131	123	249	198	192	149	164
广西	107	109	117	264	191	162	104	150
海南	105	119	88	249	152	140	116	139
重庆	106	125	126	246	192	223	122	163
四川	107	121	116	248	195	113	104	143
贵州	105	103	117	234	204	184	111	151
云南	106	109	106	243	180	149	97	142
西藏	82	131	99	217	236	93	191	150
陕西	107	119	108	276	216	177	123	161
甘肃	107	124	89	266	214	126	111	148
青海	104	88	77	261	234	111	138	145
宁夏	101	96	119	243	198	125	159	149
新疆	107	102	115	232	178	129	131	142

资料来源：国家统计局社会科技和文化产业统计司、国家发展和改革委员会社会发展司编纂的《国家基本公共服务统计指标 2016》《国家基本公共服务统计指标 2017》《国家基本公共服务统计概览 2020》。

合成后形成的六个基本公共服务二级综合指数（见图 6-1），省际差距最大的是文体服务保障，2019 年的变异系数高达 32；弱有所扶次之，变异系数近 26；病有所医的变异系数在 23 以上，省际差距也比较大；幼有所育的省际差距最小，变异系数还不到 5；学有所教、劳有所得、老有所养的变异系数在 11—13。

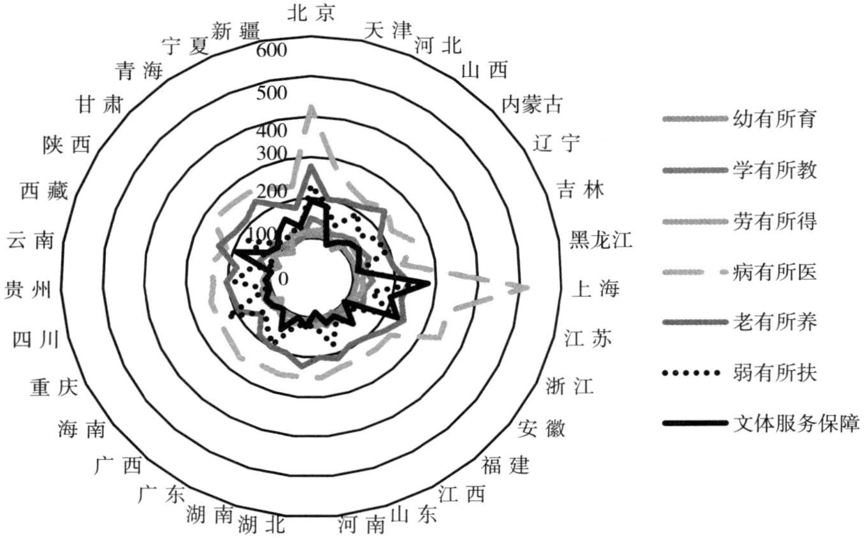

图 6-1　2019 年基本公共服务二级指数的省际差异

资料来源：国家统计局社会科技和文化产业统计司、国家发展和改革委员会社会发展司编纂的《国家基本公共服务统计指标 2016》《国家基本公共服务统计指标 2017》《国家基本公共服务统计概览 2020》。

应该说，已经达到较高均等化水平的指标或大类领域，进一步提高均等化水平的空间就比较有限。比如幼有所育领域的 4 个指标，2010 年各省份都已经达到了较高水平、省域间的差距也已经很小，到 2019 年这个大类的二级综合指数仍略高于 100，与此前没有明显变化。而另有些领域发展迅速，且呈现差距缩小态势，对基本公共服务整体的均等化起到了重要推动作用，如老有所养的均等化趋势很明显。还有的领域尽管发展也比较迅速，但省际差距较大，且差距缩小态势并不明显，就给基本公共服务整体均等化造成了障碍，文体服务保障在“十三五”时期就呈现出这样的特点。

受经济因素影响，与经济发展水平、公共财力直接相关的大类领域或指标呈现差距扩大的态势。比如居民基本医疗保险年人均财政补助水平的变异系数，2019 年比 2015 年提高了 16 个百分点。类似的还有企业退休人员月人均基本养老金这个指标。绝对水平和均等化程度均较高的指标，容易出现反复。比如幼有所育领域有三个指标——孕产妇产前检查率、孕产妇产后访视率、新生儿访视率都出现了差距扩大的情况，劳动人事争议仲裁结案率、城乡居民健康档案建档率也出现了类似情况。

四、基本公共服务均等化指数

基于以上结论，下面继续以 100 与变异系数之差，来反向构造基本公共服务均等化指数，并用自然对数函数估计变异系数变动的趋势，由此得到基本公共服务一级综合指数的省际差距和均等化水平，之后再观察它们的发展态势（见表 6-7）。

表 6-7　2010—2035 年基本公共服务一级综合指数的省际差距和均等化水平

（单位：%）

均等化指数	2010 年	2015 年	2019 年	2025 年	2030 年	2035 年
变异系数	19.3	14.0	14.2	10.7	7.8	4.9
均等化指数	80.7	86.0	85.8	89.3	92.2	95.1

资料来源：国家统计局社会科技和文化产业统计司、国家发展和改革委员会社会发展司编纂的《国家基本公共服务统计指标 2016》《国家基本公共服务统计指标 2017》《国家基本公共服务统计概览 2020》。

“十二五”时期，基本公共服务一级综合指数的变异系数从 19.3 降至 14，均等化指数从 80.7 提高到 86，实现了稳步提高。不过在“十三五”时期，基本公共服务一级综合指数的变异系数反而出现小幅反弹，从 2015 年的 14 略升至2019年的14.2,均等化指数相应地从86下降至85.8。按照2010年以来的趋势外推,预计到2035年,基本公共服务一级综合指数的省际变异系数将缩小到5以内,均等化指数将突破95,这一水平可以被认为是基本公共服务实现了均等化。

五、基本公共服务均等化进程整体评价

经初步研究,对基本公共服务均等化进程评价后,主要有以下发现:

第一,绝对均等导向的指标(主要是服务覆盖率类指标),省际差距明显小于相对均等导向的指标(主要是质量效益类指标)。例如,在学有所教领域中,小学学龄儿童净入学率的变异系数,明显低于九年义务教育每千学生拥有教师数的变异系数;在病有所医领域中,城乡居民健康档案建档率、基本医疗保险粗参保率的变异系数,明显小于每万人口专业公共卫生机构人员数、每万人口全科医生数、居民基本医疗保险年人均财政补助水平的变异系数;在老有所养领域中,基本养老保险粗参保率的变异系数低于企业退休人员月人均基本养老金、每千老年人口养老床位数的变异系数;在文体服务保障领域中,广播节目综合人口覆盖率、电视节目综合人口覆盖率的变异系数,低于人均拥有公共图书馆藏量、每万人口拥有公共文化设施建筑面积的变异系数。

第二,部分基本公共服务指标已达到比较均等的状态,变异系数可以降到5以内。例如,2019年孕产妇产前检查率、7岁以下儿童保健管理率的变异系数分别为4.2和4.7,小学学龄儿童净入学率、九年义务教育学历合格高一级教师占比的变异系数仅为0.2和3.2,劳动保障监察举报投诉案件结案率、劳动人事争议仲裁结案率的变异系数分别为0.2和2.8,广播节目综合人口覆盖率、电视节目综合人口覆盖率的变异系数仅为1和0.6。

第三,基本公共服务总体水平与经济发展水平正相关。2010年、2015年、2019年,各省份人均GDP无量纲化处理后的指数,与基本公共服务一级综合

指数的相关系数分别为0.94、0.89、0.88。尽管相关性有所下降，但仍处于高度相关的区间。从基本公共服务的一级综合指数看，上海、北京、浙江、江苏等东部省份较高，海南、云南这两个省份垫底，江西、河南等中部省份也比较低。由于绝对均等导向的覆盖率类指标差距相对较小，基本公共服务的省际差距，主要是由相对均等导向的质量效益类指标造成的。

第四，基本公共服务不同领域的均等化程度差别很大。2010年以来，幼有所育的均等化程度一直保持在很高水平，省际变异系数始终在10或者以下；文体服务保障的差距最大，变异系数始终在30以上；病有所医、弱有所扶的均等化程度明显低于基本公共服务一级综合指数的均等化指数，学有所教的均等化程度高于各领域平均水平，劳有所得的均等化程度与总体情况大体相当，老有所养从省际差距较大的领域转变为差距较小领域。

第五，基本公共服务均等化进程有可能出现波折。“十三五”时期，受经济因素和自身若干重要领域的不利影响，基本公共服务均等化进程比前五年明显放缓，甚至总体还出现了小幅倒退，个别领域的均等化程度甚至明显下降。在经济进入下行周期，“十四五”时期的经济增长率可能还会下调，推进基本公共服务均等化不能有丝毫松懈，必须持续用力。

从省际基本公共服务均等化指数来看，一是要加快推进基本公共服务全覆盖。既要进一步提高城乡居民健康档案建档率、基本养老保险参保率、残疾人文化活动参与率，也要加强基层基本公共服务硬件和软件建设，缩小社区、行政村层面在基本公共服务机构、人员、服务能力上的差距。二是要加快建设基本公共服务人力资本队伍，按照常住人口或服务对象的一定比例配备基本公共服务人员，加快配齐急需紧缺人才，重点缩小中等职业教师、公共卫生专业人员、全科医生、康复专业人才等方面的省际差距。三是要加快提升基本公共服务质量效益，进一步增强幼有所育针对性，提高义务教育和职业教育教学水平，促进高质量就业和体面劳动，探索优质医疗卫生资源普惠化提供的可行路径，织密扎牢弱有所扶安全网，推动养老、康复、文体等服务向更高品质升级。四是要加快谋划基本公共服务适度扩面，对于覆盖率已经很高、省际差距较小的基本公共服务领域，应继续适应高品质多样化的新需求，扩展基本公共服务内涵，适当增加新的服务项目。例如，将学前教育、高中阶段教育整体纳入学有所教基本公共服务，将面向低收入家庭的普惠托育服务纳入幼有所育基本公共服务，进而为基本公共服务更好发挥赋能作用、为促进共同富裕提供更为坚实的制度基础。

第五节　基本公共服务助推共同富裕存在的问题与原因

公共服务供给与需求的错位，集中表现出“重条块管理、轻整体协同”“重硬件投入、轻软件配备”“重初期建设、轻后续维护”“重市场机制、轻社会参与”等问题，弱化了基本公共服务均等化的实施效果。

一、基本公共服务均等化中的主要问题

（一）满意度陷入徘徊期

从基本公共服务的主观指标体系看，虽然“十三五”时期对公共服务的投入巨大，但总体上社会评价改善不明显。近年来，公共服务领域的投入大幅增加。2010—2017 年，教育、文化体育、社会保障就业、医疗卫生、城乡社区等财政投入，从 3.4 万亿元增加到 9.4 万亿元，年均增长 15.7%；占财政支出的比重从 37.8%升至 46.4%，年均提高 1.2 个百分点以上。然而，公共服务的满意度却没有明显改善，综合现有的大样本调查数据，平均满意度指数一直在 65%—69%的区间徘徊，个别年份甚至还有下降。看病难看病贵、上学难上学贵、住房难住房贵等问题虽有缓解但仍然突出，总量供给不足与质量效益不高的新老矛盾相互交织，群众对公共服务的满意度进入徘徊期。

（二）结构性矛盾凸显

基本公共服务城乡区域差距大，供给与需求错配现象明显。经过一段时期的努力，我国覆盖城乡的基本公共服务体系初步建立起来，主要服务项目的覆盖率、重要服务资源的人均拥有量等指标都持续提高。不过随着社会主要矛盾的变化，基本公共服务发展不平衡不充分的问题也凸显出来。一是传统的城乡差距、地区差距较大，如东部地区城市社区服务设施的覆盖率已超过80%，而中西部农村还不到20%。二是不同领域的均等化程度差别很大。如小学毛入学率最高与最低的省份只相差1%，然而居民医保人均财政补助最高与最低的省份之比超过4倍。三是领域内部也存在结构性失衡。如养老床位“一床难求”与“空置闲置”并存，同时各领域也普遍存在“有钱建设，没钱运营”等问题。

（三）供给服务人员明显不够

结合对我国基本公共服务的调查，整体上公共服务的供给缺乏现象比较明显。有效激励不足使服务人员队伍缺乏，这是公共服务各领域普遍存在的问题，从中长期看是制约基本公共服务进一步发展和质量提升的最大瓶颈。其中，义务教育和高中教育阶段的“大班额”问题，有师资配备不到位的原因；卫生机构的诊疗人次数快速增长，执业（助理）医师数量的增速明显滞后；托幼、养老、康复等领域的需求迅猛扩大，保教人员、护理人员非常短缺。公共服务各领域的人员队伍，都有激励不充分的问题，招不来、用不好、留不住的问题比较严峻。随着劳动年龄人口的持续减少，人员缺乏将成为基本公共服务的最大风险，有钱买不来服务的困境已有所显现，未来有进一步扩大的风险。

（四）影响增长动力转换

上面满意度陷入徘徊期、结构性矛盾凸显、服务人员队伍缺乏等公共服务问题,可能对经济结构优化和增长动力转换构成负面影响,进而拖累发展方式转变,并制约基本公共服务均等化进程。为获取更加可及、更加满意的基本公共服务,广大居民仍然需要保持相当规模的预防性储蓄:一方面制约消费需求的充分释放,不利于进一步增强消费对经济增长的贡献;另一方面也对人力资本积累造成很大程度的限制,不利于劳动生产率提高。非便捷可及、不令人满意的公共服务,还会倒逼出自我服务的无奈选择,占用可以投入到劳动就业和创业创新的时间,进一步拉低潜在经济增长率和全要素生产率。

二、基本公共服务存在问题的主要原因

尽管我国推进基本公共服务均等化的总体目标已经明确,可对于基本公共服务的范畴、内容、重点和难点、推进节奏和责任分担等问题,还未形成统一认识。基本公共服务主要项目何时实现何种程度的均等化?由哪一级政府承担相应的职责?引入市场化机制和社会化参与的程度应该如何?这些问题直接关系到基本公共服务供给和需求的匹配。现实中供给和需求出现了错位,这主要是因为基本公共服务领域的"四重四轻"现象,对基本公共服务均等化的实际效果构成明显制约。

(一)"重条块管理、轻整体协同"

基本公共服务涵盖领域较广、涉及部门较多。如分工明确、各司其职,均等化的推进就会有的放矢、有序实施。在明确基本公共服务均等化发展大方向的前提下,应根据经济社会的发展变化,制定各领域基本公共服务均等化协调推进的路线图。但由于缺乏对基本需求的全面把握,这一图景尚未得到清晰描绘。一些地方采取了实用主义态度,哪个领域好推进,就从哪个领域着手。在实际工作中,出现了部门间各自为政、推进工作重点不突出、整体实施效率低等问题。在个别地方,均等化程度最低的领域甚至出现了城乡财政投入增量倒挂的情况。有的地方还没有将城乡居民最低生活保障制度统筹起

来,却在全国率先把邮政和气象服务纳入了基本公共服务范围,有限的资源没有按照轻重缓急来通盘考虑和配置。

(二)“重硬件投入、轻软件配备”

公共服务实质上是依托于有形设施和设备基础上的无形公共产品,但当前部分已经建成的基础设施和已购进的设备存在明显的闲置和浪费。公共服务供给是否有效,基本公共服务均等化能否实现,硬件投入是基础,软件配备是核心。近年来,义务教育阶段学校在校舍建设上取得了长足进步,在财政资金和社会捐助的扶持下,不少山区的中小学校也配备上了电脑、接通了互联网,但如果不能与优秀的师资力量相结合,教育水平的提升就依然困难。总体上看,若基本公共服务软件配备跟不上,硬件投入就形同虚设。在劳动力输出大省和农村剩余劳动力转出较多的地区,新建成的基础设施和购进的设备存在一定程度闲置,这样已经投入的公共资源实际上就容易被浪费。

(三)“重初期建设、轻后续维护”

近年来,基本公共服务领域的明显现象是重视初期建设,但在后期维护中积极性不足。这容易导致存量资源运转不起来,进而影响增量资源投入在建设、使用阶段获取资金扶持,如污水处理、公园绿地、群众体育等。公园绿地修葺好了,群众体育设施配备好了,可后续的维护不配套,建成项目的使用率难以提高,造成硬件大规模闲置,初期建设资金投入的实际效果大打折扣。存量资源运转不足,很容易造成老百姓不太需要、应该减少投入等错觉,增加新的投入便会受到较大阻力。即便出台了政策,由于后续维护资金不足,新增加的投入也容易被挪作他用。

(四)“重市场机制、轻社会参与”

近年来,私营企业参与基础设施建设并向社会提供公共服务的模式,成为政府与企业合作提供公共服务的重要形式,得到了越来越广泛应用,吸引了大量社会资金进入公共服务领域。市场机制的引入,在很大程度上提高了公共服务供给效率。不过即便是效率很高的项目,也会因社会参与的不足而扭曲政策效果,即便在法律法规、方针方向、初衷意图上都站得住脚的政策,由于忽视或轻视了居民需求的表达,也会造成为民办了好事却没能赢得好的口碑甚至是遇到较大阻力的局面。

第六节　持续推进基本公共服务均等化的对策建议

基本公共服务既是满足人民美好生活需要的重要手段,也是推进共同富裕的核心内容。新时期基本公共服务应按照高质量发展的总要求,坚持问题导向,明确重点方向,理顺体制机制。下面从基本公共服务对共同富裕的兜底和赋能作用出发,立足对我国基本公共服务均等化进程的评估,提出促进基本公共服务均等化的政策建议。

一、经济发展是提升基本公共服务和共同富裕的基本手段

我国目前仍处于社会主义初级阶段,相关人均发展指标并不高。要推进高标准的共同富裕目标,经济发展仍然是第一位的。从本章结果看,经济发展维度高的省份,其基本公共服务的共享维度表现也更好;相反,经济发展水平低,则基本公共服务的共享维度指标也不会太高。在处理共享与发展的关系方面,经济发展水平是基本公共服务的决定性因素,发展是共同富裕最基本的前提,没有经济的可持续增长,也就不可能有高标准的基本公共服务供给,也就很难实现可持续的高标准共同富裕,因此仍要把经济发展作为推进基本公共服务均等化和促进共同富裕的最基本手段。实现共同富裕具有长期性、艰巨性、复杂性,基本公共服务均等化也不可能一蹴而就。必须尽力而为、量力

而行，在经济发展和财力可持续的基础上，因地制宜探索有效路径，及时总结并逐步推广有益经验，让基本公共服务促进共同富裕的积极效应有序释放。

（一）着眼发挥赋能作用，不断提升人力资本，为人民增强致富能力创造良好条件

"十四五"规划和2035年远景目标纲要提出，要把提升国民素质放在突出重要位置，构建高质量的教育体系和全方位全周期的健康体系，优化人口结构，拓展人口质量红利，提升人力资本水平和人的发展能力。在这一过程中，巩固义务教育基本均衡成果，推动义务教育优质均衡发展和城乡一体化，推进基本公共教育均等化，为推进共同富裕夯实人力资本基础。健全终身技能培训制度，增强职业技术教育适应性，大规模开展职业技能培训，提升劳动者的就业创业能力，进而增强发展能力。还要看到，健康也是人力资本的重要方面，要深入实施健康中国行动，完善国民健康促进政策，织牢国家公共卫生防护网，为人民提供全方位全生命周期健康服务，进一步夯实共同富裕的健康基石。

（二）提升人的发展能力和职业培训

教育均衡发展旨在加快建设优质公平的教育体系，并力求以良好的教育水平和教学质量为保障，提升居民的文化素质和技术能力，从而实现个体全面发展。在迈入高收入经济体门槛后，更加需要关注人的全面发展，教育和人力资本积累应成为共同富裕的核心内涵。从长期看，要侧重各级教育均衡发展，促进人的早期发育和营养健康，从人的能力全面提升方面做实共同富裕基础。提高劳动者技能，实现更加充分、更高质量的就业，是实现共同富裕的重要动力，要大力提升劳动者技能素质，开展多层次职业技能培训，提升劳动力要素结构和使用效率，从根本上改善劳动力要素质量。尤其是要加强学校教育与市场企业的对接，培养能够为市场上可用、能用的合格劳动力。

（三）着眼发挥兜底作用，增强发展平衡性，在高质量发展中促进共同富裕

对于低收入群体和需要帮扶的重点人群，要通过兜底性的基本公共服务提供切实保障。尤其，要加强农村基本公共服务，促进农民农村共同富裕。着眼发挥兜底作用，增强发展平衡性。在乡村振兴中发挥好基本公共服务兜底作用，要巩固拓展社会保障、教育脱贫等成果，增加农村教育、医疗、就业等服务供给，为农民致富创造更加有利条件。

二、明确新发展阶段基本公共服务发展的主攻方向

为适应社会主要矛盾的转化，合理满足日益增长的美好生活需要，同时助力经济质量变革、效率变革、动力变革，应坚持问题导向，围绕高质量发展这个主题，突出对共同富裕的兜底和赋能作用，进一步明确新发展阶段基本公共服务发展的主攻方向。

（一）全面覆盖，消除盲区

从兜底的要求看，基本公共服务必须覆盖全部目标人员，不能存在盲区。目前有三个服务盲区迫切需要消除：一是流动人口无法享有、不能随人的流动而流动的服务事项；二是人口数量较大却不在行政村公共服务辐射范围内的少数自然村；三是虽有政策但未能切实享有的部分事业单位和集体企业职工群体。必须消除政策真空，不留服务死角，才能达到基本公共服务均等化发展的底线要求。

（二）适度水平，持续发展

实现共同富裕需要一个较长的历史过程，必须在经济发展水平不断前进的背景下推进，基本公共服务的发展水平和均等化程度，必须与基本国情和经

济发展阶段相适应。在与人均国内生产总值、人均居民收入相近地区进行比较的基础上,查摆出明显滞后的领域和服务项目,及时补短板。同时也要防止出现过于超前的领域和服务项目,适当跟进速度。既要防止陷入过度福利的陷阱,又要防止短板影响整体质量。

(三)地域均衡,缩小差距

将城乡之间、地区之间的差距缩小到一定范围以内,是基本公共服务均等化的必然要求。制度上应该坚持城乡一体的大方向,进一步消除基本公共服务的城乡二元结构。为推进地区间基本公共服务均等化,应由国家主责缩小省际差距,省级政府主责缩小省内差距。在顺序上,先拉平服务覆盖率的差别,再逐步缩小质量效益上的差别,由此不断推进基本公共服务制度的可及性、富裕性和共享性。

(四)方式现代,精准服务

现代化的供给方式、精准化的服务供求匹配,是基本公共服务发展及其均等化的内在要求。在对需求进行摸底的基础上,根据外部性和轻重缓急,安排好服务供给的方向和方式。政府主要是兜底保障最基本的需求,非基本的多层次需求由市场主体和社会力量来满足。可以借助信息交流平台,创造条件让不同地区相互学习、让不同领域相互借鉴。

三、建设现代化基本公共服务体系

建议以监测体系、管理体系和统筹机制为主要组成部分,不断探索创新并构建起现代化的基本公共服务体系。

(一)强化法治体系,推广基本公共服务清单制

建议由全国人民代表大会审议并批准《国家基本公共服务清单》及服务

标准,作为政府兜底提供基本公共服务的底线,也是作为政府法定责任的底线。地方各级人大或其常委会,在落实国家清单这个“规定动作”的基础上,可增加地方项目作为“自选动作”。清单应涵盖服务项目的名称、目标人群、具体内容及最低标准,明确支出责任,尽可能制定关于服务人员配比、财力投入保障、土地供应指标等方面的相关规定。

(二)优化监测体系,跟踪基本公共服务发展全场景

建议整合分散在各有关部门的基本公共服务数据,建设基础信息库,搭建基本公共服务大数据平台,形成指标化、日常化、动态化的监测体系。通过部门年度自评估、综合部门定期评估、第三方评估相结合,客观成效进展与主观满意度相结合,投入指标与产出指标相结合,监测各地基本公共服务均等化进程,全面评价基本公共服务均等化发展的质量效益。

(三)完善监管体系,放开非基本公共服务市场

在兜底提供基本公共服务的前提下,进一步放开非基本公共服务市场,放宽准入条件,优化事中和事后监管,发挥行业协会作用,促进行业自律。不再新设以提供非基本公共服务为主的事业单位,不在非基本公共服务领域与社会力量抢资源、争利益。选取基本公共服务领域的适宜项目,推行政府购买服务,吸引民间资本和社会组织进入。鼓励公共服务新方式、新业态,避免监管的过度严苛,给服务创新留足空间。发现问题和风险后,更多采取帮扶式监管思路,帮助监管对象改善条件、改进服务,而不是简单粗暴地禁止。

(四)理顺统筹机制,搭建跨领域协同发展平台

在基本公共服务均等化领域,建议将现有司局层面的基本公共服务协调联络机制,升格为国务院层面、党政统筹的部际协调机制,统筹服务清单和标准制定,统筹相关规划、重大项目和财政预算,着力缩小城乡、区域、不同领域

和群体之间的不合理差距，协调安排好设施建设、人员队伍和日常运转的一揽子资源投入保障机制。

四、基本公共服务均等化的总体建议

（一）建立标准体系，明确标准规范和质量要求

细化国家基本公共服务标准，在向社会公布服务项目、支付类别、服务对象、质量标准、支出责任、牵头负责单位等基础上，要完善重点行业领域的标准规范，加快制定一批急需、紧缺的标准，重点确定设施建设、设备配置、人员配备、服务管理等标准要素。各省份依据国家标准和行业规范，结合本地实际制定地方实施标准，既不得低于国家规定的最低标准，也不得脱离实际盲目攀高。推动基层服务机构标准化管理，建立服务指南、行为规范、质量承诺、服务记录追溯和绩效评价等制度，以标准化推进均等化。在此基础上，进一步推动基本公共服务供给向法治化升级，通过地方立法、人代会或其常委会审读等方式，给予基本公共服务项目及标准更有力的法律保障。作为共同富裕先行示范区，浙江也应制定高于国家标准的基本公共服务标准，通过标准落实来提升基本公共服务供给水平和质量，缩小地区间差距，促进基本公共服务均等化。

（二）总结地方经验，推进全国基本公共服务一体化

省域内资源的城乡一体化、区域协同化配置，是浙江基本公共服务均等化水平较高的制度基础，这方面经验可以率先向其他地区推广。上海作为基本公共服务水平和均等化程度都走在前列的地区，也可将相关模式和做法应用到长三角一体化地区，在更大范围内推进基本公共服务资源一体化规划布局、一体化建设管理、一体化共享共用。实际上，在着力推动人的全生命周期公共服务优质共享过程中，不同省份在各自领域都有众多的地方探索，在总结各地特色和地方特色品牌基础上，其他地区也可以借鉴参考。

（三）着力推进市民化进程，实现基本公共服务均等化

在建设国内统一大市场的背景下，各省份既有明显的跨省流动人口，省内跨市流动人口的规模也较大。推进基本公共服务均等化，不仅要从城乡间、地区间缩小差距，而且也要缩小群体间的差距。不论是省外还是省内的流动人口、转移人口，都要更好地纳入基本公共服务体系。同时，要进一步健全农业转移人口市民化长效机制，切实保障农民工随迁子女平等接受义务教育，逐步实现随迁子女入学待遇同城化。作为基本公共服务均等化的重要路径，市民化还应向教育以外的其他领域合理延伸。

五、基本公共服务主要领域均等化的具体措施

（一）基本公共教育领域

建议在教育基本公共服务领域，要增强基础教育财政保障能力，新增财政性教育经费更多向义务教育、普惠性学前教育倾斜，加快建立普惠性学前教育生均标准和政府购买服务办法。推动校际间优质教师资源共享，强化特岗教师、教师交流轮岗等政策力度，完善激励制度，引导发达地区、教育强区优秀教师、校长及管理团队赴相对落后地区服务。探索信息化在促进教育均衡发展中的新途径，推动优质师资、精品课程实现校际共享。

（二）基本劳动就业创业领域

建议统筹推进重点群体就业创业，深入实施高校毕业生就业促进、创业引领、基层成长等计划，引导农村劳动力转移就业和农民工返乡创业，妥善做好去产能职工分流安置工作，健全城乡困难人员就业帮扶机制，精准施策促进农村低收入劳动力就业脱贫。加大对灵活就业和新就业形态的支持力度，完善落实小微企业吸纳就业、失业保险稳岗补贴等政策。提高各类劳动者的职业

技能,抓好新生代农民工职业技能和企业在职职工岗位技能提升,健全城乡一体的职业培训补贴政策。建立劳动就业创业管理信息化平台,密切关注新业态用工的矛盾问题,加强风险防控。完善政府、工会、企业三方协商协调机制,完善省级行业集体协商制度。

(三)基本社会保险领域

加快完善基本养老、基本医疗保险制度,合理调整最低缴费年限规定,研究渐进式延迟退休年龄政策,推进养老保险全国统筹。优化医保个人账户,普遍建立职工医保门诊统筹。确定主要社会保险制度待遇水平适度区间,强化社会保障制度对各类灾难性风险的承保能力,完善居民大病保险制度,推进专利药医保国家谈判准入和专项集中采购,强化重特大疾病承保能力。普遍建立长期护理保险制度,实现失能有依。落实参保机会均等,保障常住人口在居住、就业地平等参保。推动各地建立城乡居保待遇确定和基础养老金正常调整机制,完善城乡居民保险制度,增强制度发展的协同性。进一步完善失业保险制度,发挥好失业保险制度功能作用,扩大参保范围和受益人群。补齐工伤保险参保短板,巩固建筑业农民工参保成果,大力推进铁路、水利、能源等工程项目参加工伤保险,确保工程建设项目工伤保险参保率达到90%以上,推进小微企业、有雇工的个体工商户参加工伤保险工作,探索推进灵活就业人员参保,研究公务员和参公管理的事业单位人员参加工伤保险办法。建立全国统一的社会保险公共服务平台,简便优化经办服务流程,全面推进社会保障关系转移接续电子化,实现关系转移接续全程精准可控。

(四)基本医疗卫生领域

着力解决结构性的卫生问题,促进区域、城乡、专业之间协调发展。针对当前基层发展相对滞后的问题,实施卫生人才强基工程,加快基层医疗卫生机构标准化建设,增强基层服务能力。针对优质医疗资源紧缺的矛盾,大力实施科教强卫工程，打造技术高峰和人才高地，带动整体水平提升。针对影响群众健康的突出问题，启动实施包括重点癌症综合防治、母婴健康、儿童青少年预防近视等普惠性工程，增强群众获得感。开展农村贫困人口健康状况核查，优先为贫困人口建立健康档案和健康卡。关注计划生育特殊困难家庭，落实奖励扶助政策，开展多种形式的关爱活动。推进全民健康保障工程，促进健康扶贫、妇幼健康保障、中医药传承与创新和疑难病症诊治能力提升。建立以公立医疗机构为主、民营医疗机构为补充和综合医院、专科医院、康复医院、护理院和基层医疗卫生机构分工协作的医疗服务体系。全面提升家庭签约服务，完善基层首诊、双向转诊、急慢分治、上下联动的分级诊疗机制。支持社会资本进入医疗、医养结合领域，同时加强行业监管，充分运用互联网、大数据、人工智能等技术推动健康管理理念和医疗服务模式变革，为群众提供更便捷、更人性化的医疗卫生和医养结合服务。改革公共卫生管理体制，提升疾控监测和检测能力，优化早期监测预警报告机制，加大资金投入和人才队伍建设力度，强化生物安全实验室建设和仪器设备配置，推动大数据、人工智能等新技术在公共卫生中的应用。

（五）基本社会服务领域

加强基层社会服务设施和服务人员队伍建设，加快补齐基层社会服务能力短板。优化社会救助管理机构布局，强化乡镇和村（居）儿童工作力量，提升基本殡葬公共服务可及性。大力发展养老护理型床位，推进养老服务和医疗卫生服务资源优势互补、深度融合，根据不同健康状况老年人分布，优化调整养老服务设施布局。加强社会救助、养老、婚姻登记等服务对象信息数据建设，加强部门协调与信息共享。修订《收养办法》《城市生活无着的流浪乞讨人员救助管理办法》《殡葬管理条例》等法规，制定新时期家庭寄养评估标准。

（六）基本住房保障领域

注重保障性住房建设区域平衡，使住房保障供给与人口流动趋势和人口空间结构相适应。在重点产业园区和新建成城区按常住人口规模配建公租房。提高货币化保障比例，扩大自住商品房、共有产权住房供给规模，发挥好市场机制作用，提升住房保障效率。综合平衡住房保障有效供给和需求压力，加大自住型商品房等新型政策性住房投放力度，注重做好一线城市“夹心层”、新成长劳动力的住房保障，在有条件的地区逐步将随迁老人等其他新市民群体纳入政策性住房保障对象范围。加快形成优质高效的住房运营管理方式，利用互联网、大数据等信息手段，提高公租房信息公开透明程度，便利社会监督核查。对保障对象全面实施动态管理，确保有进有出。

（七）基本公共文化体育领域

完善公共文化服务体系，深入实施文化惠民工程，丰富群众文化活动。全面实施《公共文化服务保障法》《公共图书馆法》《博物馆条例》《公共文化体育设施条例》等法律法规。加快推进村级综合性文化服务中心建设，争取早日实现全覆盖。继续深入推进县级文化馆、图书馆总分馆制建设，推动优质文化资源向基层农村延伸。深入实施边疆万里数字文化长廊建设、中西部贫困地区公共数字文化设施提档升级等项目，提高贫困地区公共数字文化服务能力。动态修订城市居住区规划设计标准、城市公共服务设施规划标准等，出台《大型体育场馆免费低收费开放补助资金管理办法》。出台鼓励支持社会力量参与公共体育健身设施建设管理的政策举措，拓展体育服务供给渠道，丰富公共体育服务供给内容，提升公共体育服务供给水平。推进大型体育场馆信息化监管系统建设、智慧健身中心建设试点，将信息技术手段运用到大型体育场馆、社区健身中心等公共体育健身场所，提升其运营管理和服务水平。

（八）残疾人基本公共服务领域

提升县域残疾人综合服务能力，设施规划布局重点考虑服务对象数量与分布、县域面积与服务半径以及自然条件。对部分残疾人基本公共服务项目扩面提标，落实困难残疾人家庭无障碍改造补助，逐步建立残疾人“两项补贴”与经济社会发展水平动态匹配的机制。对困难残疾人和重度残疾人根据经济状况与残疾程度进行细分，对于特别困难的，增加补贴项目、提高补贴标准并建立动态增长机制，加强与其他社会福利政策的衔接。加快建设无障碍设施，加大包括公共环境、交通运输、居住小区、残疾人家庭在内的无障碍设施服务体系的建设力度，持续优化“硬设施”和“软服务”，不断提高残疾人无障碍居住和出行的获得感。

参考文献

1. 蔡昉:《实现共同富裕必须努力扩大中等收入群体》,《经济日报》2020 年 12 月 7 日。

2. 蔡萌、岳希明:《中国社会保障支出的收入分配效应研究》,《经济社会体制比较》2018 年第 1 期。

3. 曹正汉、周杰:《社会风险与地方分权——中国食品安全监管实行地方分级管理的原因》,《社会学研究》2013 年第 1 期。

4. 茶洪旺、明崧磊:《缩小城乡居民收入差距的国际经验比较与启示》,《中州学刊》2012 年第 6 期。

5. 丛雅静:《城镇居民收入差距与消费需求的关系研究——基于 ECM 模型》,《调研世界》2014 年第 6 期。

6. 邓金钱:《新中国 70 年城乡收入结构变迁:历史演进与时代抉择》,《社会科学研究》2019 年第 5 期。

7. 房汉廷:《1981—2019:"基尼系数"标注的中国贫富差距》,《科技与金融》2021 年第 9 期。

8. 高培勇:《论国家治理现代化框架下的财政基础理论建设》,《中国社会科学》2014 年第 12 期。

9. 高书生:《社会保障改革何去何从》,中国人民大学出版社 2006 年版。

10. 葛立祥:《台湾工业化过程中缩小城乡差距问题研究》,《台湾研究》2009 年第 1 期。

11. 谷军、康琳:《缩小中国城乡收入差距的可行性措施研究——以美国、日本、韩国经验为借鉴》,《发展研究》2011 年第 2 期。

12. 顾昕:《中国城乡公立医院医疗保险的基金结余水平研究》,《中国社会科学院研究生院学报》2010 年第 5 期。

13. 顾严:《率先实现基本公共服务均等化的使命与路径》,《浙江日报》2021 年 6 月 21 日。

14. 郭林:《中国殡葬服务:核心问题与发展思路》,《社会保障评论》2020 年第 3 期。

15. 郭于华、常爱书:《生命周期与社会保障——一项对下岗失业工人生命历程的社会学探索》,《中国社会科学》2005 年第 5 期。

16. 国务院发展研究中心课题组:《中国养老保障制度改革》,中国发展出版社 2001 年版。

17. 何平:《企业改革中的社会保障制度》,经济科学出版社 2000 年版。

18. 何文炯、杨一心、王璐莎、徐琳:《中国生育保障制度改革研究》,《浙江大学学报(人文社会科学版)》2014 年第 4 期。

19. 何文炯、杨一心:《失能老人照护服务补助制度研究》,《社会政策研究》2020 年第 2 期。

20. 何文炯:《论社会保障制度的代际均衡》,《社会保障评论》2021 年第 1 期。

21. 何文炯等:《基本医疗保险"系统老龄化"及其对策研究》,《中国人口科学》2009 年第 2 期。

22. 黄坤、董礼:《国外缩小城乡居民收入差距的经验及启示》,《现代经济信息》2011 年第 24 期。

23. 黄群慧、刘学良:《新发展阶段中国经济发展关键节点的判断和认识》,《经济学动态》2021 年第 2 期。

24. 蒋震、刘颖:《新发展阶段完善现代税收制度的思考》,《税务研究》2021 年第 6 期。

25. 蒋震:《对完善现代税收制度若干问题的思考》,《地方财政研究》2021 年第 7 期。

26. 蒋震:《经济体制转型、税制改革与税制结构演变》,《公共财政研究》2021 年第 2 期。

27. 蒋震:《以共同富裕为导向完善现代税收制度研究》,《国际税收》2022 年第 1 期。

28. 金维刚:《依法推进城乡居民医保整合》,《中国劳动保障报》2016 年 2 月 5 日。

29. 经济参考报,《医保重复参保人数超一亿,财政每年无效补贴 200 亿》,《经济参考报》2014 年 8 月 15 日。

30. 景天魁:《创新福利模式优化社会管理》,《社会学研究》2012 年第 4 期。

31. 李春玲:《迈向共同富裕阶段:我国中等收入群体成长和政策设计》,《北京工业大学学报(社会科学版)》2021 年第 9 期。

32. 李培林:《怎样界定中等收入群体更准确》,《经济研究信息》2017 年第 7 期。

33. 李强:《社会分层与空间领域的公平公正》,《中国人民大学学报》2012 年第 1 期。

34. 李实、万海远:《中国收入分配演变 40 年》,格致出版社 2018 年版。

35. 李实、杨修娜:《中等收入群体与共同富裕》,《经济学刊》2021 年第 3 期。

36. 李实、朱梦冰、詹鹏:《中国社会保障制度的收入再分配效应》,《社会保障评论》2017 年第 4 期。

37. 李实:《共同富裕的目标和实现路径选择》,《经济研究》2021 年第 11 期。

38. 李逸飞:《面向共同富裕的我国中等收入群体提质扩容探究》,《改革》2021 年第 12 期。

39. 梁季:《税收促进第三次分配与共同富裕的路径选择》,《人民论坛》2021 年第 28 期。

40. 刘军强、刘凯、曾益:《医疗费用持续增长机制——基于历史数据和田野资料的分析》,《中国社会科学》2015 年第 8 期。

41. 刘军强:《资源、激励与部门利益:中国社会保险征缴体制的纵贯研究(1999—2008)》,《中国社会科学》2011 年第 3 期。

42. 刘克崮、贾康:《中国财税改革三十年亲历与回顾》,经济科学出版社 2008 年版。

43. 刘克崮等:《“十四五”国民收入分配结构优化与税费制度改革的建议》,《中国改革》2021 年第 1 期。

44. 刘晓婷、黄洪:《医疗保障制度改革与老年群体的健康公平——基于浙江的研究》,《社会学研究》2015 年第 4 期。

45. 刘旭、顾严:《发挥基本公共服务兜底和赋能双重作用》,《经济日报》2021 年 12 月 11 日。

46. 刘志国、刘慧哲:《收入流动与扩大中等收入群体的路径:基于 CFPS 数据的分析》,《经济学家》2021 年第 11 期。

47. 楼继伟:《面向 2035 的财政改革与发展》,《财政研究》2021 年第 1 期。

48. 倪鹏飞:《中国城市群崛起将重塑全球经济地理》,《经济参考报》2021 年 3 月

23 日。

49. 彭华民:《福利三角:一个社会政策分析的范式》,《社会学研究》2006 年第 4 期。

50. 彭希哲、胡湛:《公共政策视角下的中国人口老龄化》,《中国社会科学》2011 年第 3 期。

51. 盛来运等:《我国经济发展南北差距扩大的原因分析》,《管理世界》2018 年第 9 期。

52. 宋晓梧、邢伟:《新中国社会保障和民生发展 70 年》,人民出版社 2019 年版。

53. 孙久文、张皓:《新发展格局下中国区域差距演变与协调发展研究》,《经济学家》2021 年第 7 期。

54. 檀学文:《走向共同富裕的解决相对贫困思路研究》,《中国农村经济》2020 年第 6 期。

55. 万海远:《走向共同富裕之路》,人民出版社 2022 年版。

56. 万海远等:《中等收入者的结构特征与扩大政策》,中国财政经济出版社 2022 年版。

57. 汪润泉、金昊:《高费率对农民工参加职工社会保险的挤出效应——基于就业类型选择的分析》,《人口与发展》2020 年第 6 期。

58. 王丙乾:《中国财政 60 年:回顾与思考》,中国财政经济出版社 2009 年版。

59. 王思斌:《当前中国社会保障制度的断裂与弥合》,《江苏社会科学》2004 年第 3 期。

60. 王增文:《中国社会保障治理结构变化、理念转型及理论概化——范式嵌入与法治保障》,《政治学研究》2015 年第 5 期。

61. 习近平:《在全国脱贫攻坚总结表彰大会上的讲话》,人民出版社 2021 年版。

62. 习近平:《扎实推动共同富裕》,《求是》2021 年第 20 期。

63. 杨修娜、万海远、李实:《我国中等收入群体比重及其特征》,《北京工商大学学报(社会科学版)》2018 年第 6 期。

64. 杨一心、何文炯:《养老保险缴费年限增加能够有效改善基金状况吗?——基于现行制度的代际赡养和同代自养之精算分析》,《人口研究》2016 年第 3 期。

65. 姚先国、赖普清:《中国劳资关系的城乡户籍差异》,《经济研究》2004 年第 7 期。

66. 叶兴庆:《迈向 2035 年的中国乡村:愿景、挑战与策略》,《管理世界》2021 年第 4 期。

67. 袁家军:《扎实推动高质量发展建设共同富裕示范区》,《人民日报》2021 年 7 月 9 日。

68. 袁家军:《忠实践行“八八战略”奋力打造“重要窗口”扎实推动高质量发展建设共同富裕示范区》《浙江日报》2021 年 7 月 19 日。

69. 张弘力、许宏才:《分税制财政管理体制的调整完善情况及进一步改革的思路》,《预算管理与会计》2004 年第 3 期。

70. 张盈华:《老年长期照护的风险属性与职能定位:国际的经验》,《西北大学学报》2012 年第 5 期。

71. 郑秉文:《多点试错与顶层设计:中国社保改革的基本取向和原则》,《中国经济报告》2016 年第 2 期。

72. 郑功成:《多层次社会保障体系建设:现状评估与政策思路》,《社会保障评论》2019 年第 1 期。

73. 郑功成:《面向 2035 年的中国特色社会保障体系建设》,《社会保障评论》2021 年第 1 期。

74. 郑功成:《深化中国养老保险制度改革顶层设计》,《教学与研究》2013 年第 12 期。

75. 中央人民政府:《国家统计局发布报告显示　我国已成世界经济增长第一引擎》,2019 年 8 月 30 日,http://www.gov.cn/xinwen/2019-08/30/content_5425742.htm。

76. 朱玲:《中国社会保障体系的公平性与可持续性研究》,《中国人口科学》2010 年第 5 期。

77. Christopher T. Whelan, Bertrand Maitre, "'New' and 'Old' Social Risks: Life Cycle and Social Class Perspectives on Social Exclusion in Ireland", *Economic and Social Review*, Vol. 39, No. 2, 2008.

78. Ian H., "Productivist Welfare Capitalism: Social Policy in East Asia", *Political Studies*, Vol.48, No.4, 2000.

79. Wong J., *Healthy Democracies: Welfare Politics in Taiwan and South Korea*, New York: Cornell University Press, 2006.

后　记

从党的十九届五中全会明确推进共同富裕目标以来，社会各界对于共同富裕问题已有较多的讨论。近年来我也多次学习党中央关于共同富裕的重要论述精神，并融入日常的研究工作中。2020 年 12 月，我作为首席专家申请了研究阐释党的十九届五中全会国家社会科学基金重大项目“到 2035 年共同富裕取得实质性进展远景目标研究”。虽然课题组长期从事收入分配及共同富裕的相关研究，但作为新时期中央明确提出共同富裕战略后全国首个关于共同富裕的国家社会科学基金重大课题，难免有许多新的问题及新的挑战。课题立项后，我组织了国内权威专家多次研讨论证，并把研究内容分为理论、政策和实践三个篇章，上篇是关于共同富裕的理论研究（包括理论内涵与指标体系等），中篇是关于共同富裕的现实政策研究（包括财政税收、社会保障和基本公共服务等），下篇是关于共同富裕的案例实践研究（包括国别案例和地区实践）。可喜的是，上篇关于理论内涵和指标体系的研究，已经由人民出版社于 2022 年出版。

作为课题报告的一部分，本书是上一本书的延续，即关于如何推进共同富裕的制度与政策研究。本书从当前推进共同富裕的重大现实问题着手，侧重近年来我国推进共同富裕中出现的新情况和新问题，研究如何优化财政税收、社会保障、基本公共服务政策，并助力扎实推进共同富裕工作。全书围绕推进共同富裕的制度与政策措施，瞄准城乡间、区域间和群体间的不平衡不充分发展现象，分析推进更高标准共同富裕面临的政策挑战。针对财政税收、社会保障、基本公共服务等政策实践，从事实情况、现实问题和政策优化角度，研究面向公平与效率的重大改革方向，研究推进共同富裕的制度改革、推进政策和具体措施，并提出进一步推进共同富裕的相关政策建议。

本书围绕共同富裕的推进政策，组织了六个专题。专题一是回顾我国共同富裕的政策路径，总结共同富裕的三种改革模式，归纳推进共同富裕的底层逻辑，提出进一步推进共同富裕的政策思路。专题二是扩大中等收入群体的政策举措，讨论稳定中等收入群体的政策方向，研究潜在中等收入群体的规模与结构情况，并细化扩大中等收入群体的具体措施。专题三是缩小城乡区域差距的对策研究，重点划定省级单元发展阶段与强化区域发展短板识别，确定以农村为重点缩小城乡差距的重点任务。专题四是以财税工具促进共同富裕，提炼对财税制度的重大改革判断，澄清关于财税改革的方向性问题，提出迈向共同富裕的财税体制改革建议。专题五是完善社会保障政策研究，分析主要社会保障制度的演进及现实问题等，提出优化促进共同富裕的社会保障体系。专题六是以基本公共服务均等化助推共同富裕，基于各省份推进基本公共服务均等化的政策实践，提出迈向共同富裕的基本公共服务改革方案。

总的来看，课题组吸纳了包含政策决策者和参与者的最新政策研究成果，在推进财税改革、优化社会保障政策、完善基本公共服务领域提出了许多针对性建议。本书主要作者都处在政策研究的前沿，为相关决策提供了真知灼见，其中部分体现在本书的相关章节。虽然各位专题负责人在相应领域都有较为深厚的政策积累，但对于如何围绕共同富裕主题来优化调整本领域政策，近几年又出现很多新的情况，因此在项目执行过程中课题组多次讨论，在完成初稿后又不断修改。第一章作者为万海远教授、第二章负责人是蔡宏波教授、第三章由张燕研究员负责、第四章由蒋震研究员负责、第五章负责人为杨一心研究员、第六章作者为顾严研究员，万海远教授负责全书结构编排与统稿修订工作，感谢牛明同志多次参与讨论并提出修改建议，在统稿过程中申萌教授提供了很多帮助。

本书的主要定位是现实政策研究，但对于共同富裕这个宏大的主题，很难深入分析其中的所有方面，政治哲学角度如何看待分配公正并没有涉及，各类企业应如何参与共同富裕工作也着墨较少。考虑到共同富裕成为全民热议话题，又引起社会的若干争议，课题组侧重提炼政策问题的解决办法，重点放在机制构建和政策推进方面。在项目执行过程中，李实教授、宋晓梧教授、刘浩研究员花了大量时间指导，周天勇教授、纪韶教授多次阅读书稿并提出建议，感谢陈基平、朱志凯、王盈斐、辛柯均等在统稿中的贡献。感谢国家社会科学基金委在党的十九届五中全会后第一时间立项审批这个重大项目，在课题组提出结项申请后又第一时间完成了结项流程，使本书很快得以出版。感谢人民出版社郑海燕主任及编辑团队的高效工作，也要感谢各位被引用和没有被引用的文献作者，正是在他们的基础上，才有可能完成这本著作。书中观点和结论不代表任何相关机构，也不代表任何人，文责自负。

作　者
2023 年 5 月